VERY IMPORTANT PEOPLE

TATUS AND BEAUTY
N THE GLOBAL
ARTY CIRCUIT

ASHLEY
EARS

當女孩成為／貨幣

一位社會學家的全球超富階級社交圈臥底報告，揭開以性別、財富與階級不平等打造的派對勞動產業赤裸真相

艾希莉・米爾斯—著
柯昀青—譯

臉譜書房 FS0139

當女孩成為貨幣

一位社會學家的全球超富階級社交圈臥底報告，揭開以性別、財富與階級不平等打造的派對勞動產業赤裸真相

Very Important People: Status and Beauty in the Global Party Circuit

作　　者　艾希莉・米爾斯（Ashley Mears）
譯　　者　柯昀青
編輯總監　劉麗真
責任編輯　許舒涵
行銷企畫　陳彩玉、陳紫晴、楊凱雯
封面設計　陳恩安

發 行 人　凃玉雲
總 經 理　陳逸瑛
出　　版　臉譜出版
城邦文化事業股份有限公司
台北市民生東路二段141號5樓
電話：886-2-25007696 傳真：886-2-25001952
發　　行　英屬蓋曼群島商家庭傳媒股份有限公司城邦分公司
台北市中山區民生東路二段141號11樓
讀者服務專線：02-25007718；25007719
24小時傳真專線：02-25001990；25001991
服務時間：週一至週五09:30-12:00；13:30-17:00
劃撥帳號：19863813　戶名：書虫股份有限公司
讀者服務信箱：service@readingclub.com.tw
城邦網址：http://www.cite.com.tw
香港發行所　城邦（香港）出版集團有限公司
香港灣仔駱克道193號東超商業中心1樓
電話：852-25086231或25086217　傳真：852-25789337
馬新發行所　城邦（馬新）出版集團
Cite（M）Sdn. Bhd.（458372U）
41-3, Jalan Radin Anum, Bandar Baru Sri Petaling,
57000 Kuala Lumpur, Malaysia.
電話：+6(03)-90563833　傳真：+6(03)-90576622
讀者服務信箱：services@cite.my

一版一刷　2021年10月
一版七刷　2023年2月

城邦讀書花園
www.cite.com.tw

ISBN 978-626-315-014-0

售價：NT$ 450
（本書如有缺頁、破損、倒裝，請寄回更換）

國家圖書館出版品預行編目資料

當女孩成為貨幣：一位社會學家的全球超富階級社交圈臥底報告，揭開以性別、財富與階級不平等打造的派對勞動產業赤裸真相／艾希莉・米爾斯(Ashley Mears)著；柯昀青譯. -- 一版. -- 臺北市：臉譜，城邦文化出版；家庭傳媒城邦分公司發行，2021.10
面；　公分. --（臉譜書房；FS0139）
譯自：Very important people : status and beauty in the global party circuit.

ISBN 978-626-315-014-0（平裝）

1.社經地位　2.女性　3.社交

546.1　　110013785

目次

序章

邁阿密
星期日◆下午五點

我在邁阿密明星島度假村（Star Island Resort）的別墅賓館中醒來時，已經是下午五點。午後的天氣炎熱無比，我滿身都是汗與被蚊子叮咬的痕跡。自從三天之前，我跟著二十六歲的夜店公關桑托斯（Santos）來到邁阿密參加知名的電音音樂節「超世代音樂節」（Ultra Music Festival，UMF）至今，我們夜夜笙歌，宛如身處一陣四處狂掃的派對旋風，跑過一家又一家的夜店，從飯店頂樓的星空酒吧到吹牛老爹（P. Diddy）舉辦的清晨泳池派對，無一遺漏。到了第四晚，無處可續攤的桑托斯直接在我們的別墅裡接起音箱，繼續開趴。轟然震耳的電音一直放送到中午時分才停歇——至少我是到那時才終於睡著。

那其實不是我們的別墅，而是一個週末的租金要價五萬美元的出租別墅。這個週末，這棟別墅屬於一群在南加州某抵押銀行賺了大錢的年輕人所有。租屋仲介邀請桑托斯帶著「他的女孩們」——多為模特兒——在這個週末來這間銀行家租下的別墅裡留宿、開趴。一群模特兒將在這間別墅附屬的賓館過夜，這令銀行家們興奮不已。模特兒可說是全球VIP夜店中的固定班底，這就是為什麼「美模和美酒」（models and bottles）一詞會成為狂歡時光的代稱。身為一名「形象公關」（image promoter），桑托斯主要的工作是接送模特兒往返這些狂歡至深夜甚或通宵達旦的專屬派對。

我躡手躡腳在這間悶熱的小客房裡走到兩張雙人床之間，努力在我的洋裝、高跟鞋、各式散落在行李箱裡的東西中，翻出幾個小時前倉促買好、放在香奈兒手提包裡的麥當勞早餐捲餅，然後拎著捲餅跟我的筆記型電腦，到外面的泳池旁坐下。這裡四下無人，銀行家、桑托斯或他帶來的模特兒全都不見蹤影。修剪整齊的草坪和棕櫚樹附近，只見四散的啤酒瓶和香檳酒瓶。

除了我自己在徹夜未眠後總會發作的耳鳴之外，四周都很安靜。在夜店震耳的樂聲中要對話幾乎總得用喊的，而且常常也沒什麼用。如果在瓦數高達七・二萬的音響下想聽別人講話，你必須用手指按住靠近耳朵附近的尖狀軟骨部分，壓住後就可以降低背景的噪音，然後大腦才有辦法集中聽到對方聲音的振動。

我都是這樣子壓著耳朵和桑托斯說話的。在每晚喧鬧至極的時刻，當一箱又一箱的香檳在歡呼聲與和煙花大放之際送到我們的桌上時，他會靠近我的臉，邊用一隻手指壓住我的耳朵，邊跟我說：「很棒吧！妳看，我早就跟妳說過了，我參加的是世界上最棒的派對！」

和桑托斯一起出去的體驗確實令人驚艷。派對總是奢華，裡頭擠滿了美麗的模特兒，昂貴的香檳列車一瓶接著一瓶向我們湧來，瓶身上貼著仙女棒，映照著模特兒們的完美體態。前天晚上，某個富豪點了幾十瓶的煙火香檳送到我們桌上，每個人都獲得一瓶自己的香檳王（Dom Pérignon champagne）。我們赤腳跳上沙發熱舞，桌面上堆滿的不是玻璃酒杯，而是散亂擺放的高跟鞋。這幾個小時只不過是我和桑托斯、其他女孩與公關們所共享的須臾片刻，而他們全都屬於一個極其獨特的世界，會毫不遮掩地展露其超額、過量的美貌與財富。

我是在二〇一二年來到邁阿密，那時是三月，正值派對旺季。那時，美國經濟已經逐漸從二〇〇八年的崩盤中恢復元氣，不過恢復得並不均衡，多數收益其實都來自當時受衝擊最輕微的一群人，也就是全國收入最高的有錢人。對有錢人來說，在整個經濟蕭條時期，香檳列車（bottle trains of champagne）似乎仍暢行無阻。於是，我加入世界各地「極重要人士」（Very Important People，下文簡稱VIP）的派對，想試著瞭解有錢人如何處理他們龐大且持續增長的可支配所得，又如何看待「揮霍無度」這種外界往往視為荒謬且極引人反感的行為。我記錄了二〇一一到二〇一三年間，在高級夜店裡頭的儀式性揮霍行為，儘管這些炫耀性休閒活動在世界各地屢見不鮮，譬如發生在漢普頓（Hamptons）、聖特羅佩（Saint-Tropez）等地，但其實這種活動必須仰賴大量的勞動才得以實現，而這種勞動會鞏固一種性別化的（gendered）價值經濟，持續認定女性的身體是一種可供男性用金錢估量的存在。當代經濟學家或許會覺得香檳列車只是不理性的行為，但在經濟社會學家眼中，這種儀式性的表演在地位與男性宰制的層級制度中，卻至關重要。透過VIP場域中那些高度劇本化、性別化的勞動，荒謬至極的豪奢鋪張行為也變得稀鬆平常了；而且如果舞台布置得當，甚至可能變得值得歌頌與尊崇。

我之所以能夠進入這個VIP社交圈，是因為我尚且能以「女孩」（girl）之姿矇混過關——雖然我遇見桑托斯時已三十一歲，而平常跟著他的女孩，大多是十八到二十五歲之間——所幸我外表看起來比實際年齡年輕，且身為前模特兒，我的外貌還算過得去；當然，若跟其他女孩相比，我確實肢體更僵硬、更清醒、更不那麼有吸引力——桑托斯不時會提醒我這一點，比方說，他就會要我換掉比較好穿的楔形涼鞋，改穿性感一點的高跟鞋。

我得以進入這個圈子的第二個原因在於，桑托斯與其他公關願意讓我跟著他們進入那些專屬的派對現場。對於一個教授、一個在大學裡教書的博士，竟然有興趣跟他學習，這個想法讓桑托斯覺得非常有趣。我在紐約某個晚宴上初次認識桑托斯，當時我向他解釋了自己鑽研的題目，以及我對消費、性別和市場的研究。他打斷我，語速極快，還帶著哥倫比亞口音：「我們的工作很講心理學的，非常講心理學。因為你的工作內容就是人。」他接著開始解釋他的工作壓力來源，譬如有時女孩們會在出門的前一刻突然找個藉口爽約。他說，公關最害怕的，就是找不到人來參加派對。

即便如此，桑托斯總是自信滿滿，誇耀著自己在這個精英世界裡的地位。

「我是最棒、最頂尖的。隨便你去問，問世界上哪個人都可以，他們都知道我是誰，因為你只要在一個城市辦過一次超讚的派對，每個人開趴時都會要你過去。他們都知道我。」

那晚見面他給我的印象是，他早就已經在等人去研究他的世界了。桑托斯是來自中美洲貧困家庭的拉丁裔混血兒，也認為自己能夠在全球精英之間崛起是很值得一書的故事，而且他深信，自己注定會成為跟他的客戶平起平坐的超級有錢人。在這之後不久，他就給我看了他的工作行程，包括即將到巴黎、米蘭、聖特羅佩、坎城和伊維薩島（Ibiza）舉辦的夏季活動和派對。「他們會讓我飛去世界各地。這些都是最最最頂級的。我要去哪裡都可以，多棒啊。」

於是我便加入了他與另外三個女性——桑托斯總稱呼為「我的女孩們」——的隊伍，來到邁阿密展開這場夜店之旅，並一起住在明星島這棟三房的別墅賓館裡頭。機場的計程車司機說，這個區域是眾多名流與大亨富豪所住的社區，是城裡最夢幻的地段。平常大多數時候，這間別墅賓館應該都很舒適，但這個週末卻因為累積了連日狂歡的雜物跟來來去去的女孩們，顯得一片狼藉。別墅平時的租金大概是一週七萬美元，但因為這個週末剛好有電子音樂節，所以銀行家們付了比平時貴上許多的租金。

桑托斯團隊成員中的漢娜（Hannah）同時是兼職模特兒與 Abercrombie & Fitch 店員，她聽到銀行家光是這個週末就付了五萬美金來租這棟別墅，顯得非常震驚：「為什麼？有必要嗎？」

銀行家們都沒有明確回答她。他們一行四人很常和該間抵押銀行創立人（也是他們的老闆）喬治（George）一起來邁阿密。我們有時會在附近的夜店看到喬治和他的同事包桌，而喬治曾經告訴我，那間店包桌一晚的租金大概就要三萬美元：

「不是我跟你說的喔。你知道的，我不想當爆料真相的人。」

「三萬元？那很多耶，」我說，「可以買到什麼？」

「你這一生最美好的一晚吧，」他語帶嘲諷地笑道，「好啦，不是一生中最美好的一晚，就是一些香檳和伏特加。」喬治很清楚夜店的酒價往往會比外頭貴個十倍，其實那些酒水原價根本不值那樣。但在這些夜晚，喬治和他的同事，以及桑托斯和他的女孩們所追求的，是一種體驗。

「你來，自己看就知道了。」桑托斯說，他指的是 VIP 的世界。在我們前往邁阿密之前的幾天，桑托斯就一直這樣說。在抵達了我的第一個目的地後，此行輾轉成為一場長達十八個月的全球精英派對之旅，地點囊括紐約、邁阿密、漢普頓和法國的里維埃拉（Riviera），而在這段旅程中，我發現了一個錯綜複雜的性別化經濟體，其中揉合了美貌、地位和金錢，而那正是類似桑托斯的公關們夜以繼日工作、努力促成的成果。

現在，我帶著嗡嗡作響的耳鳴坐在泳池旁，一邊打著昨晚的田野筆記，一邊思考著自己心中的糾結感受——既享受自己得以進入這富翁和美女專屬世界的感覺，又為此感到反感。橘黃色的晚霞在棕櫚樹叢的後方落下。不用多久，桑托斯和他另外一些女孩會再度醒來，又要準備出門，徹夜狂歡。

第一章

我們就是很酷的那些人

紐約
星期日◆晚上十一點三十分

多數人都覺得炫富很容易，但德瑞（Dre）的生活卻告訴我們，要讓人做出炫富舉動，事前是得費一番工夫的。

接近午夜時分，在 Downtown 這間位於蘇活區（SoHo）精緻又時尚的餐廳裡，德瑞那桌的晚餐即將吃完。德瑞的左右兩側圍繞著六、七個美麗女子，全都是時尚模特兒那種程度的美——年輕、高挑，五官完美無暇，身上的衣服和高跟鞋極其時髦，彷彿是離開伸展台後就直接來到這裡一般。她們只要走進房間，眾人的目光就很難從她們身上移開。

週日晚上的 Downtown 別具風貌。店裡的裝潢很奢華：長毛絨套的傢俱、桃花心木吧台、巨型吊燈，牆上還貼著知名時尚攝影師的巨幅經典作品。店裡不放音樂，只有持續的談話聲，歐洲不同國家的語言交錯其間，不時也點綴著笑聲和香檳酒杯碰杯的清脆聲，接著身著白衣的義大利服務生便迅速上前再把酒杯注滿。每一桌都坐著有錢男性——名人和貴族、八卦版面會報導的社會名流、演員、音樂人、製作人、企業家和銀行家——在美女的陪伴下用餐。

而這一切的中心就是德瑞的桌子。他談笑風生，在社交場合總引人注目，也引導著桌上的談話、貝里尼酒與義大利麵在用餐者之間來來往往的節奏。不管他在做什麼，德瑞總會同時環顧全場，若有人目光與他相對，他就會大方施以微笑、眨個眼，接著站起來用法語或英語流暢地迎接每個經過的客人，然後在每個人的臉頰上親吻兩下。

德瑞是一個三十八歲的黑人，笑容燦爛，留著極短的平頭。他身穿皮褲，一件清爽的白色T恤，再配上一雙閃亮的愛迪達限量版新球鞋，這套雖然休閒但卻明顯非常昂貴的造型被他稱為「搖滾時尚」。他是現場唯一的黑人，在這裡，他會隨意地和多為白人的群眾打鬧嘻笑。在他迷倒餐廳內眾生時，也不忘謹慎留意著坐在他這一桌的女人身上；他會和摟在懷中的女子調情，無論那人是誰，而在接下來的幾個月裡，那名女子將會是我。

「我超愛公關這份工作的，看看我身邊有多少美女，」他接著說，「有些美女還會喜歡上我呢，那可就麻煩了。」他邊說，邊對坐在對面的女人眨了眨眼。她笑著搖搖頭。

德瑞很享受這種關注。過去六年以來，他每個星期天晚上都會邀請女性到這家餐廳用餐。此前，他大約是從一九九〇年代初開始，在多間夜店工作了好幾年。在夜生活的業界，德瑞被稱為「形象公關」——這個詞代表他是自由接案者，他會和城市中許多夜店跟餐廳簽約，負責為店家帶來所謂的「優質人群」（quality crowd），也就是一群由有吸引力的女性、富豪、名人和其他社會關係良好的人所組成的群眾。理論上，他帶來的人流可以提升夜店的形象，最後就能吸引到真正有錢的客戶以及他們的資金。每個星期天，Downtown 的管理階層都會付德瑞一筆豐厚的費用，根據酒吧的消費狀況，大約都在一千兩百到四千五百美元之間不等，而他會從中抽取25%，工時大約五個小時。

這是一個飽受質疑的職業。公關被廣泛批評為皮條客或「模特兒馬伕」（model wranglers），對他們來說，在時尚界剩餘的低薪新人，也就是所謂的「女孩」，是下手的最好目標。[1]公關（有時被簡稱為PR）飽受模特兒經濟公司憎惡，而且每隔幾年，這些男子就會成為媒體高調報導的對象。[2]公關工作的核心是個令人不快的現實：為有錢男性仲介女性與酒精。德瑞知道他的工作並不光彩，但確實利潤不菲。他的年薪高達二十多萬美金。雖然與周遭的有錢人相比，他在夜晚所賺的收入就顯得微不足道，但他深信，這個差距會縮小。他相信，只要繼續與這些全球新興精英一起工作，有朝一日他也可能成為其中一員。

「還好嗎？」他向一位穿著昂貴西裝路過的男子用法語打招呼。德瑞起身和他握手，並聊了幾句；坐下來時，他在我耳邊低聲說：「那傢伙來自沙烏地阿拉伯一個大家族。億萬富翁。」接著又向一名坐在吧台前的女子眨了個眼，據說是個以境外銀行聞名的小民族國家公主。當另一個男人走近餐桌時，德瑞低聲對我說：「這個人真的很有錢，他的家族，超有錢。」接著，德瑞嬉皮笑臉地和他用肩膀互撞了一下，並用拳頭碰拳頭。「我一個女生朋友問我今晚這裡有沒有帥哥，」德瑞主動開了話題，又刻意停頓了一下，然後說，「一看到你走進來，我就說有！」

這就是德瑞的世界中的精英。他告訴我：「他們可不是1%的人，而是0.0001%的人。那才是我想要打交道的人群。」

簇擁在德瑞身邊的女人，譬如我，只需要看起來有錢就好，不需要真的很有錢。也幸好如此，因為我們所有人應該都付不起今晚的晚餐帳單。在沒有半個人查看價格的情況下，雞尾酒、義大利麵、新鮮蔬菜和沙拉、魚和牛排，接著是甜點和濃縮咖啡，紛紛上了桌。我某一次曾偷瞄過菜單，在Downtown，一杯雞尾酒的價格大約是二十美金，一份甜菜沙拉佐羊奶乳酪則要二十四美金。在我研究VIP派對的這十八個月中，我在這裡吃了十幾次飯，但從來沒有付過錢。

「女孩」們的酒水與餐點都是店家招待的；源源不絕的餐點跟酒杯送上桌，都會說是「店家的心意」。為了接待我們這一桌，德瑞向服務生支付了小費，通常是帳單的25%上下。

每個星期天晚上，Downtown都要花上大概一千多美金，只為了招待我們、讓我們開心。但長遠來看，我們的存在所能帶來的價值，無論對Downtown、對在此用餐的人，還是對德瑞本人來說，都遠比一千多美金還大得多。

德瑞邀來的客人多半都是初入時尚模特兒界的女性，或是學生，有時則是還在找工作的人，他們的求職領域從設計到金融都有。要坐到德瑞身邊的最大先決條件，就是必須長得夠漂亮。事實上，就在當晚稍早的下午，德瑞就開玩笑傳了兩封簡訊給我，要確保我的外貌沒有問題：「小艾，穿亮眼點。」然後幾分鐘後又傳來一封：「高跟鞋。」

也許他們並不完全是在開玩笑。當女性打扮好看的時候，他會滿口稱讚，不好看的時候，他的態度就冷若冰霜。外貌不符他標準的女性，他會直接視而不見——除非她們很有錢，或者有其他理由所以很重要。有一次，他甚至跟一名身高一般的女性說：「站去那邊」，要她去某個離他桌子遠遠的角落。

在跟德瑞出入這些場合時，即便我可能已經坐在他身邊，穿著一套全新的絲綢連身裙，腳上踩著十公分的高跟鞋，我還是很常覺得不自在。德瑞在二〇一一年首次同意我可以跟著他在夜店進行社會學研究時，我開始揹一個一九八〇年代出廠的二手香奈兒手提包。那是跟我姊借的，她當時應該是在 eBay 上花兩百美元買到，狀況很差。我跟修鞋師傅買了一張皮革補片，黏在包包破舊的角上；沒過多久，補片開始脫落。我把包包藏在身後，只把香奈兒包那個標誌性的金、黑色鍊子晾在椅子上展示，偽裝出百分之一的人的打扮。

但我並不孤單：其實德瑞同樣也在和這群精英玩著偽裝遊戲，雖然他更游刃有餘一點。他是阿爾及利亞移民第二代，來自法國郊區一個中產階級家庭，家人是專業工作者。他從巴黎的法學院輟學後，來到邁阿密追尋音樂夢，追夢失敗後，他就在那裡當起了服務生。有一段很短暫的時間，德瑞曾流落街頭，而這個經歷應該是旁人完全猜不出來的，因為此人的談話內容總是在展露他的人脈與他開創事業的潛力。他總是吹噓自己正在進行的五、六個事業計畫——他的流行歌手生涯、他的電影製作公司、他正在為一家科技公司打造品牌形象、他正在推展的實境節目、一間「在非洲」的食品運輸公司（這是他眾多投資中最模糊的一項），以及一間汽車服務公司。雖然每週德瑞列出來的投資清單都會有點不同，但他對這些計畫都非常樂觀。他曾說過，他的汽車服務商業模式是這樣的：「你先從一輛車開始，然後一輛會變成兩輛，再變成十輛。這就是美國人的方式。」

當我傳訊息問他今天在幹嘛時，他可能會這樣回：「我正在談一筆超大的生意！祝我好運……至少兩天我就會知道結果了!!幾百萬元的生意。」

他很喜歡說：「我愛夜生活，你永遠都不知道會發生什麼事情。」不過，就如同許多其他和德瑞有關的事情——不過都是嘴巴上說說而已。

很快，德瑞就會如往常般點一杯濃縮咖啡，然後開始邀請他的客人們上樓、走進夜店：「女孩們，我們上樓去參加派對怎麼樣啊？」

珍娜（Jenna）是一位二十多歲的金髮女子，還在找金融界的工作機會，她嘆了口氣後起身，口中喃喃自語：「去跳舞來付這一頓晚餐錢吧。」珍娜很少出來——她大概是一年前認識德瑞，他在街上注意到這個漂亮的大學生，便停下來自我介紹。珍娜在學校朋友不多，她那時覺得德瑞頗有趣，或許兩人可以做個朋友。德瑞說服她今晚來 Downtown 免費吃頓好的。他對她說：「你永遠不知道會遇到誰。」這是公關邀約女性跟他們一起出來時的標準台詞。珍娜同意了，想著或許能遇到金融界的人，對她大學畢業後求職會有幫助。

樓上的夜店跟樓下的餐廳一樣都很狹窄、舒適，不過更暗、更吵、更醉。我們圍著一張長椅重新坐好，那是一張長長的弧形沙發，旁邊放著兩張小矮桌，桌上的銀色冰桶中擺著皮耶爵（Perrier-Jouët）香檳、雪樹（Belvedere）伏特加、柳橙汁、蔓越莓汁，旁邊則整齊地放著一小疊玻璃酒杯。這張桌子的位置就在 DJ 台旁，每週德瑞都會在那裡負責主持他的卡拉 OK 趴。從午夜十二點到凌晨三點，他會唱歌、跳舞，也會拱別人一起同樂，而這一切都是為了確保派對的氣氛夠嗨。夜愈深，就有愈來愈多人開始擠在小桌子旁，店裡也益發熱了起來。腳踩高跟鞋的女性彷彿變得更高了，她們會坐臥在沙發上休息，而德瑞倒出的香檳和伏特加彷彿源源不絕。模特兒一邊高唱俄羅斯流行樂，一邊放聲歡笑，生意人開始解開身上的義大利訂製西裝襯衫釦，並卸下吊帶，而德瑞則從一個酩酊大醉的「億萬富翁」手中奪過麥克風。大家開始隨著音樂的節奏跳上跳下。這就是德瑞每週都會在 Downtown 舉辦的知名週日晚間派對。

德瑞可以透過這些晚上的工作獲得優渥報酬，但他所邀來的女性賓客們，無論是在 Downtown 還是在其他店家，全都沒有酬勞。[3] 但她們可以得到兩種意義的報酬：其一，是免費的食物和酒水；其二，則是得以進入這個特別世界的殊榮，而這是一個不歡迎地位或財力平庸者，且極其重視外表的世界。我根據後來的訪談得知，其實多數的「女孩」都很清楚上述這個交換關係，只不過她們在外狂歡時鮮少討論這些問題。

同時，類似 Downtown 這樣的 VIP 店家其實也能獲得大量利潤。Downtown 屬於一個版圖跨足曼哈頓、倫敦、香港和杜拜的全球連鎖餐飲集團，每年總營收遠遠超過一億美元。不過，若和會在這裡以及世界各地頂級夜店消費的沙烏地阿拉伯王儲、俄羅斯寡頭政商、科技新貴和金融鉅子的財富相比，一億只不過是零頭。

「這裡有這麼多錢。」德瑞對我說，笑著搖搖頭。每當有衣著亮麗的女服務生將插著煙火棒的香檳王高舉在頭上走過時，他就會示意，要我注意。一瓶香檳王要價四百九十五美金。

點香檳王的往往都是國際經貿體系中的精英男性。「精英」（elite）是一群眾所皆知很難研究、甚至連定義都很難的一群人；而我在此所說的「精英」是指明顯掌握大量經濟資源者——先不論他們的社會影響力或政治權力為何。[4] VIP 派對吸引的大多是年輕新貴，對他們來說，在 Downtown 點一瓶四百九十五美金的酒，就跟中產階級去點星巴克咖啡沒什麼兩樣。珍娜屬於後者，而她現在正站在德瑞的桌子附近，一邊隨著音樂無精打采地搖擺，眼睛一邊四處掃視。

就和德瑞邀來的多數女孩一樣，珍娜大多時候都緊緊挨著他的桌子，偶爾才跟其他人來往互動。一個小時後，她離開了，在嘈雜的音樂和閃爍的燈光中，她沒有找到任何工作機會。

這個房間裡的每個人都有權力。有些人的權力稍縱即逝——就像是女人的美貌一般，只是一種短命的資產，足以讓她們進入這個房間，但一旦房間裡有更重要的大人物，她們就無足輕重。有些人握有其粗糙的金錢資本，譬如那些撒大錢的大戶，赤裸地展示自身財力供人觀賞，當然偶爾也招致批評。有些人的權力則是可以轉換的，譬如公關和世界各地精英之間的人際網絡。德瑞掌握極這種豐富的社會資本，他在這裡可以自由來去、隨心所欲——至少就他的行為來看，似乎確實如此，他可以主持、接待、炒熱氣氛，有時也可以扮演新興國際精英的朋友。

新鍍金時代

你或許曾經路過一家夜店，看著排在絲絨繩後方的長長隊伍，好奇裡頭的狀況為何、誰有資格進去，又該怎麼進去。早期的紐約夜總會，無論其表現形式如何變化——是一九七〇年代的迪斯可舞廳，還是一九九〇年代中期的 Palladium、Tunnel 這類市中心的傳奇舞廳——規則基本上都是一樣的。付過入場費後，所有進場的客人就共享同一個空間，大家跟口袋裡有二十美元的人，一起爭先恐後地擠在吧台旁，點一杯高價的酒來喝。[5] 當時多數的夜總會還會另外用繩子隔出一個比較小的 VIP 區，讓名人或夜總會老闆的朋友在旁人看不見的隔間裡盡情狂歡。

到了一九九〇年代，紐約正處於一場巨大的轉型，曼哈頓市中心也正要逐漸從一九七〇、八〇年代的城市之瘤，蛻變為經濟投資與文化復興的據點。隨著暴力犯罪率下降，城市裡的金錢往來激增，更多的夜店開始開業。二〇〇〇年，米特帕金區（Meatpacking District）*的夜生活和娛樂場所開始興起，加工區昔日的巨大倉庫紛紛被時尚產業、藝術畫廊和夜店老闆改造翻修。[6]到了二〇〇〇年代初期，米特帕金區的商業租金已經上漲到每坪兩千八百五十七美元，是一九九〇年代時的三倍。[7]

在紐約歷經復興之際，全球財富分配也逐漸向經濟階梯的最頂端轉移。前1%富有者的資金持有比例大幅膨脹，到了二〇一七年，他們已經擁有全球半數的財富——總額達兩百四十一兆美元，創歷史紀錄新高。最頂端的那群人內部，也存在懸殊差距。[8]最頂端0.1%富有者的財富持有比例，已經從一九七九年的7%——正是在那年，Studio 54的合夥人史蒂文・魯貝爾（Steven Rubell）拒絕讓任何不夠時尚的人進場——飆升到二〇一二年的22%，也就是德瑞正為身邊那些撒錢買酒的銀行家和富豪大感震驚的時候。[9]美國最上層0.1%的家庭有時會被稱為「超級富豪」（superrich），他們目前持有的財富大概等同於百分之九十的家庭所擁有的財富總額比例。[10]我們這個時代的貧富不均程度幾乎已經跟一九二〇年代一樣極端。《大亨小傳》（*The Great Gatsby*）一書中，作者用傑伊・蓋茲比（Jay Gatsby）的奢華派對來象徵鍍金時代（Gilded Age）**的揮霍無度——故事的時代背景正是一九二〇年代。[11]

---

* 譯註：米特帕金區，亦可意譯為肉品加工區，在十九世紀後期，這裡主要聚集肉類和農產品加工廠，直至文中所述之二〇〇〇年代，餐廳與俱樂部逐漸進駐，整區才開始轉型。

** 譯註：鍍金時代一詞指的是美國歷史大約介於南北戰爭和進步時代（Progressive Era）之間的時期，具體時間大約為一八七〇年代到一九〇〇年；在這個時代，美國的財富突飛猛進，大量的歐洲移民抵達美國，同時眾多的重工業（鐵路、工廠、採礦業）也急速發展。

不僅財富分配比例改變，財富的來源也不同。例如，美國前1%的人主要以股票和共同基金的形式持有全美近一半的資產。[12]對於那些在對的產業工作的人來說，收入也逐漸開始成為致富的原因。社會學家奧利佛·戈德喬特（Olivier Godechot）已經指出「薪富族」（working rich）*的崛起，他們的財富主要來自金融、房地產和科技等蓬勃發展的產業，而在這些產業中，薪資所得和獎金就可能超過有錢人的投資所得。[13]隨著金融業的經濟角色愈來愈吃重，在華爾街工作的金融業工資也隨之膨脹，若跟一九七五年相比，猛漲了六倍，幾乎是美國平均工資增幅的兩倍。[14]在一九八〇年代末期，金融證券業每人的平均獎金大約為一萬三千美元；到了二〇〇六年，也就是經濟蕭條來臨前，平均獎金已經是十九萬一千三百六十美元。[15]在那年，一個美林證券（Merrill Lynch）二十多歲的分析師，底薪十三萬美元，就可以領到二十五萬美元的獎金；而一個三十多歲、底薪十八萬元的交易員，甚至領到了五百萬元的獎金。[16]

隨著金融性財富不斷上升，在此背景下，曼哈頓市中心也逐漸開始轉變——新的奢華休閒服務開始出現，以迎合新興富人的需求。華爾街的資金量逐年飆升，更多年輕的金融家也隨之進場，他們所擁有可支配所得，龐大到足以負擔高達千元的酒吧帳單。

紐約一直以來都是有錢消費者的去處，但隨著全球化和地方政策的發展，紐約的主要經濟動力擴張至金融、房地產、保險，繼而成為國際百萬富翁、富裕遊客和富商的理想勝地。[17]二〇〇八年金融風暴來襲時，米特帕金區早已經是百萬富翁的遊樂場。每個角落似乎都開滿了奢華的夜店、設計師精品店、著名的畫廊、高檔餐廳和飯店。[18]

在這種財富激增的情況下，夜店業主開始以房地產的思維安排商家空間，或許也是必然結果。隨著租金不斷上漲，僅靠尋常客人跟哄抬酒價經營龐大的夜店，已經不若以往賺錢。舞池和吧台旁的擁擠區域依舊開放給所有願意支付入場費和高昂酒水價格的人，不過現在，夜店真正的利潤來自於個人包下的桌席，夜店老闆開始把這些桌子「租」給有錢的人，讓他們花錢購買使用桌子幾個小時的權利。只要在進場時稍加交涉——譬如，關於進場的基本低消——客戶們就會被揮手示意可以跨越等待繩，讓人帶到他們那一晚的桌子。有的客戶會提前預約，確保桌位，有的客戶則乾脆在門口就留下某張「對的」信用卡，以顯示自己的消費決心。入座桌席後，酒水便會一瓶一瓶送到桌旁，而客戶也就可以在這個夜店裡的私人空間自斟自飲；其他人則得站在吧台前，推來擠去地點酒。

一九八〇年代，桌邊服務（table service，也稱為 bottle service）已經成為巴黎特選夜店的常態，但紐約的夜店業主卻是首次見到這種服務型態；到了一九九〇年代，他們將其引進紐約，希望加快上酒的速度。位於曼哈頓第十大道的 Marquee 一般被認為是桌邊服務文化的先驅，尤其是 Marquee 會聘雇形象公關，帶模特兒入店以吸引消費者。[19] Marquee 開業於二〇〇三年，創立者是兩位前公關傑森・史特勞斯（Jason Strauss）和諾亞・泰波柏格（Noah Tepperberg），開張時店址選在一間占地一百四十坪的前汽車修理廠。與舞池相鄰的休息區有三十六張桌子，位子包括沙發、

＊譯註：此處翻譯參考《第二曲線：社會再造的新思維》，查爾斯・韓第著，齊若蘭譯，天下出版。

躺椅和宴會沙發。公關會占據其中約三分之一的桌席，且這些桌子會策略性散布在店裡，鄰近角落和大額消費者旁邊，好讓客人覺得身邊滿滿都是模特兒。

夜店長期運用「大眾公關」（mass promoters）來動員大量人群入場，群眾至少五十人，且往往有男有女，入場費可能有打折優待，或者會獲得換酒券。大眾公關可以讓夜店看起來不至於空蕩蕩的，但他們並不注重群眾外表這種細節。相較之下，就以帶入場的女性身體而言，形象公關的工作重心比較重「質」不重「量」，因為這樣夜店才能吸引到願意花錢的消費客群。形象公關的商業模式很簡單，某位經理形容得很精確：「讓十組人免費進場，好讓五十組人願意掏錢。」

大多數夜店中，桌席會被放在舞池和牆壁之間的區域，一側會是吧台，而DJ台通常會被架高在舞池上方。左頁圖是曼哈頓米特帕金區一家典型高級夜店的內部配置。這間店的規模比較小，大概能容納三百人。週五晚上若要坐桌席，最低消費是美金一千元。這間夜店共有十七張桌子，其中有四到八桌——大約是四分之一到一半之間的量——會保留給公關（或公關帶來的人），每位公關大約會帶來五到十五個漂亮女孩。夜店老闆有時也會保留一桌給自己或他邀來的客人，通常也都是模特兒或名人。在經濟或象徵意義上都沒那麼重要的人，會被稱為「充場的」（filler），他們得站在吧台前點酒。

所謂「桌席」或桌子，是指一張可容納多人坐或站，或甚至在上面跳舞的宴會沙發附近的區域，通常桌邊還會放幾張矮桌，擺放酒瓶、冰桶、酒杯等。如圖 2 所示，一張桌子一般可以容納十到十五人，在擁擠的夜晚，人們可能會爬到沙發椅背上，或者溢出到附近的桌子和舞池裡。

最初桌邊服務是要方便有錢人不用在吧台邊等酒而設計的，但那很快就升級為一種奢華的服

【圖 1】 VIP 夜店內部配置

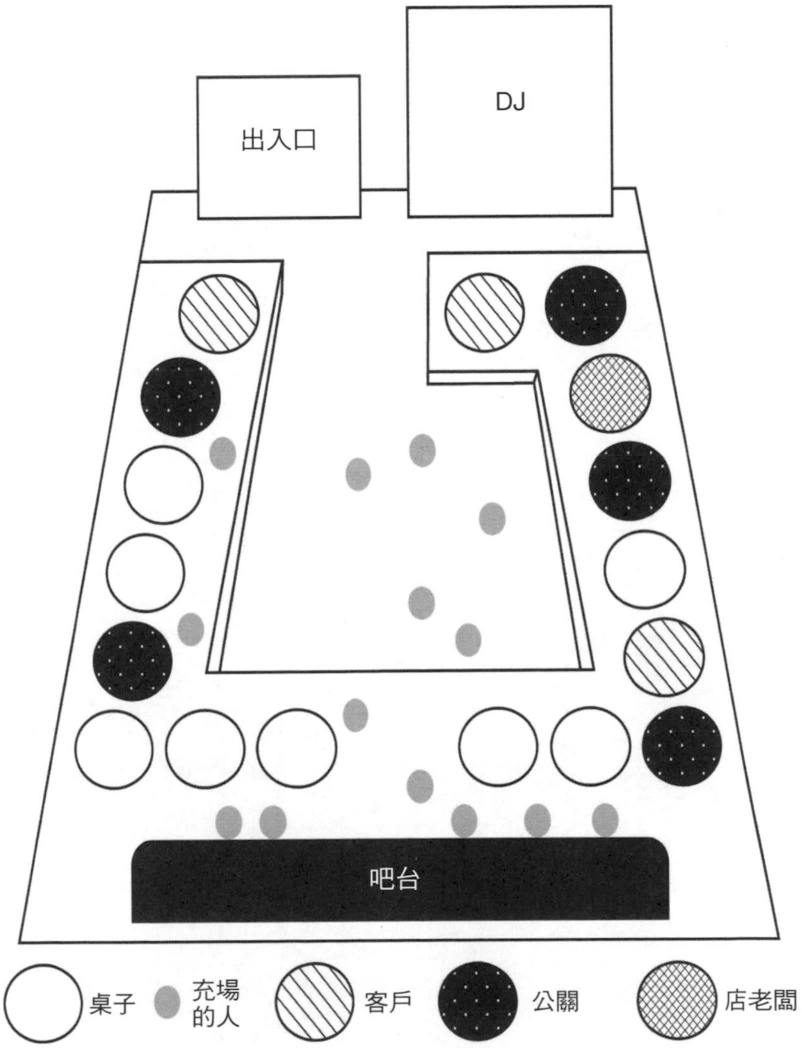

【圖 2A】、【圖 2B】桌席上

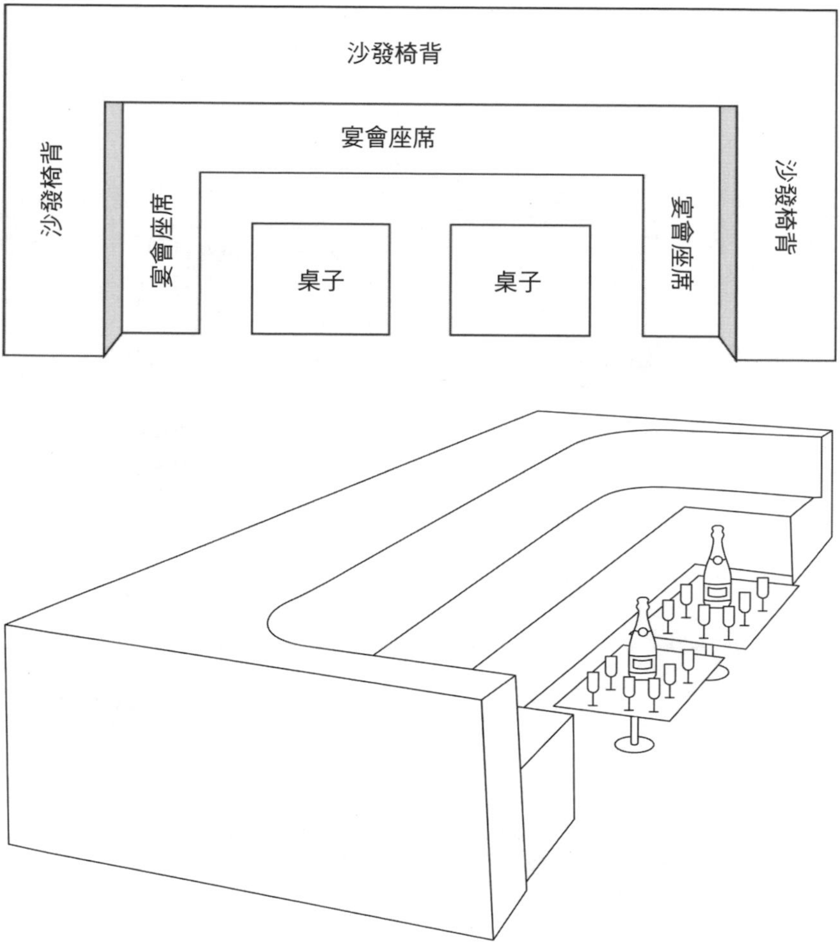

務體驗。在二〇〇〇年代期間，酒價開始飆升，夜店也開始鼓勵狂歡式消費，形同設置了一個舞台，供新興、在公眾視野中有可見度的「重要人士」炫富。[20] 一九九〇年代初期，當紐約夜店第一次出現桌邊服務時，一瓶伏特加的價格大約是九十美金。而到了二〇〇〇年代初，一瓶灰鵝（Grey Goose）伏特加的價格已經高達五百美金（那時的零售單價大概才三十美金，抬價幾乎超過十倍）。[21] 幾年前，甘斯沃爾特街（Gansevoort Street）上，大約七十坪、可容納一百七十五人的 Double Seven，桌邊服務的平均價格大約「只要」兩千五百美元。[22]

酒水會開始一瓶接著一瓶上桌，瓶身還會貼著煙火棒；不久後，你就可以開始點到六公升裝的超大瓶香檳；最後，鍍金和鑲鑽的酒瓶也會出現在特定的酒單上。位於曼哈頓第八大道甘斯沃爾特飯店（Hotel Gansevoort）前的夜店 Provocateur 室內空間將近兩百坪，而當你越過店門口的絲絨等待繩後，一瓶六公升裝的水晶香檳要價四萬美金。

消費金額變得如此之高，有人便開始感嘆，認為上夜店已成為有錢人的專利、變得無趣；也有夜店老闆開始抱怨，說桌邊服務已經毀了夜生活，甚至預言這種做法很快就會消失。[23] 隨著電子舞曲（EDM）日漸流行，夜店老闆開始開闢更大的空間來接待超級明星 DJ，如艾佛傑克（AfroJack）和提雅斯多（Tiësto），他們的夜店場收費高達六位數。雖然以電音為中心的大型夜店會向大量入場者收取門票，但其利潤很大一部分還是來自 VIP 客買的價格虛抬的酒。[24]

正如社會學家高夫曼（Erving Goffman）所描述的那樣，都市——尤其是入夜後的都市——正是「熱鬧的所在」。當代的夜店其實是都市系列娛樂活動中最新的一種：從最早的歌劇、電子遊戲場、海濱長堤，接著到酒吧、地下酒吧，最後發展到夜店。[25] 所有這些當代城市娛樂空間中，都帶著一種無止盡的可能性，彷彿在陌生人的陪伴下，就可能獲得未知的刺激和快樂。一九三〇年代的工人階級男性，到舞廳（taxi dance halls）付個十分錢，就可以要求跳舞小姐為他跳九十秒的舞；社會學家保羅・克雷西（Paul Cressey）就觀察到，舞廳只是現代城市中許多奇妙的休閒場所之一，建造舞廳的目的是為了滿足人類對刺激的需求。[26]持續受到吸引而離家、進入新的商業空間的都市居民，也總是不斷外出，尋找刺激。

提供桌邊服務的當代夜店，形同鼓勵著世界的新興精英階層要過得有如高夫曼筆下那麼樣「熱鬧」，它鼓勵有錢人炫耀財富、鼓勵他們為了展示而展示。桌邊服務在夜店的成立前提，就是炫耀性消費（conspicuous consumption）。這個名詞是一八九九年古怪的挪威裔美國經濟學家范伯倫（Thorstein Veblen）所創的。身處經濟分配極不平等的鍍金時代，范伯倫將消費視為社會地位的競爭；[27]他認為，由於新富階層（暴發戶）缺乏貴族（old money）所享有的顯赫頭銜，因而會試圖透過炫耀自己的閒暇娛樂，顯現自己不必為錢勞動，繼而獲得地位。例如，范伯倫觀察發現，出身尊貴家庭的太太，手指往往纖細光滑，身著笨重不實用的華服，以顯示她既無用又昂貴，也藉此證明夫婿的成功。「有閒階級」（leisure class）會透過永無止境的炫富，或者說是「金錢的競爭」（pecuniary emulation），來嘗試壓過彼此；然而，在這些揮霍舉止背後藏著的是他們深層的焦慮，因為相對於有頭銜的貴族精英而言，新富階層的地位充滿不確定性。

今日的新富階層和范伯倫的有閒階級，至少在一個重要面向有所差異。自一九九〇年代以金融為主導的薪資熱潮將「薪富族」推上所得階梯的頂端後，休閒與收入之間出現了一種反比關係，當代精英階層的休閒時間，遠比貧窮、教育程度較低的人來得更少。[28]隨著金融等領域的工作時程愈漸緊湊、嚴苛，相較於范伯倫筆下的有閒階級，美國薪富族現在的工時更長、休閒時間更少。我在桌邊服務夜店所遇到的大多數酒客，總愛誇耀自己很勤奮工作，而且對於他們超長的工時紀錄感到自豪。在這種自我呈現中尤其重要的是，他們堅信，自己有資格偶爾到夜店享受、放鬆。他們會說：認真工作，所以也要認真玩。

對於這種辛勤工作的有閒階級，VIP夜店恰好提供了一個炫耀性消費的舞台，而這種展現形式也已經蔓延到了世界各地的都市。[29]在夜店中撒錢狂歡的行為更已經跨越了種族界線，不再只是華爾街白人富家子弟的行徑。實際上，在夜店中消費高檔香檳的情節出現在饒舌樂和嘻哈樂中已經是家常便飯。眾所皆知，饒舌歌手Jay-Z本來相當稱頌水晶香檳，結果路易・侯德爾（Louis Roederer）酒莊的執行長費德里克・羅佐（Frédéric Rouzaud）公開表態，擔心這個奢華品牌被連結到「閃亮的生活方式」，此言一出，Jay-Z便開始抵制水晶香檳，最後還推出了自己開發的黑桃王牌璀璨金香檳（Ace od Spades）。現在這款香檳也已經是頂級夜店酒單的必備酒款。嘻哈樂在全球的流行，表示它對奢侈消費的頌揚也已經蔓延到世界各地，無論是英國倫敦還是象牙海岸的阿必尚，都市青年文化都已經對此展開雙臂。[30]

即使在金融風暴期間與風暴之後，世界各地的超級富豪也仍繼續揮金如土，經濟衰退絲毫不影響他們的奢侈消費行為。[31]二〇一二年，華爾街精英們在曼哈頓的四季酒店舉辦了一場奢華的年度派對，派對上有不少嘲諷金融風暴的模仿表演，包括一場名為「紓困之王」（Bailout King）的變裝秀，表演還搭配著阿巴合唱團（ABBA）著名的〈跳舞女王〉（Dancing Queen）。[32]像德瑞這樣的公關即便並不屬於超級富豪階級，但他們卻也感覺自己和富豪一樣有那種財務危機的免疫力，正如德瑞在經濟復甦時期所說的：「我們很好。根本沒有衰退。」他倒滿我的香檳酒杯，然後把注意力轉移到他另一邊的女孩身上。那時美國的失業率約為10%。

包括范伯倫在內的大多數人都認為炫耀是有錢人與生俱來的天性。然而我發現，需要有人付出大量的勞動，才能讓這些揮霍看起來如此自然不刻意，而VIP夜店深諳此道。店裡的桌子都經過精心布置和控管，整個場景看起來就是一場派對該有的樣子，但那其實要歸功於無數的後台勞動——讓炫耀性消費得以發生的隱形勞動。好的表演，永遠始於對的觀眾與對的舞台。

美模和美酒

公關工作的核心，就是要搭建一場展示兩種權力的表演，而這兩種權力各自以財富與美貌的形式表現出來。

「每個夜晚都是一部作品。」曾有一位公關這樣告訴我，將他自己的工作與戲劇相提並論。「這就是為什麼要有這麼多角色齊聚一堂……那是一場表演，是一部作品。你是演員，」他指著我說，「我是選角導演。我們都在扮演自己的角色。」

在世界各地的VIP夜店中大肆揮霍的，幾乎全都是異性戀男性。雖然偶有女性進場尋歡，但在這個由男性主導的性與金錢的世界中，女性要算是例外。

夜店要成功、公關要做得好，最核心的要素就是「女孩」。這是個普遍被認為極具價值的女性社會分類，因為「女孩」擁有讓特定空間變得「非常重要」的能力。基於安全考量，多數夜店都希望店裡的女客比男客多，所以單憑女性數量還不足以區分一個地方是否夠具備VIP特質；[33]那樣的特質要夠充足，夜店裡就需要大量所謂的「優質」女性，也就是符合下列條件的女孩：年輕（一般為十六至二十五歲）、苗條、高挑（不穿高跟鞋至少要有一百七十五公分，穿高跟鞋超過一百八十二公分）。[34]雖不必然，但有鑒於男性精英與時尚產業總對白人情有獨鍾，她們通常也都是白人。

比起個性或其他可能顯露階級的線索，譬如口音或首飾，女孩們最顯眼的生理特徵——美貌、身高和體態——是最為重要的，尤其因為幾乎每間夜店都燈光昏暗、音樂嘈雜。二十二歲的艾莉諾（Eleanor）——一位多數夜晚都在米特帕金區度過的白人時尚業實習生——就解釋道：「一切都攸關妳的外表，看妳有多瘦、多高。那些才重要。妳個性超可怕沒關係，只要有一百七十五公分，就可以進場……公關基本上只會來找漂亮的女孩，然後會要妳帶朋友一起來，而且妳知道，是要帶漂亮的，要瘦、高的那種。然後他們就會帶妳出場，一毛錢都不用付。」

無論其經濟能力、教育程度、個人特質如何，只要是擁有這種身體資本的女性，在世界各地的昂貴餐廳和夜店都會被免費招待。

但並不是所有女孩的價值都相當。女孩之中有個明顯的階層秩序，其中位居最頂端的，就是時尚模特兒。

「喔不，紐約的模特兒就像——我怎麼能跟她們比？」艾莉諾繼續說道，「我不會說她們像英國貴族之類的，但我猜——也不是權力——但她們會得到的讚美，是我這輩子從沒看過的。」

我們人類最本能的預設是，你若愈有魅力，你的社會地位就愈高，而夜店和公關想要的，正是這種極其罕見的美麗女性：時尚模特兒，[35]或至少要是看起來可能成為時尚模特兒的女性。公關跟夜店業主偏好「真正的」模特兒，也就是有跟大經紀公司簽約的模特兒，而較不偏好那些「Instagram 網美」或者由名不見經傳的小公司代理的小模。當然，大家在雜誌或廣告看板上會看到的那些名模就再好也不過了。如果能夠邀請到「維多利亞的祕密」（Victoria's Secret）的內衣模特兒，那這個公關就非常厲害了，因為她們被認為是最火辣性感、身材最姣好，而且也是最酷的人，她們的象徵地位非常高。

在這個領域，模特兒所擁有的象徵資本，是一種內行人一看即知的獨特權力。[36]模特兒隱隱帶著時尚產業的崇高地位，能夠讓整個空間和她周遭的人瞬間高級了起來。有些時候，桌邊服務的商業模式也被半開玩笑地稱為「美模和美酒」。從事公關工作四年的克勞德（Claude）是現年二十七歲的法國白人，他進一步解釋道：

> 那是女人中的最高品質。最完美的存在。光是觀看，就美得令人屏息。模特兒就是那種……走進夜店，像是閃光燈一樣的存在。你會知道她來了。然後她身旁的人就會說：「幹，這間夜店太讚了。再給我一瓶酒。」

為了挖苦模特兒對此行業的重要性，有個公關就在自己名片背面印了一句燙金的「我恨模特兒」；但實際上，他的工作正建立於對模特兒的憧憬崇拜之上。多數公關心中抱著這樣的目標：不管是哪間店，每晚他們都至少要帶五個漂亮女孩入場，不過能帶十至十五人過去是最理想的。

由於每間高檔夜店每晚都會再另請一組形象公關找人，所以公關之間往往競爭激烈，公關得要努力找到模特兒、和她們交朋友，還要說服她們每晚都願意出來。如果公關沒做好——女孩不夠漂亮或者數量太少——他們會遭夜店經理訓斥，甚至可能被解雇。

排在真正的模特兒之後，下一個等級是看起來可以當模特兒的「優秀平民」（good civilian）。除了要臉蛋漂亮外，優秀平民有兩個最重要的身體線索足以展現其象徵地位：高挑、纖細。入行八年的二十九歲黑人公關馬爾科姆（Malcolm）對優秀平民的定義是：雖然比模特兒胖或矮一點，「但你帶她去夜店時，會覺得她看起來沒什麼問題。」她是「模特兒那款」的：雖然不是貨真價實，但也差不多了。

在優秀平民之下，就是一般的「平民」了。此詞挪用了指稱不屬於戰場者的軍事用語，平民既不夠漂亮，也不夠有錢，在這個經濟體中，平民幾乎是不被看見的人。有時平民會被稱為「路人」（pedestrians），而那些因為條件普通所以沒什麼價值的類型包括，嗯……其實所有外貌看起來超過三十歲、身高低於一百七十公分、或者裙子尺寸比 XS 還大的女性都算。

公關和客戶怎麼可能看得出來女孩之間的細微差異？你或許會覺得，夜店的燈光這麼昏暗、身體輪廓都很模糊，在這種環境下，模特兒和優秀平民之間的細微差異根本看不出來。然而，對於公關、客戶與夜店經理來說，「只是個辣妹」跟模特兒之間的差異，可說是天壤之別。瓦娜（Vanna）不僅是公關業中為數不多的女性，身兼時尚模特兒的她輕易就能察覺某人是不是模特兒：「只要看她的行為舉止，以及看她的穿著打扮就好。」前紐約夜店老闆史帝夫·路易斯（Steve Lewis）也曾跟我說：「只有真正老練的人才能辨別模特兒和辣妹之間的差異。」二十七歲、來自紐約的公關伊森（Ethan）就曾譬喻，兩者的差異就像香奈兒、普拉達的高級時裝與運河街（Canal Street）賣的仿冒A貨之別。在沒受訓練的素人眼中，兩者看來或許完全一樣，不過伊森的客戶並不是素人。「會在夜店一晚消費一萬五千美金的人，要的是真貨，」他說，「那是一個安心感，他現在已經是A咖、是社會精英了。我覺得這才是真正的差別所在。」

因為有美女，高額帳單也就顯得合理；又或者可以說，美女本來就算在帳單裡了。業界管理階層都知道，美麗外貌可以改變一個地方的氣氛，進而刺激消費。[37]身兼公關與一間高級夜店門房助理二職的布魯克（Brook）就解釋道：「這樣當男人環顧四周，他們會想：『喔，真該死，我把剛拿到的這一季獎金全花下去了，因為我正在跟人生中看過最漂亮的美女共處一室。』」但如果身邊都只有平民，客人們就不太會掏錢出來。公關們都看過客人走進一間擠滿「路人」的夜店，打量人群一陣後離開、去了別間夜店的情形。我在做田野工作時，有一間夜店甚至以每晚一百美元左右聘雇一小群缺工作的模特兒擔任「桌邊女孩」（table girls），她們就站在吧台前，等待經理安排客人邀請她們入座、一起喝酒。

就如同許多價值取決於其「身體資本」（bodily capital）的人那樣，模特兒都很年輕，且她們的職業生涯都很短；模特兒的工作最早可以從十三歲開始，到了二十多歲時幾乎已屆職涯頂峰。[38]VIP夜店裡頭，有許多女孩們在法律上其實都未成年。我遇到很多未滿二十一歲的女孩，二十一歲是美國法定的可飲酒年齡標準，有些甚至連歐洲的法定飲酒年齡十八歲都不到。二十歲的卡悌亞（Katia）輕輕鬆鬆就能通過安檢，只要把信用卡當成身分證一樣亮出來，對方就會揮手讓她通過。十九歲的兼職模特兒漢娜曾亮出公關的駕照，上頭照片是個大個子的黑人男性，漢娜不但削瘦，還是白人。「保鑣都快要忍不住笑出來了。」她說完，自己也跟著大笑了起來。在可能會有大量警力部署，或夜店已被告知警察可能前來臨檢的夜晚，未成年女孩就不會進場。但多數晚上女孩們都是熟門熟路地進門，一切如常，保鑣連眼睛都不會眨一下。

對於年紀可能已屆「女孩」邊緣的其他人，依然被如此稱呼。當我後來告訴夜店裡面的人說，我在為此書做田野工作時；真實年齡是三十一、三十二歲，他們都非常震驚。我看起來比實際年齡小，所以可以矇混過關，但更讓他們震驚的是，一個有事業或有家庭的成年女性，竟然會和公關出去。在夜店這個場景中，固然會出現一些年紀稍長的女性，譬如男性消費者的客人和朋友。當然，也偶有女性消費者會出來尋歡飲酒；但她們的存在感和重要性都遠遠不及女孩們。

在夜生活經濟中——這間夜店有多好、這位公關有多厲害、他能賺多少錢、客人們看起來多有錢、多有權，以及他們會消費多少——這一切，全都跟女孩們有關。

在我成為女孩期間（實際上，是在成為女孩的前後幾年間），一般普遍認為紐約高級夜店中最頂級的據點之一就是 Club X（非真名）。在 Club X，客戶購買一千美金的酒是稀鬆平常的事。一位十九歲的新入行公關崔佛（Trevor）表示，他試著搞懂為何其他夜店沒有 Club X 那麼厲害：

> 別間店裡的客人沒這麼優，其他店的女孩比較矮、比較胖，我不喜歡。在 Club X，雖然還是會有一些比較矮、比較胖的女性，但她們通常都是跟著會消費的男人一起去的客人。

在精英男性追求地位和財富的過程中，「女孩」的角色非常關鍵。有時候，公關桌上的女孩們會站到沙發或桌子上熱舞，有時會在店裡穿梭、尋找艷遇，有時可能就只是坐著，和夜店裡的高級裝潢共譜一場視覺饗宴。女孩們光是出現在那裡、光是看起來美麗，就能為整個夜店產業、經營夜店的個別男性，乃至於更大的紐約都市經濟，創造出龐大的價值。她們的價值有個非常具體的前提：要能夠被看見。最重要的是，「女孩」所屬的社會分類和一般女性截然不同，由於我希望讀者可以體會到箇中差異，故從此處開始，我將刻意拿掉「女孩」一詞的引號，直接用這個詞彙來指稱身處VIP場域中的這群女性。在這個特殊的世界中，有個不言而喻卻廣為人知的邏輯：女孩有價值，而女性則沒有。

臉蛋控管

夜店的排他性愈強，就愈炙手可熱。夜店門口的守門人員會仔細篩選，確保只有對的人——要嘛是美女，要嘛是有錢人——才能進場。在俄羅斯，這些人會被稱為「臉蛋控管者」（face control），而在紐約，這大抵也就是他們的工作。一位夜店老闆曾譬喻，他的店門就像「歷經了諾克斯堡（Fort Knox）的洗禮」*[39]，他認為那是店裡的賣點。

沒有魅力的女性尤其會在嚴格篩選後遭到淘汰。

對公關來說，最糟糕的窘境莫過於自己帶隊的隊伍中有人被守門人挑出來、拒絕放行。

公關工作中有個致命要害，就是女孩們會不斷要求帶朋友一起來，而且女生對朋友的外貌並不像夜店界那樣挑剔。伊森曾告訴我，最近他的某個女孩帶了位長相不OK的朋友來，她比較胖，也不像模特兒那樣漂亮。在訪談中，伊森不太自在地扭動身體，並解釋當下發生的事情：「我就只好，就是……那種……就像……我把我的帽子拉低遮住眼睛，然後那個保鑣開口就說：『沒門，那個胖婊子不能進來。』我想說：『啊啊啊超尷尬的！你就不能客氣一點嗎？』」

還有一次，在曼哈頓一家頂級夜店，當伊森的女孩們準備要進場時，保鑣突然叫住其中一人，因為她的腳趾已經整個在高跟涼鞋的外面。伊森講這個故事時，一邊帶著笑意，同時又有些尷尬：「保鑣叫她出來的時候超慘的，當時就是……她半隻腳都已經進去了喔，結果保鑣說：『不行，看看妳的腳趾。這是怎樣？整個衝到鞋子外面了。給我出去。』」

夜店守門人評斷女性時毫不留情。自二〇〇七年開始擔任公關的委內瑞拉黑人馬利（Marley）回憶道：「哦，對，他們有些人真的很恐怖。我有一次帶了一個女孩，她是我的朋友，結果守門人說：『馬利，這是什麼鬼東西？不要帶這個胖女人來這裡。』」雖然守門人後來還是讓他們進場了，但馬利的朋友哭慘了。

「真的很可怕，」他說，「我心想，大哥，你就不能之後再告訴我嗎？不要當著她的面說啊。而且他知道我一向都帶有品質的人進去，就這麼一次而已。但他就不想要讓那樣的人進去。」

為了避免在門口遇上窘境，即便是會花錢的客戶，當身邊的女伴看起來沒那麼像模特兒時，他們也常會自己決定要去沒那麼高檔的地方。一位自己本身就是夜店大戶的客戶，在提及 Club X 時就說：「慘的是，〔他們〕根本不在乎你有多少錢。如果女孩的長相沒到他們的標準，那就是

＊譯註：諾克斯堡位於肯塔基州，長期而言是美軍培訓陸軍士兵的軍事學校，經過一定程度的汰選，學員才得以結訓，成為士兵。此處的夜店老闆也是採此含義。

門都沒有。」Club X 對進場女性外表的審核格外嚴格，某次我邀請一位身高將近一百七十八公分的模特兒朋友和我一起去 Club X，結果守門人看著她的鞋子說：「抱歉，進我們這裡不行穿平底鞋。」紐約市裡其他夜店的限制沒那麼多，因此排他性也相對沒那麼高；店裡常有由富裕平民組成的男男女女，而各種長相的女人也都會有。但 Club X 正是透過這種對女性身體的嚴苛評價，塑造出自己的名氣和地位。

守門人會藉由一個人的身材、美貌、種族、口音、衣著、手表、服飾，甚至是手提包，快速審核一個人的地位高低。魯布托（Louboutin）的紅底高跟鞋雖是地位崇高的象徵，但如果穿的人身高不足一百七十公分——某間夜店還設置了「守門女孩」（door girl）當作比例尺——她就不能進場。尤其若她是有色人種的話，那麼更是如此。

VIP 場域是個種族排他性很強的環境。即使 VIP 夜店中常放嘻哈樂，但若不計入服務生，多數晚上在場屬於黑皮膚或棕皮膚的人，大抵不會超過十個。公關都很清楚，他們的桌子不能坐太多的有色人種女性——一小群黑色皮膚、棕色皮膚或者亞裔女孩還可以，但多數坐在公關桌的人，都會是白皮膚的身體，而且這往往是刻意為之的結果。

我在訪談中發現，有些在店裡消費的客戶也同樣可能成為種族歧視的主角。有時還滿誇張的。有位繼承龐大財富和人脈的法裔中東帥哥和他的白人朋友出去玩，結果「守門女孩」靠近那位白人朋友並悄聲說：「你朋友不能進場，除非你進去把一個棕色人種帶出來跟他換。裡面的棕色人種已經太多了。」

不過，其實這種直截了當的歧視性言論非常罕見，因為多數情況下，非白人往往都是基於外貌、臉蛋之類的理由而直接遭拒。這種「絲絨繩種族主義」（velvet rope racism）發揮作用、禁止非白人進場的頻率之高，非常令人震驚。與其先行者吉姆．克勞法（Jim Crow Law）*不同，絲絨繩種族主義相對比較溫和，它主要是透過美貌、地位和「品質」來描繪種族特徵。由於夜店總是謹慎地接納適量的例外客人，以掩蓋種族偏見，因此在法律上往往也很難追究。[40]結果就是，夜店主要迎合白人客戶，而且是以大量白人女孩的身體來吸引他們。在一個如此國際化的場合中，白人仍然能享有這等主導地位其實還頗令人詫異，畢竟非白人和非西方人的財富持有比例一直在增加，因此我們可能會預期，無論是在象徵或物質層面上，白人至上主義應該早早就已衰落了才對。或許因為我所關注的VIP圈子扎根於紐約，因此受制於美國的種族政治動態，即便阿拉伯世界和亞洲背景的富豪頻頻現身，白人至上主義依舊非常強勢。[41]

即便非白人入場者在守門人眼中地位會下降，但對女孩而言，美貌永遠可以凌駕於這些原則之上：一位黑人時尚模特兒——一位真正的模特兒——永遠都歡迎入場。而如果是較矮或較胖的白人女孩，若不是被告知今晚是「私人派對」而不讓她進場，就是會直接受到當面侮辱。

矮小的女性多半會被稱為「侏儒」，而較胖的女性往往被認為會拖累夜店的名聲和公關的信譽。某位公關在描述一間公認品質較低落的夜店時就直言：「那邊的女孩都很胖。」另一位公關

*譯註：吉姆．克勞法（Jim Crow Law）是在十九世紀末期至二十世紀中期，美國南部及邊境各州針對有色人種所實施的種族隔離制度；其最著名且最核心的概念是「隔離但平等」（separate but equal）。

在接受訪談時則說：「我會用布偶或哈比人來形容那些，就是，長得比較抱歉的女孩。」還有人甚至直接稱呼隔壁桌的女性為「醜陋的狗」。

侏儒。山怪。小精靈。醜得恐怖。災難。怪物。

這些是夜店產業用來形容不符他們心目中身材標準的女性的詞彙。她們的身體被視為毫無價值的存在，甚至是會壞了一鍋粥的老鼠屎。她們的存在被認為會減損夜店、夜店管理階層跟公關的聲譽。她們會拉低客群的品質、降低夜晚的樂趣，以及那個晚上的經濟潛力。這裡徹底容不下她們。

如果你想請守門人破例，就這次放一個被認為品質較低的女孩進場，那麼可能會聽到這樣的反駁：「如果我們讓她進來，你就不會想再來這裡了。」

男性的等級

任何一間夜店，不管是位於紐約的地下室還是位於聖特羅佩海灘，永遠都有一套非常清楚的階級制度。時尚模特兒代表的是「A咖」，但女孩只是商業模式中一半的構成元素。每間夜店業主都會希望店裡可以出現幾類不同的男性客人，同時極力避免讓另一類男性進場。

在男性的等級中，最有價值的是「鯨魚」（whale），你可能已經在賭場或金融投機界聽過這個詞。「鯨魚」憑著他們取之不盡的財富瘋狂撒錢，有時一個晚上就可能花掉十萬美金。在夜生活圈，他們的存在就像是活生生的傳奇。

在我做田野調查期間，最大尾的「鯨魚」是一個馬來西亞投機客，名叫劉特佐（Jho Low），我踏入夜生活世界後已數次聽聞這個名字。一個二十九歲的公關曾繪聲繪影地說：

> 那個——他叫什麼名字——那個劉特佐，一個晚上可以花掉一百萬美金，就為了告訴大家他付得起……他是亞洲人，應該是韓國來的吧。他賺了一狗票的錢，不管他去哪裡，都會花掉上百萬美金，然後嘲笑別人，彷彿人人都不如他。這傢伙好像才二十六歲。

另一個二十三歲、最近考上研究所的公關，提及劉特佐時則是一半帶著崇拜，一半帶著奚落：

> 上次我去夜店L時看到劉特佐，他幫店裡每一桌都點了一瓶培恩（Patron）〔龍舌蘭〕。那晚他應該有花了超過十萬美金，但那傢伙根本沒在管。他甚至沒有去找女孩講話，就只是坐在後面喝他的啤酒。他只是想要開趴，只是想要一種……「對，這些都是拜我之賜」這樣的感覺。有夠瘋的。

劉特佐其實來自馬來西亞，這位年方三十的金融投資人在曼哈頓和中東地區都參與了許多房地產和商業投資計畫。確實在每個去夜店的晚上以及名流的私人派對上，劉特佐會花費數十萬甚至上百萬元，他甚至出資贊助二〇一三年馬丁・史柯西斯（Martin Scorsese）的電影《華爾街之狼》（*The Wolf of Wall Street*）。與他一起開趴的人多半不太清楚他的財富來源；有個公關說他應該是軍火商，另一位公關則認為他是政府建設案的承包商。結果事實證明，劉特佐其實擔任的是「一個馬來西亞發展有限公司」（1 Malaysia Development Berhad，簡稱一馬公司或1MDB）這個主權基金的顧問，而該基金最後遭指控是一場金融騙局。[42]事實上，在我撰寫本書時，劉特佐已經展開逃亡、遭到通緝，因為他涉嫌淘空，把馬來西亞投資者的數十億美元全數洗到私人的手中。現在劉特佐已淪為亡命之徒，美國政府從他的非法所得中沒收了幾百萬美金，也包括他送給李奧那多・狄卡皮歐（Leonardo DiCaprio）的畢卡索畫作，以及他送給超級名模米蘭達・可兒（Miranda Kerr）的鑽石。[43]

談了那麼多劉特佐，要花到他這種程度的鯨魚其實是很罕見的。一個業界人士就曾對媒體說：「我們一生只會遇到一個劉特佐。」[44]雖然鯨魚不常造訪，但他們是驅動夜店的主力，他們提供豪奢與刺激的故事，讓夜店變得誘人無比。鯨魚的存在讓大家知道：今晚，得以見證財富大筆揮霍的人可能就是你。

繼鯨魚之後，夜店老闆也希望能吸引名人來消費，名人是另一類非常有價值的客戶。有時名人也會購買昂貴的酒款，一面炫富、一面博取媒體關注，不過多數時候，名人的酒水都是店家招待的，畢竟光是有他們在場，就已經提升這間店的價值了。有些名人去夜店甚至可以獲得報酬，其中最廣為人知的莫過於派瑞絲・希爾頓（Paris Hilton）——她不僅是夜店出場收費者的鼻祖，更透過VIP場域讓自己聲名大噪，然後再積極將其轉化成現金收入。[45]

雖然精采刺激，但鯨魚和名人並不是夜店利潤的主要來源，因為他們人數實在太少。此外，財力雄厚的有錢男性常常受邀免費參與派對，即使他們不是名人也無妨。夜店界自有一套極其細緻的非正式收費標準，可以辨別誰夠重要、堪稱VIP，以及誰是真的「非常」重要。夜店收費是可以協商的，會根據消費者的社會地位浮動；有些男性會在付帳時獲得折扣，有些男性會因為其身份地位顯赫，直接獲得店家招待。事實上，無論因為社會人脈、象徵地位，還是因為帶有經濟價值，富有的男子通常都會獲得店家的招待。一位自稱是巴西富豪的人曾解釋，為什麼他在任何一間知道他身分的米特帕金區酒吧都很少付到錢——「他們都認為我會有所回報」，例如可能會投資老闆的下一間酒吧或夜店，或者可能會在那間店舉辦下一個超大型（且有利可圖的）生日派對。

在VIP的世界中，免費的東西無疑是最能彰顯地位的表徵。免費入場、免費酒水和免費晚餐，代表的是一個人的社會價值獲得肯認。[46]我在紐約和邁阿密跟著的公關馬爾科姆就說：「我常常說，在夜生活中重要的不是你花了多少錢，而是你免費得到了什麼東西。那才是真正的權力。如果你很有錢，而且你也花很多錢，那被尊重也是合理。但如果你一毛錢都不用花，那就是權力。」

多數夜店的主要利潤來源是金額較低但比較穩定的包桌帳單，包桌的通常是有錢的遊客或商人——譬如一般的銀行家、科技工程師，或擁有可支配收入能花的上流社會專業工作者；通常一桌大約是一千五百至三千美元不等。即便跟鯨魚和名人相比，這些群體的重要性較低，但他們卻是VIP場域的核心；實際上，他們才是金主。他們經常會貢獻高額消費，因為他們也希望能更靠近權力與美貌。不過和名人與地位崇高的貴賓不同，這些男性永遠都要付錢。

過去曾是夜店老闆、現在是紐約市地產大亨的杜克（Duke）將這些人稱為「冤大頭」

（mook）：「真的是冤大頭，都不知道發生了什麼事……像那些來包桌的牙醫，還以為自己是跟一群很酷、很好看的人一起混。」這邊我應該特別指出，在紐約自己出來執業的牙醫，收入其實遠高於全國平均水準。不過，收入這麼高的專業工作者卻還是比公關桌這裡的人遜色。

某晚，一位叫作吉米（Jimmy）的知名音樂製作人和我們同坐在 Downtown 裡德瑞的那一桌。吉米自己也小有名氣，他環顧周遭人群，觀察店裡逐漸被有錢男性（有些身邊還帶著「整型整很大的女人」陪同），以及非常多的女孩擠滿。吉米一面替我們的酒杯注入免費的香檳，一面解釋：「只有真的超有錢或超酷的人才能進來。這就是為什麼我們喝酒不用錢。把桌席賣給有錢人，然後他們就可以說，自己是跟很酷的人一起來的。」

他補充了一句：「而我們就是很酷的那些人。」

吉米的長相其實很普通：他個子不高、禿頭，穿著基本的牛仔褲和西裝襯衫。德瑞不能邀請不好看的人入座，除非他們在其他方面非常重要。光憑他坐在德瑞這桌，店裡其他人就都知道，吉米是有價值的人；畢竟，他身邊都圍繞著吸睛高挑的白人時尚模特兒。

德瑞的盤算是這樣的：「如果你長得不好看，你就得是個什麼咖。每個人都會幫我們這桌帶來一些什麼。每個可以進來的人，都有某些我們想要的東西。」

在階層底端的男性沒有社會人脈、沒有錢，甚至可能連基本的開桌價都付不起，但他們仍可能為夜店帶來一些有價值的東西。這些被稱為「充場的」男人，可以讓整個場子看起來不那麼空。他們看起來夠酷，也有足夠的「文化資本」（cultural capital）可以入場，但這些人必須站在吧台邊搶酒、點酒，就像舊式的夜總會那樣。[47]

接著就是所謂「過橋、過隧道來的人」（bridge and tunnel），他們或許身上有點錢，甚至可能也付得起開桌費，但他們的外表不對。在VIP夜店的保鑣眼中，這些人是外來者，這些來自史坦登島（Staten Island）或皇后區（Queens）的人缺乏生活在曼哈頓島上的適當文化意識。如果你身上透露出這類人的氣息，看起來像是過橋或穿越隧道才來到米特帕金區的人，你的到來就不會受到歡迎。二十三歲的公關麥克（Mike）有時也擔任守門人，他會稱這類人為「呆頭鵝」（goon）*，彷彿是漫畫中的反派人物。他曾描述，某次在門口他就遇到了一個這樣的人：

> 他徹頭徹尾是個呆頭鵝。他穿著那種，超寬鬆的西裝，裡頭襯衫皺巴巴的，頭髮也沒梳。我當時就想，我他媽為什麼要讓這小子進來？他完全不會為我們加分。他進場不會為我們帶來任何東西。也就是說，他不會讓店裡看起來更體面。

同樣處於底層的，還有德瑞口中的「貧民窟的人、可怕的人」，此種說法援用那些把底層階級、犯罪和非白人族群聯想在一起的刻板印象。紐約有很多夜店都是以這些族群為主要客群，雖然這些店很快就可以賺到錢，但德瑞絕不踏入這些店半步。德瑞說，假設店內哄抬酒價，「那麼可能可以大賺他們一筆，但這些人都有帶傢伙〔槍〕。他們會開槍、打架。都是一群很危險、很可怕的人。」身為黑人的德瑞一直竭力要和其他黑人保持距離，他認為那些黑人被貼上了底層階級的

---

*譯註：麥克的用語 goon 在過去一般被用來形容「呆笨的、頭腦遲鈍的人」；後來在許多漫畫中，由反派所聘用、但很愚蠢或者可能傷害別人的打手，也會用這個詞來形容。

標籤，因而也連累了他自己的社會地位。

過橋的與過隧道的、呆頭鵝和貧民窟的人。這些男性被認定社會地位低落，即便有錢也無法彌補。他們的邊緣階級地位被直接刻印在他們的身體上，門口也因此會自動拒絕他們入場。

聰明的男性會試著用模特兒讓自己獲得進入夜店跟獲得折扣的機會，因為被模特兒圍繞的男人，就不需要掏那麼多錢買酒。在我訪談的客戶中，就有人明確提及如何把女孩們當成在夜店門口可以運用的籌碼。舉例來說，瑞斯（Rhys）是一位富裕的金融家，同時也是 Club X 的常客，他就曾說，假設有五個穿西裝的金融業男子要進場，然後「他們年紀大一點、長得醜一點」，那他們就得要支付開桌的最低消費，譬如兩千美金，彷彿是為自己等級較低的身體繳稅一樣。另一方面，瑞斯繼續推導，如果是兩個「長相端正、身邊有三到四個模特兒陪同的傢伙」，就會被歡迎入場，不會有任何麻煩，也不會被要求支付低消。身為充場的人，他們可以站在舞池裡、在吧台點酒，避免支付昂貴的開桌費。

熟稔這類場合的男性，即便身上有錢可以花，也會在心中打著這些算盤：要多少美女才能抵消我的長相？要多少美女才能抵消這個和我一起來的男人？在沒有優質女孩陪同的狀況下，我今晚願意花多少錢？

這個社會的地位階層結構深深在我們身上留下烙印。掃視任何一間夜店內部，你甚至可以直接看見這種階層結構的存在。以 Downtown 為例，目光所及之處的地理配置，全都體現了這種地位階層。保鑣（或稱保全）幾乎全都是身穿黑色衣服的大塊頭黑人；他們象徵的是身體力量，但不是社會地位。負責搬運成堆的空酒瓶、酒杯的雜工多半是身材矮小、棕色皮膚的拉丁裔男性，身高多半介於一百六十到一百六十五公分之間。他們通常身穿樸素的黑色制服，端著托盤、拖把和玻璃杯瓶來回在場內穿梭，人群中幾乎難以看見他們的身影。如同高夫曼所說的，在這個空間裡頭，他們是「非人」（non-persons）*。[48]有時雜工會把手電筒高舉過頭，示意他們即將通過，但你幾乎看不見燈光下的身體，這些人和那些閃亮香檳所照亮的高挑、採著高跟鞋的女孩們形成鮮明的對比。雞尾酒女服務生被稱為「酒促小姐」（bottle girls），通常身材高挑、身材性感，且種族分布相對多元，她們的裙子既緊身又暴露，高跟鞋也很高；她們象徵的是性，而且據德瑞等人的說法，她們與自己身上攜帶的酒瓶一樣，都是待價而沽的。[49]不同於看似隨手可得的酒促小姐，時尚模特兒象徵的就不是性，而是美——而美麗的餽贈就是地位崇高許多。其他人，無論是保鑣、雜工、充場的，甚至是酒促小姐，除非有需要，否則往往都會消失在背景之中——但模特兒就是得要鶴立雞群。模特兒的桌席會被保留在夜店和餐廳最醒目的區域，而夜生活中的每個人都希望與他們一起被別人看到。

鯨魚只會去群眾品質好的夜店，這是常識。公關也會被鼓勵帶來一些會買酒的男性，也就是稱為「酒客」（bottle clients）的客戶，根據公關們跟夜店之間的合約，他們可以從酒客的消費金額中抽走大約10%到20%之間的佣金，通常夜店經理會在每週結束時以支票支付，或每晚結束

*譯註：高夫曼指出，如果是在大規模的互動場合，捲入此場合的各種角色會出現專業化的分工與隔離；其中，參與這個活動但同時不參與這個活動的專家，就必須在不干擾活動進行的狀態下四處移動，以便讓活動順暢進行。非參與者的經典例子為傭人、接待員、門房、速記員等角色，後來這些人被高夫曼稱為「非人」。

【圖3】 夜店工作人員

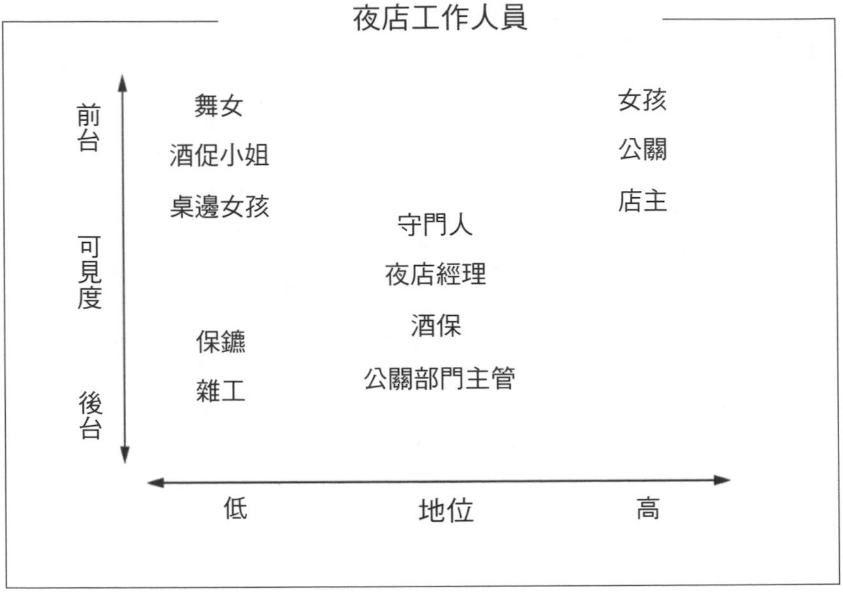

時以現金支付。桑普森（Sampson）這位在紐約入行三年的二十七歲公關，提到他的佣金總額是這樣說的：「只要有一個人花兩萬美元，我就能付我那個月的房租。只要一個晚上。」

具體而言，所謂的「優質群眾」最主要是在說店裡女孩們的品質很高——換句話說，店裡通常擠滿模特兒或長得像模特兒的女性。女孩們決定了夜店的等級、店裡群眾的品質，以及消費額的高低。在VIP派對中，她們在場或缺席會對一群特定男子影響更鉅——對於公關的聲譽來說，可說是成也女孩，敗也女孩。

如果有大量的優質女孩，例如說五到十位，那麼像德瑞這樣的公關，一晚收費就可能高達一千美元。不過女孩帶給公關的象徵價值又更高，因而模特兒也更顯彌足珍貴。德瑞開始受 Club X 聘為公關後，他就很愛說嘴這件事情。他認為，可以跟 Club X 合作的公關，其他夜店一定也都會搶著要。當德瑞聽聞他一個競爭對手，同時是公關界為數不多的女公關西莉亞（Celia）也聲稱自己和 Club X 合作時，大大嘲笑了她一番。德瑞說，西莉亞的女孩品質奇差無比，因為她帶來的大多都只是優秀平民，而不是模特兒。「我帶一個女孩去跑趴，我〔賺的〕就可能比西莉亞帶二十個女孩去還多。這就叫作名聲，懂了吧。」

類似西莉亞這種沒有帶模特兒的公關，一晚的報酬介於三百到六百美元之間，取決於他們的女孩品質和數量，而這些標準是根據經理在場內巡視所做出的評估；公關只會在該晚活動結束後才獲得報酬。

公關會不斷根據質與量進行粗略的計算：如果有找來真正的模特兒，那他只需要四到五人，這一群人就夠好了。如果今晚他只找到優秀平民，那他大概會需要雙倍的人數。如果今天有一個不太好的平民，他可能要把她「藏」在大量的優質女孩中。諸如此類。

少了模特兒的公關，就無法在這個世界獲得敬重。「這真的很神，」三十一歲的喬說，「當你帶著模特兒，就彷彿她們給了你進入紐約各個地方的鑰匙。」

二十九歲的公關馬爾科姆最早是從大眾公關起家，他曾經帶八十人到米特帕金區的大型夜店跑趴。但他後來發現，如果付出同樣的努力，然後把精力集中在數量更少、但品質更高的人身上（主要是模特兒），他就能跟夜店老闆開價更高：「我們會跟夜店說，打個比方，『聽著，你現在這個公關會帶來一大堆一百六十公分的女孩，說他們很可愛還怎樣的。又或者，你可以聘請像我這種人，帶給你最時髦稱頭的女孩？……聽著，我們會帶十五個最辣的女孩到這裡來。所以我要收費一千美元。』」

而此舉確實奏效。「這麼說好了，」馬爾科姆說，「在夜店工作後，我買了兩輛BMW。從BMW 5系列買到7系列喔。這樣你懂我的意思了嗎？」

時髦女孩只要出場，就會擄獲眾人目光。正是透過她們，馬爾科姆得以從重量發展到重質；從大眾公關做到形象公關、轉做A咖的生意；最後再做到可以招待女孩到伊維薩島上的海灘俱樂部，或帶她們去蔚藍海岸（Côte d'Azur）客戶遊艇上的私人派對。

大概在我進行田野工作一年左右，德瑞退出Downtown的公關工作，另一個叫阿貝（Abe）的年輕黑人接手。業界對阿貝的評價是，他是個「魯蛇」，因為他的人際網絡裡模特兒不夠多，而且他自己的女朋友也不是模特兒。實際上，一位Club X的公關就曾語帶輕蔑地告訴我，阿貝的女友「腿上有很多橘皮組織。太噁心了。與其讓阿貝在那裡工作，不如直接把店收起來算了。」

在公關界，出現這種殘酷言論可說是稀鬆平常，因為公關經常會透過侮辱別人的女孩來挫對方的銳氣，譬如他們可能就會開玩笑說：「她們的模特兒經紀公司是誰啊？Instagram嗎？」有一次，我和一位公關坐在Downtown，他就直接抨擊對面的競爭對手恩里科（Enrico）那桌的女孩：

> 對我們來說，質重於量。我們這裡有個很棒的女孩，這就勝過恩里科了。他都沒在挑，什麼都帶來，像是那種看起來就很白癡的妓女，你知道，那種奶大、嘴唇整壞的……你知道，就是很俗的那款。這比你只帶一個優質的女孩來還糟。不如就帶一個好一點的女孩過來。

在這次事件後不久，我開始坐到恩里科那桌。比起時尚模特兒，原來他更喜歡脫衣舞孃和陪酒小姐的陪伴。三十歲的恩里科來自西班牙一個上流社會的家庭，是我遇到出身自富裕家庭的少數公關之一。對他來說，脫衣舞孃更性感、更有趣，而且可以一起在派對上用力狂歡到深夜，並借助大量的古柯鹼補充精力。相較之下，模特兒更容易成為「麻煩精」——她們要求太多了，恩里科覺得，或許是因為她們清楚自己的價值為何。為了自己的個人享樂，恩里科犧牲了地位，因此是比德瑞等人還低一階的公關。

德瑞時刻都想著自己在人群中的位階，而他最為在意的，就是要如何留在頂端。如果不是已經在精英市場建立好名聲的店家，他就不會願意合作。「你只能往上，千萬不要往下，不然就稀釋你的品牌了，然後你就一定會慢慢掛掉。當你想賺大錢、去追逐快速獲利的方式時，那就很危險了。你的信譽是會一直跟著你的。」夜店的地位也可能會綁住公關：如果你在地位很低的地方工作，或者你女友不是模特兒，都會讓人貼上「魯蛇」的標籤。

我和公關相處的時間愈長，就愈能看見他們的世界是怎麼劃分出兩個類別：A咖或者A咖以外的。你可以跟成功人士開趴，也可以跟魯蛇一起開趴。「一切只跟這個有關。」從事公關已經超過二十年的米歇爾（Michel）說：「當你身邊都是美麗、成功的人或其同類，你就會覺得自己來對地方了。當你去到垃圾場，那邊有很多魯蛇的話……你心裡想的絕對不是：『哇，我在這裡。好棒。』」

對米歇爾和其他公關來說，對的地方，只適合重要人物。

A咖經濟

很酷的人通常不會在一個地方待很久，在追逐他們的過程中，夜店老闆會花很多錢，但也可能賺很多錢。一間夜店通常只會開業幾年，很少有店撐得比這個時間更長。在短暫的開業期間，每間夜店的生命週期都相當類似：它會先吸引到身分地位較高的客群，並排除其他人；隨著時間的推移，VIP們開始聚集到城市裡其他較新的店時，這間夜店就會開始接納地位較低的大眾，店內也不會那麼有排他性了。「用紐約的術語來說，」一位銀行家和夜店常客解釋，「它等於開始吸引更多過橋與過隧道的人……〔他們〕對於優質群體是否有在店裡這件事情沒那麼敏銳。這些人就只是很高興可以在那裡……他們可能根本分辨不出來城裡最熱門的地方，跟第三或第四熱門的地方之間有什麼差別。」進入這個比較低層級的階段後，通常一間夜店還可以獲利個幾年，靠著店裡過往建立起來的名聲，繼續販賣一些抬價的酒給那些想像自己是VIP的客人。不過若要能走到這個階段，這間店打從一開始，就必須建立起屬於A咖的商家聲譽。而要做到這一點，店家就會需要形象公關，好安排、吸引到對的群眾。

就此服務而言，公關一晚可能要價高達一千美金；事實上，夜店經營成本增長的最大主因往往就是公關，譬如紐約的夜店Marquee就無法忍受不花錢請公關，這樣才能避免公關們把屬於自己的模特兒網絡帶到競爭對手的夜店。[50]雖然收費很高，但形象公關確實幫忙夜店老闆帶來了龐大利潤。

以時尚客群和店家長壽聞名的Marquee而言，在二〇〇七年的最高峰時期總收入估計為一千五百萬美元，它在二〇一二年關閉，但經過斥資三百五十萬美元的重新裝潢後，又於二〇一三年重新開業。[51]哈佛商學院曾以此公司為案例進行研究，在研究中將 Marquee 的創始人史特勞斯和泰波柏格稱為「世界上最受尊敬的夜生活經理人」。[52]兩人隨後創立「戰略酒店集團」（Strategic Hospitality Group），並加入了「陶氏集團」（Tao Group），集結酒店和各式娛樂場所，最後旗下納入了超過三十多間餐廳、俱樂部與旅館，據點從美國拉斯維加斯到澳洲雪梨都有。[53]有些據點是他們自有的，有些則是透過收益、利潤或平分利益等安排，與當地合夥經營。[54]截至二〇一七年，位於拉斯維加斯的 Marquee 已是全美收入第三名的夜店，每年賺進高達八千五百萬美元。將拉斯維加斯轉變為豪奢派對勝地的高檔餐飲風潮中，戰略酒店集團的店家可謂為舉足輕重。[55]

在利潤豐厚的全球夜店產業中，戰略酒店集團占據重要頭角。二〇一四年，美國排名前十的夜店收入合計高達五．五億美元。[56]位於拉斯維加斯的 Club XS 曾一度成為全美收入最高的夜店，單晚收入可達一百萬美元。[57]就連高盛（Goldman Sachs）也加入戰局出資支持 EMM 集團（EMM Group），這個總部位於紐約的集團，在紐約、洛杉磯、大西洋城和漢普頓都持有多家夜店與餐廳，是戰略酒店集團的競爭者。[58]

為了妥善利用他們稀缺的休閒時間，闊綽的富豪會在世界各地的據點遊走，而拉斯維加斯只是其中一站。隨著資金逐漸自巴西、印度、中國、俄羅斯和波斯灣國家的新興金融和能源產業中流出，世界經濟精英的分布比往昔更加分散，流動性也更強。[59]精英社群已不再固定出現在某些特定街區或城市，而會在一年中的特定時間湧向稱為「富人飛地」（rich enclaves）的重要地點：夏天去漢普頓或法國的里維埃拉等地；冬天則去聖巴瑟米島（Saint Barthelemy，簡稱聖巴斯島）、阿斯本（Aspen）和瑞士的格施塔德（Gstaad）。[60] 一月旺季時，聖巴斯島會從上流社會享受靜謐環境的度假勝地搖身一變，成為百萬富翁遊艇的知名停靠據點。[61] 職業精英群體通常都有各種橫越大西洋的VIP休憩行程：一月去聖巴斯島、三月去邁阿密、七月去聖特羅佩和伊維薩島；而配合時裝週的時程，每年的九月和二月，往往還會再多出一些行程，停留在米蘭、倫敦和巴黎等地參加相應的派對。[62] 從一方面來說，精英群體在世界各地的歧異性和地理上的分散性，比其他階層更強；而另一方面，精英群體和其他階層間的隔離程度又非常高。地理學家將精英群體這種行蹤描述為「超級縉紳化」（super-gentrification），且尤其又有地理孤立性、社會性自我隔離與偏遠感這類特徵。當代精英群體的超高流動性，讓他們宛若活在一個與世上多數人隔絕開來的泡泡裡。[63]

與此相應，夜店也逐漸國際化，在各地開設加盟店，譬如在坎城與杜拜等地舉辦衛星派對，或在科切拉音樂節（Coachella Festival）和邁阿密的巴塞爾藝術季（Art Basel）期間，設立「快閃」（pop-up）夜店。[64] 紐約的夜店1 OAK（縮寫自「獨一無二」〔One of a Kind〕的店名全稱）的合夥人羅尼・馬德拉（Ronnie Madra）就表示：「這個行業競爭非常激烈，每個人都在追逐A咖群眾，而且是得在全世界追著他們跑。」1 OAK在墨西哥城、洛杉磯和拉斯維加斯都有分店。[65] 之前開在米特帕金區的Provocateur紐約店，到了八月甚至會直接歇業，並且公告：「Provocateur團隊現在正在歐洲過暑假。八月底時裝週開幕前將恢復營業。」

Provocateur在紐約的常客（被暱稱為Provo）如果在夏日聚集到法國里維埃拉度假，大概都知道可能會遇到誰。許多我所訪問的人都會用「兄弟會」（faternity）、「小社區」（small community）、「部落」（tribe）等詞彙來描述這種在他鄉遇到熟客的情形。四十八歲的路克（Luc）

是個有錢的餐廳老闆，同時也是紐約和聖特羅佩的夜店常客，他就這麼說：

> 比方說在聖特羅佩、伊維薩島，我都很清楚每個人會坐在哪裡。有時候也會有新面孔，但我覺得大概有六成到七成都是網絡內的人，是熟面孔，永遠都在那……你知道，其實很好笑，因為大家好像都有感情了，老是一起開趴的人之間——雖然好像是假的——但真的是有培養出感情。他們會認出彼此然後一起聚會，你知道，好像同屬一個部落那樣。

這種全球游牧有閒階級的封閉式遷徙路線，也讓VIP場域之間的外觀和感覺趨於同質。在漢普頓、邁阿密、法國里維埃拉和紐約的派對上，都會播放同樣的音樂排行榜上的嘻哈和浩室（house）音樂。現場供應的酒水也都是一致的品牌，譬如雪樹伏特加、水晶香檳、香檳王、凱歌香檳（Veuve Clicquot）等等，而且價格也都差不多。[66]

想要去到這些地點，你不只需要時間，也需要經濟資源或者人脈，因為交通費和住宿費都非常昂貴。在聖特羅佩的夏季，從主要海港到VIP目的地尼基海灘俱樂部（Nikki Beach Club）的路程大約是六公里半，計程車資約得花費一百歐元；許多客戶會乾脆搭遊艇過去停在岸邊，改乘小船上岸。許多VIP的地點都位於公共區域，彷彿所有人都可以進出；但實際上，那些地點的設計就是要讓它們被封閉起來，只對世界上最有特權的人開放。

正如地理學家約翰·厄里（John Urry）所說，這些「超級富豪的夢幻世界」（dreamworlds for the super-rich）只迎合世界上一小部分人的需求，但它們卻在大眾的想像中燃起了對奢侈品的普遍渴望。[67]作為精英階層（大部分是男性和白人）的聚集地，這些地方是審視男性宰制力和白人至上主義的最佳場所，儘管在關於精英階層的討論中，性別和種族常常被忽略。[68]這些夢幻世界之所以重要，還有一個原因：它們為有權有勢的男性提供了一個社會空間，讓他們發展出封閉的國際社群，並培養出一套共同的文化價值和信仰，進而推動當代資本主義的發展[69]。在這些地方，精英彼此之間會培養出一種獨特的歸屬感，而研究者對那裡發生的事情幾乎一無所知。[70]

躋身重要人物之列

自范伯倫寫下《有閒階級論》（*The Theory of the Leisure Class*）一書至今已經一百多年，而我們仍身處一個貧富極度不均的新鍍金時代，世界各地有錢階級繼續揮霍，嘗試超越彼此。本書試圖重拾范伯倫當時的批判論點，並透過實證的方式繼續追問：究竟炫耀性浪費是怎麼發生的？我將競爭性消費儀式視為帶有組織性的一種成果，並且記錄下這一切是如何依賴弱勢女性和邊緣男性的後台工作才得以達成。為此，我也重新檢視了范伯倫的第二個關鍵見解，也就是女性在展現男性地位的過程中扮演的角色。在這個世界中，女孩們以一種資本的形式發揮作用。她們的美貌為身處其中的男人創造了巨大的象徵資源和經濟資源，而且就體現這種資本的女孩本身而言，美貌的資本對男人來說價值反而還更高。最後，我檢視了VIP這個場域如何維持其「社會壁壘」（social closure），為多數白人和男性精英保留了得以進入珍貴國際場域的特權，而這一點從擔任公關的少數族裔男性人數亦可見一斑。[71]

我的分析共包含五個部分。首先，我在第二章介紹公關，也就是建構起這個VIP世界的核心。接著，我們要在第三章見證客戶令人嘆為觀止的財富展示與鋪張浪費情形，並檢視讓這些炫富秀成為可能的後台勞動分工。在第四章，我將介紹女孩們，以及說明男人是如何將她們的美貌轉化為利潤。而在第五章，我們會看到女孩的休閒背後的勞動過程，以及公關在這當中的控制與管理工作。最後，我們會在第六章檢視，因為種族和階級地位而被認定為外人的公關是如何奮鬥，但終究也只能部分參與到這個特權空間。

由於我是透過公關才來到田野進行調查，且我大部分的田野工作都是在他們身邊做的，所以在描繪VIP派對圈時，關於公關的觀點、我對公關的批判檢驗等篇幅就相對較多；不過，這也不全然因為公關是我進入田野的管道，也因為我發現，在VIP的世界裡，公關們的故事往往最吸引人，偶爾還令人難過。公關是促成這些夢幻世界的關鍵，而且他們全力相信，自己確實也是夢幻之境的一員。不過，即便他們滿懷夢想，大多數公關仍被精英拒於門外。德瑞就是個極具象徵性的例子。

「五年以內，我就會變成百萬富翁。」某個週日晚上，Downtown的卡拉OK派對結束後的凌晨，德瑞這樣跟我說。

雖然後來德瑞不時把這句話掛在嘴上，但我第一次聽到的時候，我們兩人正坐在面對哈德遜河（Hudson River）的長椅上，在黑暗中聽著微風吹拂靜靜的水面。那時大概是凌晨四點左右，天剛亮沒多久。與Downtown震耳欲聾的音響相比，那時的安靜顯得很奇怪。不到三十分鐘前，德瑞還在深情演唱著麥克．傑克遜（Michael Jackson）的〈比莉珍〉（Billy Jean）為派對收尾。

離開夜店時，基於保護而非浪漫的理由，他牽住我的手，還不時轉頭回望，確認沒有人跟蹤我們（有時夜店打烊後，會有一些沒能進場的人在外頭不滿地等著他，而且是氣急敗壞、酩酊大醉，迫不及待想找他和他團隊的碴）。

在河邊，望著紐澤西州（New Jersey）那側閃爍燈火的德瑞得以釋放他整晚所累積的壓力。平靜的水光粼粼，讓他得以面對他在夜生活中所感受到的能量。「這不只是一門生意，更是一種體驗。它可以很正面，也可能很負面。」沉默幾分鐘後，他終於回家了。

德瑞住得很近，他家是一間空間不大但很漂亮的單間公寓，地點位於翠貝卡區（Tribeca）一間奢華的高樓裡，大廈一樓有警衛，還有露天陽台。他每月房租大概三千多美元，而他每星期有四天晚上會在Club X工作，一個晚上（週日）則在Downtown當公關，因此月收入大概是一萬五千美元。他也有不少優渥的外快機會：某個他認識的有錢人付了一萬美元，請他幫忙籌備女兒的成人禮；另一個長期的生意夥伴則每週付他跟他的夥伴三千美元，請他們到米特帕金區的一間披薩店辦晚餐趴。德瑞知道自己賺的錢很多，肯定比大多數人還要多。他不只一次跟我說：「小艾，夜生活有這麼多錢。大家都不知道。」

不過，對於每晚都和大亨、名人、富豪混在一起的德瑞來說，他感覺自己的財富微不足道。德瑞的計畫就是要和他的客戶們一樣有錢。他喜歡說：「我正在打基礎。」同時一邊想像著這個基礎將讓他在階級之梯更上一層樓。他的計畫包含：格外重視在夜生活中大量且策略性地社交，以及培養人際連帶關係。他通常早上六點半左右上床睡覺，到十點半就會起床，起床後先看CNN或《觀點》（*The View*），然後在十一點三十分之前就準備好開始工作。工作代表要去吃午餐、在蘇活區四處走動、為他多個事業計畫尋覓潛在的投資者、與女孩們保持聯繫，以及去音樂工作室錄音。也因此，通常我會在上午十一點半左右發簡訊給他，問今天能否跟著他。

我斷斷續續跟著德瑞走這些行程大約有三年。我是在二〇一〇年認識他的，並且在二〇一一年初首次向他投遞了我的研究計畫，接著就開始陸續跟著他出門，每次出去都對他那奢華、美麗和富裕的花花世界更加好奇。我大概是從二〇一二年開始比較有系統地跟著他工作，在這大約長達十八個月的田野調查期間，我完全沉浸在他的世界裡，詳盡地寫田野筆記，並分別對四十四位公關、二十位女孩和二十位客戶進行訪談。

德瑞很快就介紹我認識出身自西班牙富裕家庭的公關恩里科，接著我就開始跟著恩里科觀察他在曼哈頓下城區的日常活動——從下午四點，他到雀兒喜區（Chelsea）一間他最愛的咖啡館吃早餐開始，到凌晨五點夜店關門後，最後再去他最愛的脫衣舞俱樂部才告結束。

同樣也是在 Downtown，德瑞介紹我認識了桑托斯，他是一位哥倫比亞混血公關，工作足跡遍及紐約、邁阿密、米蘭、倫敦，以及法國里維埃拉和伊維薩島。桑托斯邀請我和他一起到邁阿密住了五個晚上，一年後，我又在米蘭遇見他，然後就跟著他去坎城又待了一週。離開坎城後，我搭渡輪前往聖特羅佩，然後在那裡遇到了恩里科的朋友，恩里科曾告訴他們我是一個在寫夜生活的書的女孩。他們說願意讓我在他們的遊艇上待三天，遊艇會停靠在港口，他們則是在附近的海灘俱樂部狂歡。

我藉由桑托斯的引介認識了馬爾科姆和桑普森，然後就跟著他們兩人到漢普頓。一年後，我因為桑托斯認識了一位在私募基金工作的客戶，他允許我去他位於漢普頓一間與他人共有的豪宅裡度了一個週末。

為了進行田野工作，我化為一位「女孩」，並且固定和全球ＶＩＰ派對的公關們出去，地點大多是在紐約，不過也曾經到過漢普頓、邁阿密和法國里維埃拉。由於我晚上會穿著高跟鞋、坐在他們的公關桌席，作為交換，公關們允許我白天跟著他們行動，包括跟著他們帶模特兒去海灘、共進午餐、開車送她們去試鏡，或者跟著他們在街上閒逛、搭訕女孩。

這本全球ＶＩＰ派對圈的民族誌研究，可以揭露今日全球精英的面貌，包括他們展露身分地位的實作和儀式、共享的娛樂文化、自內而成的性別期待。本書訴說了公關、公關背後的女孩、花錢只為有美女相伴的有錢男性的故事，以及新富階級在全球的資本和消費轉移，是如何讓這個夢幻世界得以成真。

第二章

白天

紐約
星期二◆下午兩點

一位轉任夜店老闆的前公關曾說過：「沒有白日，就沒有黑夜。」確實如此。公關會在白天編織出一套複雜的社會網絡，因為那攸關他們的夜晚將如何展開。

一如每個晴朗午後的往常，桑普森開著他的黑色運動休旅車，在曼哈頓市中心蘇活區的春天街（Spring Street）與百老匯（Broadway）街口停下來。兩間知名模特兒經紀公司就位於這個街角，附近還有十幾間試鏡用的時尚工作室。那是個和煦的星期五，格外適合上街尋覓新人。如果下午沒有要帶模特兒去吃午餐或跑試鏡，桑普森就會來這裡，試著認識新的女孩。「這就是我的工作。」桑普森一邊說，一邊坐在車裡看著擋風玻璃外熙攘的街道。

桑普森通常每天早上十點左右起床，然後去健身房報到。他很積極健身，希望秋天時能接一些模特兒的工作。桑普森身高一百八十公分，是白人，要當男模應該沒有問題。二十七歲的他嘴唇飽滿，臉上有一雙宛如貓科動物的眼睛，臉蛋帥氣年輕，也因此很容易引起女孩們的好感。

在我們談話之際，一位年輕的白人女性走過，桑普森突然對我丟下一句話。

「我認識她。我打個招呼——」我根本還來不及反應，他整個人就已經跳下車了。他在人行道上攔住她聊了幾句後，便帶著笑容走回來：「很順利。我問她：『妳今晚要做什麼？』然後她就答應我了，今晚會出來玩。」

他叼著煙，靠在休旅車的引擎蓋上，繼續打量街道。桑普森猜測，漂亮女孩在街上應該經常被他這樣的人攔住，有時她們的反應不太客氣，不時還有人直接對他說：「我不和公關說話。」在春天街對側，桑普森的競爭對手之一奧馬（Omar）此時也和他的「副手」（subs，即副手公關的簡稱）坐在咖啡店外的長椅上。桑普森和奧馬偶爾會相中同一個路過的女孩，在這種時候，他們會用猜拳決定誰可以去跟她說話。

比起長椅，桑普森比較喜歡坐在車上。外頭的溫度未必舒適，而且還可能下雨。他會讓汽車怠速運轉，空調開到最大。如果他找膩了，還可以在車裡休息一下，用 iPad 看 Netflix 之類的。

眼見一位年輕女性經過，他再次出發，扔掉煙頭快步追了上去。他常常丟下他的車就走，沒熄火、門也沒鎖，不過他不擔心東西會被偷，他知道這附近有很多警察，因為他很常吃罰單。

他追上了那個女孩，聊了大約五分鐘，她留下電話號碼後，兩人便互親臉頰道別。

「那個很好，」桑普森回來靠著引擎蓋說，「雖然年紀有點大，但長得很不錯。我看得出來，她如果把頭髮放下來就會很好看。」

「等一下。」他再次打斷自己，走向一位在百老匯大街上快步行走的年輕女子，她的髮絲光亮飛揚。等他追上她時，女子完全沒有放慢腳步，只在他腳步試圖跟上她的時候側著身和他對話。

兩人就這樣持續走了不到一個街區，桑普森便放棄了。

「如何？」等他回到車上，我問道。

「爛透了。」他說，但臉上仍掛著微笑。

桑普森一向很擅長搭訕女性，幾乎可說是他的天職了。他前一份工作是賣手機，下班之後經常在三十四街附近閒晃，練習搭訕：

> 沒開玩笑，真的。下班後我都會跑去那裡，那時會想說，我現在好無聊、我要認識新的人。早在我開始當〔公關〕之前就已經在做這種事了，我向來覺得很自在，也一直都在追著女孩子跑。就好比，那是我的專長一樣。我當時就很有這種追求女人的動力。不是因為需要，而是因為喜歡所以才這麼做的。

桑普森在勞工階級居多的皇后區（Queens）長大。他從社區大學退學後，就到一間手機店工作，然後在地鐵裡遇到一位美麗的女性邀請他去夜店。他拒絕了，抱歉地說自己沒錢。但她堅持要邀他去。

「她說，沒有，『是免費的』。『什麼叫免費的？』、『就是免費的，我帶你去看。一起去吃飯吧』。我當時回她：『不行，我沒錢吃飯』。她就說：『不是啦，那也是免費的』。」

原來這名女性是一位模特兒，而且和公關的關係都不錯。她把桑普森介紹給那些公關認識，他們以為桑普森也是模特兒，就讓他兼差當副手公關，每晚給他五十美金，請他幫忙帶漂亮的女孩到夜店的公關桌席。一般而言，這個工作都是請男模特兒兼差做，因為他們被視為可引誘到女模的誘餌。跟貌美的女生比較有關係的男性，很容易就被拉進VIP夜店圈工作。

在那晚之後，桑普森就開始上各大時尚網站和Facebook搜尋公關和女孩們，學習何謂「對的外型」。桑普森自己鍾情拉丁裔女性，他曾描述說他喜歡的是「你知道的，比較有曲線的女人，不是胖，而是體型較高大，就是那種強壯、外向型的女人」。模特兒不是他的菜，所以他入行的第一週，全都是靠網路來訓練自己的眼光。我認識桑普森的時候，他已經入行兩年，和一位前模特兒結了婚，同時私下和一些模特兒們交往（他後來很快就離婚了）。

在蘇活區街頭不到四十分鐘，桑普森已經和十個女孩搭上話，大概有一半的回覆是正面的，同意他再傳簡訊告訴她們派對的相關細節。下午三點，他發現時間差不多了：「我應該來傳簡訊了。」接著，他便開始安排今晚會坐在他公關桌席的人選。

德瑞的網絡

每當平日下午桑普森坐在車上吹著空調的同時，德瑞可能也會路過這裡，並策略性地尋覓新人加入他的派對。不過德瑞的做法不同。他知道蘇活區有許多模特兒試鏡活動，去那邊的話就有機會認識新的女孩。公關要帶女性朋友去試鏡並不難，而等待她們的同時，就可以坐在選角工作室的大廳，或直接站在門口，和出入往來的模特兒有所接觸，然後試著要到她們電話。但德瑞已經快四十歲了，他無法想像自己或其他四十歲的男性，在試鏡活動附近閒晃成何體統。因此，他選擇把目光放在自己身邊的人，他會刻意在城市街道上散很久的步，一邊走，一邊梳理自己的人脈，找對的人交朋友。

德瑞在蘇活區散步時，即便要到達目的地最快的路線可能是某條靜謐邊巷，他依然會刻意只走春天街、王子街（Prince Street）和百老匯這類繁華的街道，這樣才能夠遇上在附近零售店逛街，或在創意產業工作的時髦行人。此舉能大幅增加他碰到認識的人的機會，好比模特兒、夜店或餐廳業者與他們的員工、店老闆或知名藝術家（有一名藝術家還帶我們去他的工作室，並送了我們幾幅畫）。要走回自己位於翠貝卡區的高級公寓時，德瑞也很少走方才走過的路。他在路上步行是為了尋找新的人事物。「公關這一行就是要一直找新的資訊。」他說。德瑞走在路上時，不時會有車子對他按喇叭，開車的人會向他揮手，或直接停車和他打招呼。德瑞可以說是都市理論家珍・雅各（Jane Jacobs）筆下所描繪的那種公眾人物（public character），根據她對都市文化的研究與觀察，她指出公眾人物「毋需擁有特別的技能或智慧，就能發揮本身的功能……他的主要資格就是他具有公共性，而且還會跟很多不同的人說話。」[1]和多數居住在這個都市的無名之輩不同，當德瑞走上街頭，他就會與人建立起連結。

德瑞會在蘇活區一間裝潢時尚的瑪法咖啡（Café Mafa）吃午餐，這間店有片很大的人行道座位區，因而成為德瑞的愛店，而德瑞通常都能坐在他最喜歡的角落位子，面向人群。我和他一起去的那幾次發現，他會不斷抬頭和行人互動，時常在我們談話時停頓，對著這裡眨眼、又對著那裡微笑，或者朝某人露出大大的笑容，雙手比「讚」。當有熟人走近時，他會站起身來和他們握手，他跟每個人都互動得輕鬆自在，談笑風生，並且流利地在法語、英語或西班牙語之間切換。

「我們之所以來這裡，」德瑞談起瑪法咖啡時說道，「是因為這是最熱鬧的地方。來這裡是為了要碰到人、獲得資訊。」

有一次我們在吃午餐，他笑容滿面對著一名女子說：「太陽出來了，妳知道嗎？因為妳在這裡，四處就都亮了起來。」

接著他在我耳邊悄聲說：「我很懂得和女孩子說話。這就是為什麼她們都喜歡我。我會讓她們感覺很好，而且我都實話實說。」

德瑞看見鄰桌有個非常瘦的年輕模特兒，便指著她跟我說：「那種女孩就是我們在找的人。我們就是想要這種類型的。」

「為什麼？」我問，「有些男人可能不覺得她那樣有魅力。」

「沒錯，她太瘦了，」德瑞說，「我也比較喜歡有曲線美的女人，但對多數人來說，模特兒代表的是夢想，她們代表精英、浮華世界、充滿美貌和時尚的高檔世界。這些就是夢想。我並沒有被她吸引，但她是我的目標；如果在街上看到她，我就會攔下她來說話。我們需要這種女孩。」

許多公關尋覓女孩的標準都和他們個人對女性的偏好不一致，至少一開始如此。喬（Joe）是一名三十一歲的黑人公關，他就說自己第一次看到時尚模特兒的時候，當下感到難以置信：「我那時想，這就是模特兒？在開玩笑吧。你知道時尚界有一些人看起來真的很奇怪，又超級瘦。不是我的菜。」但在VIP圈混了五年之後，喬發現：「我的眼光改變了！現在我看到超瘦的模特兒時，都會覺得那很正常，而且我看到正常的一般人，還會覺得她很胖！」一位紐約夜店老闆也曾告訴我，模特兒根本沒那麼漂亮，他覺得她們長得很奇怪，但「在夜店裡卻很搶手，因為她們都兩百多公分高。」儘管公關自身對女性的喜好可能與ＶＩＰ偏好的外表不同，但因應工作需要，他們就得透過身高、體型、年紀、臉蛋這四項關鍵指標來重塑自己對美麗的想像。在這種想像中，ＶＩＰ場域被視為一種高級且會排擠甚至會輕賤他種美麗型態的空間。

德瑞藉由鎖定頂級模特兒（還不時把她們的名字掛在嘴上），來為自己創造出名聲：他要讓別人知道他的女孩是最棒的。那年，某個「維多利亞的祕密」內衣模特兒曾幾次到 Club X 找他（「大家都沒想到她走進去是要找我。」），而她的出現就吸引了所有其他模特兒和頂級客戶找上德瑞。只要有對的女孩，所有人就都會為了德瑞出場。

用看的就知道為什麼德瑞會受女性歡迎——他身高一百八十公分，身材緊實、衣著時髦、長相帥氣，還曾經當過一小段時間的男模。十年前，德瑞還留著長長的雷鬼頭，他偶爾會綁起來，在人群中總是相當顯眼。隨著年紀漸長、地位抬升，德瑞的造型開始變得比較低調，現在他留著清爽的平頭，經典打扮是一件設計師品牌的牛仔褲，搭配西裝外套或皮衣為主，多為黑、白、灰這三種色調。

德瑞說，他似乎總是遇得到美麗的女性。實際上，當初他就是因為如此，才知道世界上竟然存在公關這種職業。他在青少年時期就很常泡在法國的夜店裡開趴，總是與美女為伍。十五歲那年，一間夜店的老闆請他去當公關。當時，老闆付了幾百元作為他第一天的工作酬勞，德瑞還把鈔票藏在床墊下，生怕母親以為他跑去賣毒品。

德瑞的父親是外交官，母親是家庭主婦，兩人離開北非後，就帶著德瑞來到法國巴黎一個中產階級社區落戶。德瑞受父母影響，本來也打算從事專業工作，高中畢業後他曾短暫攻讀法律學位，不過後來在一九九〇年代早期，為了追逐自己的音樂明星夢，他退了學，並且和他哥哥一起去邁阿密，加入一個男子樂團。

一九九〇年代的邁阿密正碰上一場追求時尚模特兒、派對和持續擴大的房地產開發風潮，後來才輾轉形塑出今日迷人的南海灘（South Beach）風情。由於男子樂團的發展不見起色，德瑞開始從事服務生與男模的工作，而就在此時，邁阿密一位知名公關在他過馬路時相中了他，並邀請德瑞出去玩。德瑞赴了約，發現那間夜店擠滿了模特兒，以及許多未來將會成為他夜生活合作夥伴的人。一九九九年時，德瑞搬去紐約，起初女友答應和他同居，但這個安排後來很快出了問題；大約有一年時間，德瑞無家可歸，不是借宿在朋友家裡的沙發上，就是到他在夜店搭訕的女孩家裡過夜。由於公關的工作還不穩定，他也兼差去打掃公寓，或者家教法文。一年之後，一位他在邁阿密認識的友人出借了他母親在哈林區（Harlem）某間房子裡的一個房間供德瑞居住。而又過了不久，德瑞和四個同樣跑夜店圈的男性合夥，一群人闖出了名號，素以能夠在高級夜店舉辦精采派對聞名；這時，也恰好遇上桌邊服務文化開始興盛的時期。德瑞在這一行幾乎已經成為優質女孩的代言人了：他的專業，就是可以帶模特兒出席男性的派對。

多數公關都和德瑞一樣，是在意料之外進入這個行業。他們的故事往往高度雷同：在我訪談的三十九名男性公關中，只有一人是自己主動去應徵公關工作。[2]或者可以說，是這份工作找上這些人的。其實背後原因不難理解，他們都是一群迷人的男性：風流倜儻、時髦有型、努力不懈。

現在，德瑞漫步在蘇活區的街頭時，他希望大家不只能認出自己，同時心中還要想到：「德瑞來了——那麼女孩、管道、關係也都來了。」為了掌握最重要、最優質的群眾，德瑞會竭力和自己的人脈建立長期關係。他交遊廣闊，認識許多名流明星，其中尤以演員或音樂人為主；而根據過去這些年的經驗，他很清楚這群人心中對不同女孩類型的喜好各異。他會選擇適當的女孩跟適當的有權男性配對，透過他的公關桌讓這兩群人建立連結。有時候為了加強自己的記憶，他還會手寫一份男性顧客的偏好清單，彷彿他還在讀法學院一般。和德瑞一起出去時，我總得不停和陌生人握手，而德瑞總是精神奕奕，四處聊天、嬉鬧，邀約眾人去夜店玩。

「小艾，想想我的出身。我現在就要成為百萬富翁了。這就是美國夢啊，我的故事。」

街頭搭訕

位於瑪法咖啡東側幾個街區之外，二十一歲的崔佛和二十九歲的馬爾科姆每週碰上天氣好的時候，都會在下午一起出門去。這兩位黑人公關偶爾會跟桑普森與桑托斯一起合作。崔佛才剛入行一年，所以入行八年的馬爾科姆正在教他怎麼找對的女孩。

一百九十公分高的馬爾科姆出身自布魯克林（Brooklyn）的夫拉特布希（Flatbush），那一區並不屬於高檔地段——然而，馬爾科姆已經去過他許多兒時同儕難以想像的地方。「我喜歡做統計，」他說，而跟他一起長大的人之中，「百分之九十五——嗯，更合乎現實情形的話，大概有百分之九十八的人——從來沒有去歐洲玩過。至少不是像我這樣玩。」

馬爾科姆之所以能躋身國際夜店公關的行列，最初是因為健身房的朋友邀請他出去玩，注意到他社交能力很強，於是開始讓他擔任副手公關。公關一般都是從副手做起，每帶一個女孩進場大約能賺五十美金，每晚進帳大約一百至兩百美金左右。馬爾科姆過去在紐約市立大學（City University of New York）主修商業行銷，也曾在行銷公司工作，他晚上為夜店工作，白天則做其他兼差，最後逐漸展露頭角，在夜生活圈內不斷向上爬。我認識馬爾科姆時，他人在聖特羅佩和伊維薩島上，當時正在做當地夜店和私人客戶委託的工作。從他身上的凡賽斯（Versace）鉚釘腰帶，以及帶有柑橘與香草味的杜嘉班納（Dolce & Gabbana）油性香水，不難看出他經手的現金流有多龐大（當他展示香水瓶給我看時，我試著要噴，他罵道：「等一下，那要一百英鎊！」）

馬爾科姆是個身材高大的黑人，喜歡和女孩們待在一起，她們的存在能夠讓他在以白人為主的VIP世界裡，顯得不那麼有威脅性。他從高中就開始練習如何在街頭搭訕女孩子，那時他每天都會和朋友們一起坐地鐵在布魯克林和曼哈頓島之間往返，並玩一個名為「非得跟這女孩說到話不可」的遊戲：

> 想像一下，一個十四、五歲的人，要在車廂內隨機找一個女孩上前搭話，那有多尷尬……隨機的陌生人喔……只有從車頭走到車尾的步行時間……要怎麼開口，你知道嗎？那對提升我的信心幫助很大，因為那就像是……要訓練自己能跟陌生人攀談，然後要試著攻破女孩心中的防備。我還很小的時候就學會這些了。

現在當馬爾科姆要接近陌生女孩時，他會開個玩笑，或者編個故事：「我會撿起地上的一張紙，然後說：『嘿，你掉了這個。』她就會說：『真的嗎？』，『其實沒有，我只是要引起妳的注意。我是覺得這樣可能管用。』」

有些女生會覺得他的手法很可愛，尤其當他露出帶著酒窩的微笑時。「但是，」他也承認，「還是有些女孩會反感。你就只能賭賭看。」

蘇活區聚集了眾多的時尚工作室與模特兒經紀公司，非常適合馬爾科姆向崔佛示範並教他和模特兒搭話的技巧。有時他們會選特定的街道走，譬如有賣霜凍優格的那條街：「模特兒都超愛那間『粉紅莓』（Pink Berry），她們總是在那裡出沒。走在繁華的街上，馬爾科姆會一一指出誰是模特兒，誰又是優秀平民。只要有金髮女子經過，他就一定會轉頭看。

「她滿辣的，」我們一邊走，他一邊隨口評論，「她雖然不是模特兒，但是很性感，我一定會找她。她就是我們所說的優秀平民。世界上有模特兒，也會有優秀平民，就是那種符合模特兒的條件，但不是真的模特兒的女孩。譬如她可能沒有那麼瘦，你知道我的意思嗎？或者可能不到一百八十公分，但有一百七十二公分。那就是個還算辣的女孩，夜店那裡的人若看到她會說：『好，還行，她滿辣的。』」

「但你分得出來嗎？」我問他。

「哦，誰都分得出來。你看她，再看看她。」他手指著站在春天街上那間時尚餐廳巴薩扎（Balthazar）外的兩個女孩，然後說，「看得出來誰才是模特兒，對吧？」

我必須承認果然如他所說。是模特兒的那位女性比旁邊的女子稍微瘦一點點、也高了一點點，她的舉手投足也稍加引人注目一點點。

「有的女孩是街頭美女；有的則是模特兒。」馬爾科姆總結道。

那時的崔佛還無法確切區辨這兩種類型，桑普森一直告誡他：「他每次都帶一堆有胸有屁股的女孩，你知道，就是那種他自己喜歡的女孩。所以我就得說：『那不是他們要的。那個女孩只是占空間而已，不要帶她。不要再給我胸跟屁股了，我只要瘦跟高。』」

一個年輕漂亮的女人走了過來。「看那邊，」崔佛對馬爾科姆說，「她是個模特兒。」他指的那名女子穿得很精緻，腳上的高跟鞋很高。

「她不是模特兒，」馬爾科姆反駁，「是的話她才不會穿成那副德行。」

「什麼意思？」崔佛問。

「穿那種鞋子，手上又沒冊子，」意指她沒有帶著模特兒作品集，馬爾科姆解釋道，「她不是在工作，只是打扮時髦。她不是模特兒。模特兒白天不打扮的……譬如整天穿高跟鞋，根本沒有意義。她們每天都得跑來跑去試鏡。」於是我們就這樣繼續在蘇活區街道上，玩這種解析區辨模特兒和優秀平民的遊戲，以磨亮崔佛的眼光。

一旦他知道要找什麼類型時，崔佛上前接觸女孩時往往都很順利。馬爾科姆認為崔佛很可愛，而且「個性很好」，而那也是他得以入行的理由。崔佛的主要收入來源為 Abercrombie & Fitch 在中城區（Midtown）那間零售店面的工作。

據崔佛的說法，一位同事邀請他去一家基層夜店做公關，因為「他發現我個性很平易近人，別人跟我互動時都覺得很自在。但是當然也要長得不錯，或有一定魅力才行。」又因為他在 Abercrombie & Fitch 這種店工作，他便能大量接觸前去購物的年輕女性，並邀請她們出去玩。

為什麼女性會願意答應這些完全不認識的陌生人的主動邀約呢？

有些人認為，她們答應是因為資訊已經夠充分，有時甚至是出於目的性的考量。十九歲的凱薩琳（Catherine）就是如此，一頭白金色頭髮的她初入行，以模特兒界的用語來說，還是所謂的「新面孔」（fresh face）。她首次獲得公關邀請時只有十八歲，而她早已經做好準備。凱薩琳在奧瑞岡州（Oregon）的高中畢業後，就來到紐約開始當模特兒，而在這一年間，她已經從室友那裡聽了不少關於夜店的事情，不過在去夜店玩之前，她想先在紐約找到自己的定位、專注在模特兒事業上。反正她本來就沒有特別喜歡去夜店。但是當一位公關在桑普森經常停車的街角向她搭話時，她發現他的提議很有說服力。

那時她正趕著去做頭髮，然後「突然有個人」走了過來，非常客氣地要搭訕，但她趕著赴約，就把他甩開了。三個小時後，她的頭髮變得更金了，而他還在人行道上，並且再次走上前提議：

> 嗯，我和我的朋友們會辦一些很酷的派對，或者吃早午餐然後去看電影……我們也會去漢普頓，一起出去。我們的朋友都非常棒。看你想不想一起來玩，我們一夥人真的很酷。

凱薩琳認為他應該就是之前聽說過的那些公關，但她還是拿了對方的號碼。幾個星期後，她確實覺得想去見識一下夜店的世界，而且也再次在米特帕金區遇見了這位公關。在那之後，她成為了他口中那群「真的很酷的人」之中的一員。一年之間，凱薩琳就和其他模特兒和公關們有許多互動，包括一個由瓦娜（Vanna）和帕布洛（Pablo）共同經營的公關團隊，最後凱薩琳每週五晚上都會跟他們一起出去，還組成了一幫「最讚的朋友」，這群人指引並陪伴她這個少女模特兒遊歷紐約。

其他女孩答應公關邀約時，她們的理由就比較模稜兩可：往往是因為生活在這個和權力與財富比鄰而居的都市裡，對其宏偉繁華的程度卻仍一知半解。以萊拉（Leila）來說，這位二十六歲的巴黎人當初是為了一間法國時尚公司的實習機會而來到紐約。初到紐約後，萊拉出門散步，才察覺這個都市滿是活力。她過去對曼哈頓一無所知，只知道有條知名的第五大道（Fifth Avenue）。她在那裡看見一間 Abercrombie & Fitch，而崔佛旋即上前，向她打招呼。

「他非常有自信，」萊拉一邊回憶，一邊說，「他是用那種『崔佛式』的方式在講話，你知道，就是：『嗨，你從哪裡來？歡迎來到紐約。』」他告訴萊拉，他在紐約辦了許多有趣的派對，他想邀請她去參加。

「他們很懂該怎麼跟女人講話。」萊拉說。

她第一次去參加派對時，穿著她在巴黎的標準造型：T恤和牛仔褲。在一間米特帕金區的夜店門口，她在等待繩前提到崔佛的名字後，馬上就被送到他的桌前。那天，她大開眼界——在場的女孩都很性感、打扮得都很好看，穿上高跟鞋之後全都非常高挑。「我當時真的對那個美景震撼不已。」她回憶道。接下來的半年，萊拉便開始經常和崔佛、馬爾科姆和桑托斯一起跑趴。對於一個人生地不熟的人來說，「這是個能夠認識很多人的好方法。」她在公關桌席的女孩之間建立起朋友網絡，因為「她們之中的許多人都既聰明又謙虛。」

在遇到崔佛前，她剛好已經單身了好幾個月，她「想知道有沒有人覺得我有魅力」，而在VIP場域中，她獲得了這方面的確認。萊拉很享受各種稀奇古怪的獨特經歷，比如大清早在漢普頓的百萬富豪家中開趴，她不願意那些經歷被其他事物所取代。

萊拉是崔佛理想的搭訕對象，因為她初來乍到、沒有自己的朋友，而且以前也從來沒聽過他人對公關的批評。在許多年輕女性被公關和街頭搭訕手段嚇跑的同時，也有許多像萊拉這樣的女孩，驚喜發現世上竟然有公關和那些特殊的派對，而且全是免費的。

瑞芭（Reba）是另一個在街頭被搭訕後，非常樂於受邀進入頂級派對世界的女孩。公關是在蘇活區以北幾個街區的亞斯特廣場（Astor Place）地鐵站附近，首次注意到要前往紐約大學上課的瑞芭。「有人走過來跟我說，今晚有一場很棒的派對，要不要來？我才剛到這裡，誰也不認識，所以我就說：『好，可以啊。』一開始我其實有點忐忑，但後來我查了一下那個地方，我知道它是合法的。」瑞芭是個優秀平民，身高一百七十七公分左右，她形容自己擁有「翹臀」，比一般的模特兒更有曲線，臉蛋出奇地漂亮。她很喜歡跳舞，尤其是嘻哈舞曲。由於她對夜店不太熟悉，也沒有錢，所以公關的邀約對她來說極具吸引力。當晚，瑞芭在米特帕金區的夜店裡經歷了一個「熱力四射的夜晚」，也就是當晚她身邊有一群好玩有趣的人，而且在接下來的兩個小時內，幾乎整個城市裡所有公關全都上前向她自我介紹、提供他們的號碼。她當時十九歲。

瑞芭的VIP夜生活之旅由此展開。身為預算有限的學生，瑞芭每晚出遊都是免費的，包括免費的晚餐與交通服務。或許最美好的，是她可以成為高級夜店世界的一部分，那與她家鄉的生活截然不同：「而且我玩得很開心。」她後來告訴我，那時她二十八歲：「我來自北卡羅來納州（North Carolina）的一個小鎮，那裡真的沒有什麼夜生活。我覺得可以認識這些人和這一切都太棒了。」

公關們都希望能在街頭搭訕到像萊拉、瑞芭和凱薩琳這樣的女孩，因為對她們來說，公關提供的免費奢華娛樂活動跟人際網絡，深具吸引力。但正如馬爾科姆所說，在街頭搭訕女孩其實就像在賭博，並不是每個人都喜歡被搭訕。

某日下午，崔佛經過蘇活區一間人行道旁的咖啡館，而他和馬爾科姆都注意到店裡有三個模特兒正在喝飲料。幾經考慮後，崔佛決定要上前搭訕。馬爾科姆指導他想出一個很不錯的開場：「第一句話、你的開場非常重要，因為她們馬上就會知道你是公關。你必須克服這一點，要讓她們覺得自在、讓她們笑出來。」

崔佛折回咖啡館，走到三位女子的桌子前打斷她們談話，說：「不好意思，哈囉，我是崔佛，而這位是——」他略為停頓，因為他頓時忘了我的名字。「艾希莉。你們好嗎？」

她們冷淡地回答，你好；接著崔佛便問她們是哪裡人。

倫敦。

他問：「你們來這裡做什麼？」

在一陣尷尬的停頓後，她們回答自己是模特兒，是來工作的。崔佛開始推進他的邀約：「哦，我也是新來的。她也是新來的，我也是新來的。我一直在找朋友跟找人一起出去玩。你們會在城裡待多久？」

「一個月。」她們顯然毫無興趣和他對話。

「一個月啊，妳們喜歡打保齡球嗎？我們可以去打保齡球。還有看電影。妳們喜歡電影嗎？」

「嗯，當然。」她們回答。

「好，我也會出去玩，夜店啊、派對啊之類的。我們一起去吧。你們有電話號碼嗎？」

經過兩次拒絕之後——「我記不得我的美國號碼了，抱歉。」——崔佛最後得到了其中一名女子的號碼。

我們回到車上跟馬爾科姆轉述發生了什麼事時，他哈哈大笑。崔佛承認「我確實沒表現好」，接著他大聲嘆了口氣。

我問他是不是真的會帶她們去打保齡球？

「是啊，」他說，「就是要做這些事啊，你必須先打好關係。」

公關每天在街上搭訕的數十個女孩之中，或許只有幾個最後真的會跟他們一起去夜店玩。在街頭物色只是嘗試招募女孩進入公關網絡的眾多手段之一，也有其他公關會直接試著從時尚產業內部下手。

頂級公關

每一天，提博爾（Thibault）、菲利普（Felipe）和尼可拉斯（Nicolas）會各自駕駛自己的運動休旅車在蘇活區來回穿梭，車內空間寬敞，後座幾乎可以坐得下好幾個女孩。他們會開車四處接送模特兒去試鏡，或幫忙辦各種雜事。有時他們會約在一間時髦餐廳一起吃午飯，這家餐廳位於聯合廣場（Union Square），就在瑪法咖啡北側幾個街區。

提博爾是一位四十五歲的多明尼加男子，平時多穿著時尚的寬鬆牛仔褲和T恤，配上亮眼的運動鞋和一頂向後戴的棒球帽；四十四歲的菲利普是他表弟，也來自多明尼加共和國（Dominican Republic）；而尼可拉斯則是一位五十六歲的牙買加人，不過他的相貌看起來比實際年齡年輕許多。他們有一位副手傑克（Jack），是個二十一歲的混血兒，來自巴西。他們一週會出去四個晚上，每次至少有十位女孩，有時甚至多達五十人；每晚他們都會在同個集團旗下兩到三家VIP夜店工作。這個團隊每晚收入高達三千美元，再加上客戶的桌邊服務消費總額的20%。每週有一個晚上，他們會負責舉辦一場熱門派對，並從酒吧利潤中抽取一大部分的酬勞。他們在這個行業至今已有二十多年的歷練了。

某天晚上，有一位公關看著鄰近的提博爾那桌，並說：「這些人是最厲害的。」現場有好幾位公關跟女孩們都深表認同。在夜店行業的等級裡頭，所有人都同意提博爾的團隊最優異特出，他們可說是整個產業的模範。有人甚至相信，提博爾和菲利普是美模與美酒這個營利商業模式最初的幕後推手（雖然也有為數不少的不同說法）。[3]

他們的成功也激起同業的競爭心，比如伊森（Ethan）這位來自紐約的二十七歲公關。提博爾和菲利普素有可以帶來超優質女孩的名聲，這讓他們得以享受到其他好處，對此伊森大感讚嘆：「我覺得那些人永遠都能坐在名人旁邊、永遠都能擁有最美麗的女孩，永遠都擁有……你知道……就是漢普頓的豪宅跟超級有錢的朋友。」伊森接著說，「他們是……你知道，他們是最頂尖的，應該可以這麼說。如果要找個可以嚮往、視為偶像的人，當然就是要選那些人啊，因為他們最棒。」

伊森的目標是要成為他們的競爭對手；他還這樣對他們說：「聽著，我想跟你們一樣。」

我認識提博爾的方式跟很多模特兒一樣。過去我還在研究時尚模特兒產業時，有一次在排隊等待參加時裝週試鏡時，那一場他剛好也帶著另一位女性一起來，這也是提博爾認識其他模特兒慣用的手法。他告訴我，他舉辦的派對很酷，我應該一起去；他甚至邀請我在派對前先去一間高級餐廳免費用餐，趁機認識一下他所有同樣也從事模特兒工作的朋友。我給了他電話號碼，當時是二〇〇五年，而在那之後，至少每隔幾個月，我就會收到一封他寄來的派對邀請簡訊。我隨機選幾封簡訊，內容如下：

二〇〇五年：「有個壞消息是所有的模特兒都回來了。不過好消息是我今晚要帶她們出去玩。來 Club Alive 吧。提博爾。」

二〇〇八年：「今晚要為我們最親愛的朋友超模荷莉（Holly）辦一場超嗨的生日晚會……今晚最大派對就在 Club Alive……如果想來吃晚餐就讓我知道。提博爾。」

二〇一一年：「嘿美女……我們今晚要辦一場非常高檔的飯店屋頂派對……有超多名人出席……妳來了就知道了！等等在 CLUB X……明天下午兩點〔我們〕要離開漢普頓……妳會來嗎？提博爾。」

對他的邀請置之不理多年以後，二〇一〇年，我終於回了一封簡訊給提博爾。我寫道，我現在住在波士頓，擔任學校教授，很想和他聊聊我可能要做的 VIP 研究。他回覆我，當然沒問題，歡迎我隨時跟他出來。

然後他還加了一句：「我很想和教授一起搖擺一下。」就這樣，我又再次回到了提博爾的世界裡。

提博爾和菲利普很歡迎我去研究他們的世界；事實上，他們早在大學的社會學課堂中學過民族誌，對此很熟悉。提博爾在紐約市立大學取得政治學學位。菲利普過去在多明尼加共和國讀的是法律，但他年紀輕輕移民來美國，試圖要脫離經濟不穩定的狀況，當時沒有拿到正式的成績單，因此只好重上一次大學。因為無法負擔昂貴的學費，他拒絕了耶魯大學（Yale University），而是去巴魯克學院（Baruch College）讀傳播學和市場行銷。儘管他們的行為舉止看似玩鬧，但兩人都非常審慎，且視夜生活這個行業視為一份正經的工作。他們賺了很多錢，出資捐助許多美洲和家鄉加勒比海地區的家庭，兩人也時常談論要如何進行他們計畫中的大型飯店投資案。

就和其他公關一樣，提博爾和菲利普一面質疑時尚模特兒的內在美不足，一面全心擁抱她們的經濟價值。兩人對美的文化相對性都很敏感，例如，當我問提博爾，為何他的女孩永遠都穿高跟鞋這件事情這麼重要？他回答說：「當女人穿上高跟鞋時，她會更為優雅。她走路的方式會變得更優雅，外貌也一樣。這是事實。」

「才不是這樣，」坐在我們旁邊的菲利普插話，「提博爾，你去過這麼多地方旅遊，你一定知道不穿高跟鞋的女人也可以很優雅。如果是一個在非洲穿著長裙打赤腳的女人呢？那才是最優雅的女人，比穿高跟鞋的女孩更優雅。」他們隨後開始討論美麗標準的相對性，以及這個標準在西方霸權中的起源。最後這對表兄弟的討論有了結論：在夜店裡，穿著高跟鞋的高挑女孩隱含著高尚的身分地位。在這個世界裡，如果「你能看到那些女孩，比方說看到她們有多高，心裡就會覺得：『哇，看哪——是模特兒。』」

提博爾清楚看出模特兒的存在會產生一種立即、確實的效果，而這種效果又是怎麼樣轉化成公關本身的良好聲譽與崇高地位：

當我們帶模特兒進場，然後夜店裡的人見狀，比如看到整桌都坐滿模特兒，那就彷彿整間夜店一下子變得很酷，也成了人人嚮往的地方——模特兒在哪，時尚的人就會在哪。然後人們就會花更多的錢要待在我們身邊。當客戶在預訂桌席時，他們會希望在我們附近。如果我們替一間夜店工作，其他的公關也都會想要來。如果我們不在，模特兒也不在，店裡的人好像就全都成了過橋的跟過隧道的人一樣。

在我們重新聯絡上不久，提博爾就邀請我去觀摩他為一位阿拉伯客戶所舉辦的模特兒選秀活動，目的是選拔一些能去參加客戶即將舉辦的大型派對的人，而派對地點位於市中心一間高級飯店的頂樓平台上。那場派對的主題是化妝舞會，而客戶想要花錢請模特兒們參加，扮成赴宴賓客，混在人群裡頭。雖然現場有專業的化妝師，大部分女孩的面孔也都會被遮住，但客戶還是希望她們臉蛋漂亮，而且當然了，也希望她們又高又瘦。這場活動對模特兒來說，看起來就像一場專業的模特兒工作選角，但實際上就只是要選拔派對的走路工，以及提供提博爾認識一些新面孔模特兒的絕佳機會，因為經紀公司不會派較有名氣的模特兒去試這種不太光彩的工作。飯店櫃檯人員會把模特兒們帶到提博爾的所在位置，而女孩們來到現場時，他會一面拿著她們的模特兒資料卡，一面向她們解釋工作內容，並且告知對方，他還有其他雖然沒有報酬，卻非常有價值的晚間活動可以參加。最後一場試鏡結束後，我們坐在飯店大廳的豪華沙發上。

「我想讓你來這裡，」提博爾說，「是因為做公關工作的時候，你要去對的人會出沒的地方。也就是要去會看到這類人的地方。」飯店大廳裡熙熙攘攘，有穿著俐落西裝的男人，有模特兒，以及很多看起來就很有錢的人。讓自己得以出入其中並且深入時尚界，是公關的眾多策略之一。而以提博爾的例子而言，這會需要嚴密地重新安排自己的生活，以吸引到模特兒與有錢男子靠近。

「在這個行業裡有許多很小、很細微的環節，」他說，「如果所有小事你都有做到，那聚沙就會成塔。你永遠都得不停做跟工作有關的事。公關是沒時間放假的，不論日夜。」[4]

在接下來的幾個月，提博爾不斷為我指點迷津，並且歡迎我每天晚上都和他們出去。當然，我得穿上高跟鞋才行。

大眾公關

某日午後，在一間聯合廣場的星巴克裡，距離提博爾忙著替模特兒張羅午餐的地方不遠，一個叫崔維斯（Travis）的二十五歲公關一面喝著咖啡，一面發出幾百封簡訊，邀請人前來當晚他負責的那間夜店裡的派對。在那些收件人之中，不乏許多素昧平生的陌生人。崔維斯很清楚，在夜生活的世界中，自己的地位比德瑞或提博爾低很多。身為大眾公關，他帶進場的群眾有男有女，偶有模特兒，但大多時候都是一些充場的。表現比較好的晚上，他可以找來大概六十人，而比較不順的時候，大概就只能找來近十五人。而且並不是所有他找來的人都有機會進場，因為守門人會把那些長相不對的淘汰掉。崔維斯平日晚上能獲得的報酬大概是一晚三百美金，週末則大概可能到一晚五百。他知道形象公關的薪水更高，他們的場子也總是好看許多。他說，德瑞和提博爾主要合作的那種A級夜店，就是會吸引到比較優質的客群。「當你走進去，就是會看到更多、更美的人。你會看到更多的煙火棒，更多被買下的酒瓶。」美貌與金錢——正是崔維斯欠缺的。

崔維斯並不介意自己的地位較低。「這樣子有時候麻煩跟壓力也少一點。好比現在，你也看到了，我就只是……就真的只是在傳簡訊給我手機裡的每一個人而已。」我們坐在星巴克的時候，他這麼說道。要取悅模特兒——比如開車載她們四處去試鏡——其實是很麻煩的事。有時候，即便有美麗女孩在街上跟他擦肩而過，他也無動於衷。在我和他訪談的當下，這種事就發生了。

「譬如，好，就拿這位小姐來說。」崔維斯指著一名路過的女子說：「她非常漂亮。很高，而且很漂亮。你知道的，藍眼睛。她可能就會跟做形象的一起去跑A級夜店。我還是會上前搭訕，但我工作的地方，她可能根本不會想去。你懂嗎？所以我當然還是可以帶她去B級夜店，但她其實更適合去A級夜店，然後她跑來了一間B級的，覺得不喜歡，（然後）可能在那裡遇到一個更厲害的公關，第二天經朋友推薦，就跑去更好的地方了。」相較之下，對崔維斯來說，比較好的選擇可能是觀光客和外國人，因為「他們不知道哪些是好地方。」他當然喜歡長得漂亮的觀光客，不過他也可以接受長相平平的遊客。他會幫助他們進場，然後這些遊客喝酒多半都會自掏腰包。

像崔維斯這類大眾公關屬於最底層的一群人，主要為B級（或更差的）夜店帶來充場的客人。這類公關甚至可能到大學或社區大學發傳單，吸引人群，他們的目標是愈多人到場愈好。

所有的公關都跟非常多的人有聯繫。他們每天都有很大部分時間是在傳簡訊、打電話、發

Instagram 和 Facebook 訊息給女孩們和潛在客戶。公關認識的人數量之多，令人嘖嘖稱奇。他們的手機通訊錄裡通常都會有一千五百到五千個電話號碼，還會存一些他們在網路上無意間注意到的重要資訊，譬如某個客戶的職業，以及他擁有哪些公司。某位公關讓我看了他的簡訊紀錄，光是過去兩週，他就傳了簡訊給四千六百個人。

不過形象公關會認識更多的權貴，包括模特兒和那些位高權重的客戶，也就是那些真的會出手買酒的人。他們剛起步的時候，一晚通常可以賺兩百美金，而當他們腳步逐漸站穩，每晚的酬勞可能來到八百美金——當然，還是得取決於他們帶來的群眾數量與品質。

當公關在夜生活世界裡逐漸爬升，他們的派對就會變得愈來愈具有排他性和國際性，而且將能吸引更多的模特兒（見表一）。

當他們抵達國際VIP公關的水準時，就會知道必須拒絕B級夜店誘人的工作機會，不再跟崔維斯這類公關共事，也不會替他們認為地位太低的客戶辦派對。到了公關生涯中最頂峰的階段，他們將會在全球的VIP社交圈中遊走，以富豪客戶的需求為尊，專門邀請模特兒來開趴。這些公關會從他的客戶在夜店桌邊服務中所做的消費中抽取佣金。當你到了這個階段，某位公關就說：「不管你走到哪裡，都會有一席之地。」

隨興的恩里科

在德瑞經常吃午餐的瑪法咖啡裡，我也可能會遇見西班牙裔的白人公關恩里科。恩里科的風格與德瑞、桑普森與提博爾迴異，他最喜歡的打扮——繡有他名字首字字母的高級訂製義大利襯衫，搭配吊帶褲——徹底顯露出他的上流社會背景，並且跟其他穿著名牌牛仔褲和T恤的公關形成鮮明對比。他也從來不會到模特兒試鏡的地點或她們的住所去搭訕。「我已經三十歲了，」恩里科說，「我不能隨便在街上攔住一個女孩說：『嘿，來跟我開趴吧。』」每當他想到像桑普森之類的人都會這樣在外頭追女性，就會輕蔑地大笑。

當德瑞在整個城市裡策略性地培養人脈時，恩里科也會在蘇活區的高級巷弄裡漫步，但他純粹出於興趣。他住在一間寬敞的單臥房公寓裡，地點就在瑪法咖啡附近的一個時髦街角，恩里科很喜歡瑪法店裡昂貴的食物，有時甚至乾脆在店裡坐上一整天，他在這裡吃午餐，跟一頓比較早的晚餐。或者他可能走到附近的設計師精品店逛逛，試穿一件價值兩千美元的運動外套，對於標價無動於衷。有些公關會刻意出沒在各式高級商店或餐廳，以尋覓對於建立他們人脈網非常重要的有錢人；但對恩里科來說，他要出現在這些地方易如反掌。因為他

表一

VIP 派對公關的流動性

公關類型	每晚收入（美元）	排他性	社會資本	
			女孩	客戶
大眾公關	500-1,000	低	平民	充場的
B 級夜店公關	100-800	↓	↓	↓
副手公關	100-200			
獨立公關	200-800			
A 級夜店公關	400-1,200			
國際 VIP 公關	1,000-2,000	高	模特兒	頂尖的 1%

天生屬於那個世界。

和多數公關不同，恩里科出身富貴，他的家族在西班牙擁有許多房地產與和酒莊。他在二十多歲的時候離家來到紐約一所私立大學讀書，不過大部分時間，他都在夜店裡開趴，揮霍著家裡給的幾千塊錢。父母每週給他五百美金當零用錢，他說不夠用，他父親就要他去找份兼差來做。於是恩里科便在時報廣場（Times Square）一間泰國餐廳做了大概半年左右的服務生，他尤其喜歡和那些做餐廳清潔工的移民混在一起。他會在晚班前，跟大夥一起吃餐廳提供的免費「家庭餐」。某次家庭餐時，恩里科點了龍蝦，經理罵他，說他不應該當著大家的面吃龍蝦。他說：「我當時就想：『這有什麼問題？我會付錢啊。』」恩里科的這個故事不僅展現出特權，更彰顯了他對特權絲毫不以為意。[5] 他那份工作後來沒有做下去，而他也找到了進入夜店公關這一行的路。

和大多數其他公關類似，恩里科也是經由他的生活方式獲得這份工作。某晚出去玩樂時，他問一間高級夜店的守門人，怎樣可以不點桌邊服務就進場。守門人回答他，只要帶四到五個辣妹一起來，「你就可以免費進場」。恩里科後來帶了十五個外貌最出眾的歐洲女性友人，這群人引起了某個公關的注意，他告訴恩里科，如果他每週都帶她們來店裡，他就給他四百塊。恩里科以為那是詐騙。「他是黑人，我來自西班牙，所以我不知道，我以為那不是真的，或者是什麼可怕的事情。」他提到這位公關時，同時援引了黑人和犯罪之間的刻板印象。但那之後的下一個星期，恩里科又把她們都帶來了，那名公關遞給他一疊厚厚的二十元鈔票。他還記得自己在回家路上感到有多麼不可置信，他甚至拿了一張二十元鈔票，遞給司機問道：「這張是真鈔嗎？那這張呢？還有那張呢？」恩里科是在身邊有美女作伴時，才受邀來從事公關工作，這和我遇到的多數公關所說的經驗幾乎如出一轍。後來，靠著他自己的財富以及既有的人脈，恩里科開始在頂級夜店工作，然後一直持續至今。

六年之後，恩里科每週至少會出去五個晚上，每晚收入大約介於五百到八百美金。他不太擔心錢的問題。他的母親還在幫他付信用卡帳單；她喜歡這麼做，將此視為一種照料遠在他鄉的孩子的方法。如果自己的桌席太空，恩里科會覺得那就不該拿人家的錢，因此他會拒絕接受夜店經理付款，畢竟那是面子問題。當他認真工作起來，一週就可能賺到三千五百元左右，一年可以賺到十八萬免稅的現金，那麼偶爾拒收一次六百元，對他來說當然是九牛一毛。

恩里科不太常在 Facebook 上發文說哪裡要舉辦派對，他也不傳那種群發的 e-mail 或簡訊，他說：「我不喜歡打擾別人。」恩里科多半會妥善運用他的富豪網絡。他曾經告訴我：「我現在的人脈很不錯。」因為他本人認識很多《富比世》（*Forbes*）排名前幾名的西班牙商業家族。他在紐約出外狂歡時結識了他現在的摯友，分別擁有一間大型太陽眼鏡和運動服裝集團，接著他們馬上就發現兩人之間有親戚關係。恩里科經常讓我看他存在手機裡的「好朋友」和「摯友」的照片，大抵都是來自西班牙的知名足球員、商業大亨，以及他們正值大學求學階段的子女。這點其實也正是和他出去的吸引力之一；比方說他在寄出客製化簡訊，要邀請女孩出來和權貴男性一起共進昂貴晚餐時，就會充分發揮這種魅力：

> 我有個客戶想和「一家娛樂公司」的老闊和經理共進晚餐。他問我能不能帶些漂亮的女孩來，然後我就想到了你。

為了找到漂亮的女孩，他多半是靠女性友人之間的口耳相傳，有時雖會找到模特兒，但多數時候都是長相漂亮的平民。在他的桌席，我曾經遇過脫衣舞孃、伴遊女郎，也遇過學生跟年輕的專業女性工作者，全都是透過他那廣大的國際網絡中共同朋友相互推薦而來。恩里科的女友奧爾加（Olga）是一位二十三歲的俄羅斯模特兒，她也經常會帶自己的模特兒朋友出席。但其實恩里科對於招攬模特兒並沒有太大興趣，因為他發現，模特兒總是會期望過高。「我想如果妳的長相是那樣，」他說，「妳可能一直都能得到比較好的待遇。正常情況下會是這樣，對吧？」曾經有幾次，會有模特兒伸長手臂，把她手中已經空掉的香檳酒杯舉到恩里科面前，自己和其他人的對話沒有中斷，就等著恩里科幫她斟酒。他的臉會因惱怒而扭曲，盯著那個女孩。在他眼裡，這樣的舉止就表示她視他為服務生，以及自己有權要他快速為她續杯。

基於種種理由，恩里科更偏好和他真心喜歡且多半也認為是真朋友的人開派對。他在其他公關之間享有盛名，因為他通常會帶來一些「歐洲辣妹」（hot Europeans），雖然未必是模特兒，但一定都長得很好看。另一名公關還將恩里科帶來的客戶描述為「西裝軍團」（the blazer brigade）——在二十年前可能會被輕視為「歐元垃圾」（euro trash）的歐洲新貴們——現在因為擁有強力且豐沛的歐元消費能力，廣受各地重要桌席的歡迎。正如恩里科自己所說，他喜歡和各式各樣的人來往互動，無論是脫衣舞孃、職業運動員、歐洲政治人物的女兒，他都欣然接受。

正因如此，恩里科的工作可說是和他的生活方式恰如其分地結合在一起。VIP夜店關門之後，他經常大方地分享他的毒品，並跑去脫衣舞孃俱樂部閒晃。在古柯鹼和愛玩的女性們的推波助瀾之下，恩里科的生活幾乎多半都只發生在夜晚。有一天我們一起吃晚餐，他跟我說自己累壞了，所以那天四點半就去睡了。我以為他說的是凌晨四點半，並點頭表示同情，他卻說：「你沒弄懂。我是今天下午四點半去睡覺的。」

如果你一週有五天都得找美女跟你吃晚餐、去夜店，有時還頗令人頭大的。他有一度甚至想聘我當他的副手公關，並跟我說，如果我可以建立起良好的社交網絡，每晚都帶來沒問題的女孩，那麼他一週最高可付我四百美金，而且是現金。我拒絕了，只要有機會，我就會邀請我自己的朋友去他那一桌。

晚上十一點在一間餐廳裡，我們坐在他身邊，一張偌大的桌子旁放了十張椅子，其中四張是空的。我問他，還有沒有更多女孩會來吃飯。「希望有。」他說，臉上露出淡淡的笑。每天晚上找十個美女跟他出去玩很難嗎？「你得努力這麼做。」他說，並眨了眨眼。

夢想

我認識桑托斯的時候，他的國際女孩網絡已經發展得相當強韌，因此不需要在紐約大街小巷物色新的女孩；相反地，他每天都睡得很晚，尤其喜歡在慵懶的午後邊抽大麻、邊傳簡訊給女孩子。和恩里科一樣，桑托斯也是真心喜歡派對，會在派對上狂歡直至隔日。紐約只是他工作過的眾多城市之一，他每年會在米蘭、邁阿密、倫敦、伊維薩島和法國里維埃拉分別工作幾個月。他在米蘭有一間公寓，提供模特兒免費住宿，以換取她們在夜店的陪伴；而其他時間，他都是借住一間「朋友」的公寓——其實是一些有錢男子，他們所辦的派對跟遊艇上，全都是桑托斯幫忙找來的女孩。

桑托斯很高，留著長髮的雷鬼頭，雙臂刺滿紋身。他的笑容燦爛，風格獨特。我在Downtown見到他時，他穿著破洞牛仔褲，戴著一頂棒球帽，上頭點綴著他親手加上的金屬釘，兩隻手都戴著銀戒指——超大的骷髏頭和超重的十字架。他一刻都不放下手機，因為他幾乎隨時都在為某個人工作。

德瑞介紹我們互相認識。儘管兩人都很和善，但德瑞還是跟他保持距離，並試圖在自己和桑托斯之間區隔出一條界線。「在我看來，桑托斯太喜歡泡妞、太喜歡開趴了。你應該要聰明一點，利用夜生活給你帶來的管道和機會。」相形之下，桑托斯似乎太專注於當晚的樂趣，而未放眼長期的生涯規畫與行動。某個晚上，德瑞在Downtown就狠狠羞辱了桑托斯一番，雖然沒有當著他的面：「桑托斯今晚應該要帶女孩來，結果他沒有。不算真的有。我不知道他到底帶來的是什麼東西。」他邊說，邊用頭示意，指向桑托斯那一桌滿滿的女孩。「至少其中有一個還算可愛。」他不屑地總結道。

不過桑托斯經常會自誇，就跟其他公關一樣，滿口稱讚他帶來的女孩有多美，他的派對又有多盛大。

桑托斯在波哥大（Bogotá）的原生家庭一共有八個孩子，家境貧寒。他的父親常常不在家，他主要是由母親、奶奶和其他親戚一起撫養長大的。他記得自己上學時，家裡沒錢讓他買課本和鞋子。他很早就開始參與毒品交易，會把小包裝藏在底褲裡幫忙運送。到了十六歲時，他已經是技巧純熟的扒手。在他的表親因毒品糾紛遭槍殺後，他跟著一個哥哥來到義大利米蘭，他語言不通，而且他的棕色皮膚和移民身分也明確表示了他是個外來者。

他很快就學會講義大利文，先在酒吧裡當清潔工，接著開始擔任酒保。他高大帥氣，又帶著一雙杏眼，很快就被招攬進時尚模特兒界，但他沒做幾個月，就因為受到男同志追求而打消念頭。不過他倒是欣然接受女模特兒對他示愛，她們常會在模特兒工作結束後，到他繼續在裡面上班的酒吧找他喝酒。這引起了經理的注意，接著他便把桑托斯從吧台後方調出來，付他薪水，要他繼續為店裡帶來有時尚感的人群。就跟我遇到的大多數公關一樣，桑托斯原本根本不知道公關這個職業的存在，直到有人提供了這個工作機會為止。

此後十年，桑托斯幾乎已經踏遍了富豪們環遊世界的那些地點，有時搭遊艇，有時搭私人飛機。他會說四種語言（西班牙文、義大利文、英文和簡單的法文），還略懂其他六到七個不同語言。他聲稱：「我跟任何人都可以對話！」他學語言很快，多半都是透過在各地旅行以及他那些女性友人才學會的，而且桑托斯從未接受過正規教育。他會一直談到自己認識哪些人，跟哪些有權有勢者有往來。

「他們既是朋友也是客戶。大企業、企業老闆。我也碰到很多金融界的人。」他說。桑托斯還說，在法國里維埃拉他認識很多王子。

沙烏地阿拉伯的王儲嗎？我問道。

「對，阿拉伯人。我全都認識。」他信口回答。

每年夏天，當這些人在旺季要造訪薩丁尼亞島（Sardinia）、伊維薩島與蒙地卡羅（Monte Carlo）的前後，桑托斯都會在聖特羅佩的俱樂部裡見到他們。我問他是不是也會去漢普頓，他丟給我一個相當不屑的眼神：「為什麼要去漢普頓？那裡只有紐約的人。如果我想找紐約的人，我在紐約見他們就好了。」

由於能夠接觸到世界上最富裕的家族，桑托斯很喜歡說：「我馬上就要飛黃騰達了。」對於桑托斯、德瑞、馬爾科姆、桑普森、恩里科和提博爾這樣的男性來說，女孩就是他們通往美國夢上層的門票。他們計畫性地招募女孩，無論是從街頭、時尚產業內部，還是從密集的既有人脈中下手，心中都有一個共同的目標：利用這些女孩追求遠大的夢想。女孩們為公關帶來了寶貴的人脈，讓他們與夜店裡的富裕男性客戶建立起人際連結，而他們深信，這些關係將可以保障未來的自己獲得某些可能的投資。在夢境裡，任何事情似乎都可能發生。

第三章

誇富宴

邁阿密
星期六◆午夜十二點

一片黑暗中，五彩斑斕的閃光燈閃爍，浩室音樂傳來陣陣的低音重擊，桑托斯緩步走入邁阿密南海灘地帶著名的 Ace Nightclub。每年三月的最後幾週，著名的電音盛會「超世代音樂節」把ＶＩＰ人群全都帶到了邁阿密，而 Ace Nightclub 正是最熱門的派對據點之一。

「女孩們，跟著我！」桑托斯一邊喊著，一邊引導我們穿過人群來到客戶桌前。接下來的三個小時，我們即將在一張U型絨皮革宴會長椅上，或坐、或站、或跳。有人甚至站到沙發椅背上；我也爬了上去，想看清楚整個派對的樣子。我們的桌子位於夜店的中心，店裡大約還有幾十個像這個小洞穴的空間。不管你在店裡哪個位置，只要望向ＤＪ，都能看到我們。

從我站的地方看出去，店裡大概有一千多人，非常擁擠，大多數是白人、年輕人，且有超過半數是女性；我們這桌的男女比大概是二比三。店裡多數人都隨著一位知名電音ＤＪ所放的音樂上下跳動，這名ＤＪ是這間夜店的常客，他放的曲目似乎大家都很熟悉。要穿著十公分的厚底高跟鞋，站在宴會長椅的椅背上跳舞其實很難，但女孩們卻全都隨著舞曲扭腰擺臀。她們跟著人群的脈動節奏跳動，手上揮舞著夜店發的螢光棒，上頭的霓虹燈字樣寫著「來X我，我超有名」。

我們的桌上放著一個大型酒桶，裡面塞滿了各式酒精、香檳，旁邊還放著幾罐依雲（Evian）礦泉水、果汁，以及成排的香檳酒杯與玻璃杯。幾乎每個人手上都拿著酒。桑托斯站在我下方，頭上的長辮子也在隨著節拍擺動。他注意到我的目光，於是端起酒杯，向我點了點頭，接著又指了指四周，像是在說：「看吧，就跟你說了，一定會很精采的。」

今晚的客戶也站在附近，是夜店界眾所皆知的鯨魚。這位鯨魚在人群中很不顯眼，他只有一般身高，身穿黑色T恤和牛仔褲，乍看之下，就是個一般人，只不過他手上拿著一瓶以高價著稱的粉紅色水晶香檳，並且被一群高挑纖細的美麗女孩簇擁著。幾個男人站在附近，包括一名明顯是私人保鑣的壯漢，他威風凜凜，寸步不離鯨魚的身邊，而且身穿深色西裝，打著領帶。只有保鑣跟夜店管理人員才會穿成這樣。在這溫暖的邁阿密之夜，多數男性都穿著T恤和牛仔褲，有些人甚至穿著短褲——他們的打扮跟那些身材纖細、穿著迷你裙與高跟鞋的女孩形成鮮明對比。

鯨魚自信滿滿地站在人群中央，與前來打招呼的熟人擊掌，偶爾拿手機幫夜店群眾拍照。他打量著店裡，也打量在他那一桌的賓客。有一度，他伸手拿起兩瓶凱歌香檳，遞給附近的兩位女孩，女孩們一邊跳著舞，一邊拿起酒瓶對嘴喝。

他點的下一輪單抵達了：兩個裝滿綠色香檳酒瓶的酒箱，兩旁貼著點燃的煙火棒，越過強壯保鑣的肩頭抵達這一桌。緊接著，一排衣著亮麗的酒促小姐們，手中也高舉著煙火棒與酒瓶陸續抵達。香檳列車極其壯觀，吸引了全場注意力。女服務生全都被要求穿上至少十二公分高的高跟鞋，胸前乳溝絕對會露出來，接著被煙火棒的火光照亮。煙火棒是一種小型煙火，點燃後會從上方射出大約二十公分高的火花，燃燒時間長達五十五秒。

人群雀躍歡呼，紛紛舉起手機，煙火棒的火星光芒照亮了他們的臉。「拍照吧，」桑托斯曾對我說，「你會到許許多多的地方開眼界；你得全都記錄下來，然後寫出來。」舞池對面的另一桌也點了香檳列車，酒促小姐來回來回走動，分趟為每個人送來酒瓶與煙火棒。過了一陣子，新奇感也變得見怪不怪了，就連要從包包中翻出手機拍下這些買酒狂歡的照片，都嫌有點麻煩。

很快地，遍地都是香檳。人們不再只用酒杯喝，而是整瓶整瓶地傳著，人手一支，他們一邊搖晃著身軀熱舞，一邊直接就著瓶口喝，彷彿是在喝啤酒一般。

我身邊站著一位看起來覺得此景沒什麼稀罕的男子，也遞給我一瓶水晶香檳，痛飲一番，然後再往下傳。

「哇，這瓶要多少錢？」我問他。

一千七百美金吧，他說，這是二〇〇四年的玫瑰水晶香檳。另外那個綠色瓶身的是凱歌香檳，售價大概是八百美金。我手裡拿著一瓶粉紅色的水晶香檳，嘖嘖稱奇：這一瓶大概等於我在波士頓一個月的房租。

接著，鯨魚玩起一個遊戲。他舉著手中的水晶香檳，塞到身邊的女孩面前，要她們喝下。此舉令多數女孩都愣住了：她們會停頓一秒，確認他的意圖之後才喝下。大多數人會在他強迫將酒倒進她們嘴中時，一手接著瓶身慢慢喝。但有一位看起來像是模特兒的女孩，在他把酒瓶塞過來時，將頭撇開，拒絕了他。在那個瞬間，鯨魚一把抓住她的下巴，再強拉到酒瓶旁。她皺著眉，但他緊緊抓住她的臉、就定位，然後將酒瓶深入她的口中。她吞了一點，但酒的氣泡太強，她不由得噴了一些出來，一邊皺著眉頭，一邊擦著自己的臉。鯨魚接著頭也不回地轉身，對著DJ的音浪高舉拳頭，另一手還拿著那瓶香檳，絲毫不管剛剛那位女孩，她踉蹌坐下，甩著頭、抹著臉，一臉不適。不久後，她就離開了現場。

每個人都應該停下來思考充滿男性宰制意味的這一幕。當法國社會學家布赫迪厄（Pierre Bourdieu）使用「男性宰制」（masculine domination）一詞時，多半是用來描繪各種在象徵層次上的幽微互動，在互動中使女性認為自己比男性更低一等。[1]但在此處，透過那一瓶要價一千七百美金的香檳，赤裸且殘暴的男性權力卻是如此在象徵意義與物理意義上，凌駕於女性之上。正想到這裡，鯨魚轉過身來面對我，向我舉起他手中的酒瓶。我用手搭著瓶身好讓它穩住，再喝下香檳，並且擠出了我此生最輕快甜美的聲音說：「謝謝！」

在我到邁阿密參與這位客戶的三場派對之中，我跟此人僅有兩次互動，這是其中一次。另一次是我站在他的桌子對面，他對我點頭示意，我對他比了一個大拇指。

「這客戶是什麼來頭？」我對桑托斯的耳朵大吼，試圖壓過震耳欲聾的音樂。「他可是最大尾的客戶！每天都會花二十萬或二十五萬美金在開趴。每一天。」

我很好奇，那他是做什麼工作的？

「我不曉得。我不喜歡問他們這些事情。」

那一晚，鯨魚總共買了一打的水晶香檳，以及根據桑托斯的估算，大約兩百支凱歌香檳。夜店付給桑托斯大約一千六百美金的酬勞，因為他在週五、週六都帶來了六個女孩——多為模特兒跟優秀平民。那晚，另外一位巴西籍的鯨魚客戶也付了他五百美金，因為續攤時，桑托斯又帶著一群女孩去參加客戶在附近豪宅舉辦的屋頂派對。

抵達邁阿密不到六小時，我已經數不清自己見過了多少香檳列車。而接下來在邁阿密的四個夜晚，也都是如此——我帶著睡眠不足的暈眩感，跟著桑托斯和他的女孩們四處跑趴，走過一間又一間夜店，經歷著使人瞠目結舌的驚人財富炫示活動。

誇富宴

人類學家一向對展示與揮霍財富的儀式相當著迷。當代美國人類學先驅法蘭茲・鮑亞士（Franz Boas）可說是最早記錄揮霍儀式的民族誌學者之一，他研究的對象是十九世紀晚期位於西北太平洋沿岸，也就是現在加拿大境內的部落。[2]經由關鍵的消息提供者喬治・杭特（George Hunt）的引介，鮑亞士將部落中那種競爭性的贈禮與慶典儀式稱為「誇富宴」（potlatch）*。在誇富宴中，部落首領或貴族為了提高自己的地位或等級，會向客人贈送大量的食物、羊毛毯或銀手鐲等禮物，大肆揮霍財富。誇富宴儀式通常是以一場盛宴開始，以一場大火為終，有時甚至會直接破壞財產，比如把毯子扔進火裡、打碎獨木舟，或者把祖傳的珍貴銅器丟進海裡。正如法國人類學家馬塞爾・

*譯註：誇富宴有時亦會譯作散財宴或贈禮宴，這個詞最早來自研究者針對西北太平洋海岸部落原住民的習俗，但後來發現在其他社會也有許多類似的實作。除了書中提到幾個當代例子之外，亦有學者認為台灣廟宇慶典中的「醮典」也常有類似的意涵。

牟斯（Marcel Mauss）所言，這些行徑具有享樂的性質：「無論就效果或就現實層次來說，人們不但會送出有用的東西、過度消費大量美食，甚至會只為了享受破壞的樂趣而破壞。」[*3]

誇富宴是一種在不同社會中歧異度很大的習俗，這個詞彙被用來描繪各式各樣的揮霍儀式，包括阿茲特克人的奴隸祭祀行為，也包括馬歇爾・薩林斯（Marshall Sahlins）針對美拉尼西亞（Melanesia）社會秩序的研究中，對「大人物」（big-men）的描寫。儘管有各種變異，誇富宴多半都是由希望追求聲望和地位的團體領袖所舉辦。[4]當貴族所贈予的禮物貴重到對手無以回報，就會挑起對手的恥辱感，同時確立贈送者的宰制地位，那就是地位高下立判的時刻。乍看之下，贈送珍貴禮物似乎是一種讓社會更平等的行為；即便就物質意義上來說確實如此，但它同時也會創造地位上的不平等。在這個過程中，主人雖然耗損很多財富，卻也能在同儕之間獲得社會肯認。[5]成功展現寬宏大量的主人將能獲得「大人物」的地位，繼而令他享有威望——即便僅限於一個特定的社會次群體範圍內。[6]正如人類學家大衛・格雷伯（David Graeber）所述，此人物將變得「無比重要，毛毯或其他財物宛如雪崩般陷落崩塌，讓周遭的所有人變得富足，同時也令他們受到危害」。格雷伯繼續寫到，誇富宴是一種既具有侵略性，作風又慷慨的詭異組合。[7]人類學家不僅把這種儀式性的揮霍行為視為獵奇或非理性的實作，更看見了背後的深刻意涵，視之為一種展現與建立社會階級制度的方法。[8]誇富宴與階級息息相關，它可能俏皮有趣或違法亂紀，但永遠都根植於聲望和權力的社會運作系統之中。

即便這些經典研究看來陳舊過時，但民族誌研究卻不停在許多意想不到的當代環境中，看見誇富宴的蹤跡。長期關注美國鴉片類藥物使用狀況的記者山姆・奎諾伊斯（Sam Quinones）

就發現，誇富宴其實是墨西哥毒販勞動供應鏈的一股驅動力。[9] 墨西哥南部有個名為薩里斯科（Xalisco）的小鎮，鎮上的農家男孩會向北來到美國的鏽帶（rust belt）**，替他們的親戚交易黑焦海洛因（black tar heroin）***，幾個月後他們會衣錦還鄉，口袋現金滿滿，並從事炫富行為，急欲人知。他們會在家鄉蓋新房、買新車、贊助節慶活動，還會帶回整個行李箱的 Levis 501 牛仔褲，發送給在心底佩服他的親朋好友。正是這種佩服、敬畏感，促使其他男性再前往全美各地販賣海洛因，追求利潤，然後返鄉揮霍。[10]

在部分亞洲地區，炫耀財富的行為也是商業交易中相當重要的一環。[11] 人類學家庄思博（John Osburg）曾研究中國成都的富商是如何透過招待政府官員到高級餐廳、卡拉OK與酒店娛樂活動，以建立自己的地位，[12] 在這些宴席中，總會有吃也吃不完的餐點菜餚送上桌。成都的誇富宴形塑出一種陽剛性質的社會連帶關係，將商業網絡和地下黑幫串連在一起。在改革開放後的中國，商

---

* 譯註：關於牟斯這本書，可見汪珍宜、何翠萍譯之《禮物：舊社會中交換的形式與功能》（二〇〇四）（遠流出版）。

** 譯註：鏽帶亦譯作鐵鏽帶，特指美國某些過去曾經強大的工業部門萎縮而導致經濟衰退、人口減少的地區，主要由五大湖區城市群組成。這些地區在二十世紀時主要是美國製造業或重工業原料的生產地，也被稱為製造業地帶或鋼鐵地帶（Steel Belt）；不過，自二十世紀中葉之後，美國的鋼鐵、煤炭以及製造工業逐漸衰退或向海外轉移，這些區域裡曾經繁華的都市便開始「生鏽」，而出現經濟衰退、城鎮頹敗以及貧窮加劇的狀況。不少學者與報導都指出，鏽帶地區飽受失業困頓的底層勞工白人階級，是促成唐納．川普成為總統的關鍵。

*** 譯註：黑焦海洛因是一種經過粗糙加工所形成的海洛因型態，由於未經適當乙醯化，大量殘留的雜質使得有些部分質地黏稠如焦油，有些部分則堅硬如煤炭。

界與黑道幾乎已經同流。

世界各地其實都能看見誇富宴的影子，譬如在婚禮現場或賭場的各種餽贈行為；譬如每個學年，各大校園的兄弟會也總以夜夜笙歌為目標，來舉辦他們的迎新派對；譬如「Instagram 上的有錢小孩」（Rich Kids of Instagram）裡的所有貼文也是如此（這個部落格收錄了世界各地年輕富豪的鋪張浪費、奢華誇張的行為，如焚燒鈔票，或者洗香檳王泡泡浴等）。[13]

二十世紀初期，經濟學家范伯倫抨擊精英上流社會，就彷彿人類學家鮑亞士筆下那些「原始人」一般，都有一股衝動，想藉由「令人反感的消費」來炫耀自己，進而在各自所處的公眾中，尋求社會地位。但范伯倫的分析過度依賴一個沒有根據的假設——他認為新富階級是自然而然就會出現這種行為。嚴格說起來，誇富宴其實不能算是有錢人的特徵，因為它有悖於另一種對消費的想像：炫耀往往被視為庸俗粗鄙之舉。舉例來說，十七世紀的荷蘭富裕家庭就是非常不喜炫富的消費者，對於自己的財富，他們傾向低調。在當代，大部分的矽谷新富階級也都崇尚這種強調克儉、低調奢華的文化規範。社會學家瑞秋・雪曼（Rachel Sherman）的研究也顯示，紐約的上流社會並不喜歡行事奢華鋪張。在許多情境之下，財富都是需要被隱藏起來的；因此，誇富宴要能出現，勢必得先有足夠的集體努力，才有辦法協調、搬演這種大規模的誇張浪費行徑。[14]

每一場誇富宴都會極具戲劇化地呈現從屬與宰制之間的關係，VIP 夜店也不例外。藉由研究這場展演的組織過程——性別化的隨行人員、舞台、道具以及夜店的配置——我們就能理解到，有錢男性是怎麼在一夜之間成為「大人物」的。[15]

浪費的舞台

乍看之下，夜店似乎只是個乘載自發性樂趣的地點。然而，無論是在邁阿密或坎城，夜店其實都是個經過縝密規畫的空間，能夠提供一個固定化的腳本，讓浪費行為得以開展。首先，夜店會塑造出奢華的外觀，試圖吸引有錢的消費者。夜店裝潢總是富麗堂皇，搭配最先進高檔的燈光和音響系統，對傢俱和內裝的細節也總是極其講究。有一間夜店特別進口成熟白樺木和鍛鐵製的露台傢俱，塑造一種異國咖啡館的氛圍；還有一間夜店的天花板鋪上深色麂皮搭配飽滿的琥珀色燈光，客人得先穿過一條拱門狀金色隧道才會進到店裡，夜店入口儼然成了一個可以通往富麗世界的祕密通道。這些空間的設計與裝修所費不貲，有些甚至可高達兩百萬美元。[16]

其次，夜店經理會細心安排座位。形象公關的桌席多會被策略性安排在店內角落，創造一種美女如雲的錯覺，而客戶則會被悉心安排到符合其身分重要性的桌位。大客戶會安排在DJ附近——也就是全場的焦點，整個晚上的音樂與能量都會從這裡發散出來。在明星DJ和電子舞曲蔚為流行之後，更是如此，人們也會特別來夜店看DJ表演。在某些夜店，DJ每晚的酬勞可能超過五萬元，就連一晚六位數的演出費都已經非常普遍。[17]

大客戶會是店內的焦點，當他們撒錢消費時，所有人的目光都會集中在店裡那些蜿蜒閃爍的煙火光芒之上。多數夜店都會把桌子放在稍微高起的平台上，高度至少三十公分，有些則會更高，這樣客戶們才能從高處俯瞰舞池中那些充場的客人。此外，坐桌席的客人很可能會站在沙發上，或者坐在沙發椅背上。這種桌席安排方式就有點類似過去的宮廷社會會依照貴族等級；區分各自的桌子的高度。[18]

某次德瑞曾坐在 Club X 他桌席的沙發椅背上，觀察店內的人潮逐漸飽和，裡面的人幾乎不可能穿過人群抵達對面的吧台。「只有很有錢或者很性感的人，才能坐在這裡，」他說，「得要是這種人才有資格進來。如果不夠有錢，你就不屬於這裡、也就不會有一張桌子，看看四周就知道了。」德瑞坐在高處，他指的是下方那些人，接著又說：「不然你要去哪裡？總不能在酒吧站一晚上吧？沒有桌子的話，你能去哪裡？」當然，確實可能有男人會在酒吧或舞池邊緣站一整晚，沒有桌席可去，而這麼做，也就暴露了他從屬的社會地位。藉由相對位置和高度，每個人都可以輕易辨識出哪些人是重要客戶，因為無論是在邁阿密還是聖特羅佩，每間夜店裡的空間安排邏輯通常都相當一致；之所以如此，是因為這些空間的室內設計往往都是同一群人經手的。[19]

在這裡，最重要的地位象徵或許莫過於女孩了。女孩會被展示在店內的各個關鍵角落，也被鼓勵要在最吸睛顯眼的地方跳舞，譬如在椅子、桌子上，以及客戶周圍那些高高在上的宴會沙發上。女孩如果坐下來，馬上會被公關頻頻關切——「寶貝，哪裡不對嗎？」、「怎麼了嗎？」為了要徹底展現女孩的價值，她們不僅得居於店裡的中心位置、看起來魅力四射，最重要的是，必須要非常高。當前最流行的穿著是至少十公分高的厚底高跟鞋，而幾乎所有可以坐到公關桌席的女孩子身高都超過一百八十公分。女孩的身高就跟酒瓶的大小一樣，意味深遠。桑普森解釋道：「那會讓人留下印象。」如果有某個女性走進來，而她個頭比所有人都還要高，那麼馬上就會抓住他人的目光，男人都會想和她說話，但同時又全都會被這名女子震懾。

有些夜店會提高模特兒或名人附近桌席的價格，有些夜店則會直接特別保留下來，作為鯨魚客戶的專屬福利。公關帶來的隊伍經常會換桌，有時會直接坐到另一端，有時則可能是換到隔壁桌，有時也可能應客戶的要求，坐到他們那桌。有一天晚上，我們整桌搬到比較靠近DJ的位置，我詢問理由時，菲利普回答：「有個大戶快要來了，所以希望我們坐到那邊。」他後來解釋：「很多人雖然有錢或有獎金要花，但他們身邊沒有美女，所以我們要把整個派對帶過去，讓他們的場面更好看。」

就和女孩一樣，香檳酒瓶也具有炫耀客戶花費的功能。由於在歐洲革命之前，香檳被視為專屬貴族社群享用的奢侈品，因此至少過去一百年來，香檳酒都被視為與特別的慶祝活動以及精英社群有關。[20]香檳是一種非常適合派對情境的酒精飲料，它的酒體清澈但有氣泡，可以恣意地搖晃和噴灑，但卻不會像紅酒那樣讓大家狼狽不堪。[21]香檳品牌「酩悅」（Moët & Chandon）每十年只會發行大概六個年份的頂級香檳，也就是香檳王，而且每瓶都會先經過六、七年的存放才會發售。在我做田野調查期間，最常被購買、贈送、浪費，以及閒置未開封的是二〇〇九年的酒，藉由破壞這些綠色瓶身的香檳象徵的年份與財富，地位油然而生。

酒瓶也會透過外觀設計來展現其昂貴價值。二〇〇二年，香檳王推出貼有夜間螢光酒標的瓶身設計，格外適合在夜店這種光線昏暗的空間，露出其經典品牌酒標。公關很常貼出附近出現這種螢光綠的自拍，有些人甚至直接把成堆的酒瓶照設成他們Facebook的封面照片。大家也很愛拍桌上堆滿酒瓶的畫面，那些酒瓶上也同樣會有各種亮晶晶的裝飾。雪樹伏特加跟培恩龍舌蘭的瓶身內部會隱隱發光，當酒要送上桌時，瓶身會在人群中穿梭，宛若一顆漂浮在群眾上方的彩色寶石。

瓶身大小也很重要。夜店酒單上開始出現愈來愈大容量的酒，而且酒名往往都跟聖經有點關係，譬如三公升的耶羅波安（jeroboam）、六公升的瑪土撒拉（methuselah）——這幾乎已經是一般容量的八倍了。在Club X，每瓶水晶香檳的售價約為四萬美金，隨著瓶身尺寸逐漸增大，價格也會呈指數成長（而非倍數成長），因為瓶身尺寸並不等於酒精容量，因而更顯尊貴。[22]有時酒瓶重到女服務生搬不動，所以會由體型壯碩的保全人員協助把酒瓶搬到桌上，用肩膀把酒瓶吊起來，再倒入精緻的香檳酒杯裡。由於烈酒通常銷售得比較慢、數量也比較少，所以通常最大尺寸的烈酒會是一．七五公升。

夜店會精心部署這些貴重的香檳酒瓶，並安排遊戲和展示來促成這些消費儀式。為了鼓勵客戶消費，經理或老闆可送禮到他的桌上。一瓶店家贈送的香檳，必然會刺激更大程度的互惠回饋行為。四十五歲的唐是香港一家VIP夜店的老闆，同時也是世界各地其他夜店的酒客，他就說，重點在於時機：「當我看到別人開始點酒，我就也會開始點。」在他自己的店裡，為了刺激客戶持續買酒，唐解釋道：「如果我送一瓶香檳王過去，他們會怎麼做？他們必須要再買一瓶或兩瓶，或者買一瓶更大的！就是這樣，然後只能一路往上，不能往下買。」透過這個流程，夜店老闆形同是親自參與生產、指導店裡的花費行為。

夜店老闆通常都知道自己店裡最大的客戶是誰，而且也會頻繁和他們互動。香港夜店老闆唐就說：「那些人，一心就是想要炫耀。我總是說夜店就像個拳擊場。你讓他們進來，他們才能這樣」——話說至此，他彎起上臂的二頭肌來示意。於是他便想出了一個點子，他會點亮一把手電筒，把它叫做「火炬」，把它掛在當晚會付帳的人頭上：「這樣大家就知道是誰在付錢了。」

「今晚要開戰了！」一名坐在鯨魚附近的夜店股東傳了一封簡訊，告訴他另一條鯨魚也抵達了，而這激起他的競爭心。正如海明威（Hemingway）在鬥牛比賽中所觀察到的——「沒有競爭的鬥牛毫無意義可言」——競爭將使當晚變得更精采熱鬧。[23]經理會刻意讓鯨魚們坐在DJ台附近的桌席，透過公開比較消費的多寡來刺激競爭。夜店經理希望，其中一桌的大筆消費可以刺激另一桌的大筆消費。夜店會像添子彈一般為鯨魚們加酒，而鯨魚們也確實會象徵性地相互開火比拼。隨著戰況愈趨激烈，就可能升級成「香檳戰爭」（champagne war），這個用來譬喻競逐場面的用語，正適合描述這種儀式性的美酒誇富宴。[24]

有時候，VIP的誇富宴不一定有對手，單純只是要展現消費者的慷慨大方，譬如鯨魚會贈送店裡每桌一瓶香檳。有時候派對結束時，大家會人手一支鯨魚贈送的全新未開封香檳王——雖然在街角酒舖那一瓶要價約兩百四十美金，但在夜店酒單上，一瓶香檳王售價可能是五百到一千五百美金不等。

在邁阿密的某個晚上，桑托斯的女孩要離開夜店時，就拿好了幾瓶全新未開封的香檳王上車。「親愛的，拿走吧，」我們離開店門口時，一位公關說，「不然會被丟掉。」當他們駛出夜店停車場時，他們順手送了一瓶給一個站在自己的吉普車上跳舞的人。他超級開心。

香檳列車會送上的酒水往往超出客戶們能喝的量，接著他們會把剩下的酒水直接銷毀。太平洋西北沿岸部落的誇富宴通常是以盛宴開始、以大火結束，在夜店也類似，當買酒買到一個程度，就可能出現「香檳雨」（champagne showers）——現場多餘的酒瓶會被拿來徹底搖晃、噴灑，然後全部倒到附近的狂歡者身上，即便可能徹底毀掉他們身上的設計師精品衣物也在所不辭。[25]這種浪費行為將會成為店裡的注目焦點，其他的狂歡者會一面對這場展演稱慶喝采，一面拍下或錄下這些奇景。

香檳列車、香檳戰爭或者香檳雨，全都帶著玩樂的光環，好讓這些過度鋪張的展示看起來不那麼嚴重。為了增加樂趣，夜店經理有時還會向客戶提供套裝方案，額外贈送一些比較便宜的普羅賽克氣泡酒（prosecco）或氣泡白酒，用來噴灑。有的顧客還會從高處灑落一疊又一疊的一元紙鈔，讓這些綠色紙鈔從高空落下，這個動作在嘻哈樂中一般被稱為「撒錢」。有些夜店以戲劇化的消費著稱，被稱為「酒瓶舞台」（bottle staging）。據報導，洛杉磯有間夜店會讓一群吊鋼絲的「飛天小矮人」（flying midgets）將大戶點的酒送到桌邊。[26]在曼哈頓的Club Jewel，如果在星期六下午的早午餐時段點昂貴的酒，就會有穿著超人、蝙蝠俠或神力女超人服裝的人把酒送來。

有些夜店會藉由音樂或劇場效果進一步操縱觀眾的注意力。為了昭告某人剛有一筆大額消費，除了煙火棒外，店家也可能直接要DJ中斷音樂——「倫敦的艾力克斯（Alex）來了！他剛花了十萬塊買了香檳王！」。有一位二十四歲的客戶給我看他在洛杉磯（他的金融軟體公司所在地）花錢買酒的照片，並且吹噓自己在過去半年內，已經花了五十萬元買香檳。在他的照片裡，桌子附近的人們手上拿著一張張的手舉牌，拼出他姓名的首字字母，當他有大筆消費時，他們就會高舉這些手舉牌，而店內DJ則會開始播放「他的歌」——米克．米爾（Meek Mill）的〈我是老大〉（I'm a Boss）。絕非偶然，這首歌有一句歌詞如下：「你是老大；你不在意那要多少錢。」[27]

就連杯盤狼藉也是展示的重點。在聖特羅佩的尼基海灘俱樂部，每到派對期間，一箱又一箱的空酒瓶會直接放在買家的桌子旁，當作破壞性展演的證據。有時候，女孩們為了跳舞，會把她們的高跟鞋脫掉，然後把魯布托紅底高跟鞋這種標誌性的名牌鞋款和香檳酒瓶，一起放進酒桶裡——徹底展現出這群人多到有剩的性與金錢。

然而，前述這種狂野激昂的情緒，全都是一套經過腳本化組織而成的結果。這個場域裡存在著一套可以預期的社會互動秩序，每晚一再反覆上陣：隨從人員開始聚集、舞台得要清晰可見、道具也開始出現，隨著現場氛圍逐漸熱絡起來，酒瓶開始出現，而人群的歡騰也逐漸升溫。不妨想想另一個截然不同的情境，那是在兩個VIP大戶之間所爆發的真實衝突。二〇一二年六月某個星期四清晨，蘇活區一間名為W.i.P.的VIP夜店裡，R&B歌手克里斯小子（Chris Brown）跟饒舌歌手德瑞克（Drake）以及他們的隨扈就爆發了一場肢體上的尬酒衝突。[28]眾所周知，這兩位歌手之間的緊張關係源於他們曾先後與歌手蕾哈娜（Rhianna）交往，這兩人的衝突從在桌席間互扔冰塊，逐漸升級為把香檳酒瓶當作飛彈互丟。這場流血衝突造成數人受傷，其中還有一名澳洲旅客因為被酒瓶砸傷頭部，需要縫十六針。經過警方調查後，全案以危害他人安全的罪名，起訴兩名歌手和夜店。這場涉及肢體衝突的酒瓶之戰凸顯了VIP夜店平常是如何將競爭行為昇華到一種僅具有象徵意義的層次，參與者除了喪失一時的地位之外，通常不會陷入真正的危險。

消費者的地位高低主要透過身體、空間、金錢等面向做出區隔，而用來展現差異的標記多半會被物化，是以酒瓶大小、酒瓶數量，身邊圍繞的女孩身高、美貌和豐富程度來展現。一間食品企業的CEO就說：「如果有桌席可坐，那代表你是個有價值的人。」這個五十多歲的男性從一九九〇年代末開始，就一直是各大VIP夜店的常客。雖然他現在已不再夜夜笙歌，也不太像以前那樣花大錢買酒，但他清楚地記得過去夜店是如何替他建立地位，又如何讓女性對他印象深刻。

「如果你穿戴的鞋子跟手表夠好，她就會知道了。不過除了那些之外，一個人去夜店的時候，現場有幾百個男人，要如何顯示你跟其他人的不同？你知道的，只要買個三百瓶香檳，然後把它們全都灑到牆上，讓每個人都知道：『嘿，我才是贏家。』只要有很多女孩、很多香檳、人坐在主桌，不是那些角落的位子；在VIP店坐主桌，那你就是贏家。」

贏家、大人物、老大：這些全都是刻意組織出來的成就。更有趣的是，得以成為整個展演的一部分這件事，對於來充場的、富裕的觀光客，以及坐在比較小桌但實際上卻負責資助整場表演的人來說，都大有吸引力。

鯨魚和萵苣

多數情況下，每晚砸下幾萬元消費的大戶並不是店裡常客。一位夜店老闆就說：「他們通常每三個月來一次，然後就消失了。」也因此，夜店並不指望透過鯨魚們非常態性的大額消費來獲利。他們真正的目標客戶是那些富裕的都市居民、觀光客，以及來出差的商人，他們才是業者每晚可以依靠的客人。這些常客每次的消費金額雖然不高，但卻很穩定。「就像做沙拉一樣，」該夜店老闆繼續說道，「沙拉中最重要的原料——最主要的原料是什麼？萵苣。也就是我們富裕的紐約人，他們的帳單大概只有三千到五千元。」

根據我的田野調查，我大概知道每天晚上，約莫會有三到六次貼著煙火的「香檳列車」駛向不同的桌子。即使點到六瓶香檳王，根據 Club X 的價碼，整張帳單也不過六千美元左右。我只有在某趟去聖特羅佩週末旅行時，見識過一次「香檳雨」，也就是搖晃酒瓶並向其他派對狂歡者狂灑香檳。我總共在邁阿密見過兩次「香檳戰爭」，也就是競爭性的買酒消費行為。通常要到旺季的知名派對上，如影展期間的坎城，或者在夏季那幾個月的聖特羅佩，才比較容易出現高達六位數的帳單。

但我卻聽說許多誇富宴的事蹟。公關們花很多時間討論大戶出現在VIP現場時的情況，即便他們不曾一個月內看過一次以上的香檳誇富宴，這有部分原因可能是大戶往往會頻繁地出差移動。

VIP場域裡的人很熱衷分享各種關於大戶的故事，無論那是親身見聞或只是道聽塗說。在我進行田野工作期間，最著名的鯨魚莫過於堪稱傳奇的劉特佐了。他最廣為人知的事蹟：曾經一個晚上就在聖特羅佩的夜店花了超過一百萬美金。從馬來西亞當地媒體到《紐約時報》，全都刊登了他那一晚與幾十瓶華麗的酒瓶、煙火，以及和派瑞絲．希爾頓同桌的照片。

當晚在現場的人相對比較少，但每個人似乎對此都略知一二。舉例來說，德瑞某次在蘇活區和瑞斯（Rhys）這位金融投資家與夜店酒客閒聊時，瑞斯就說：

「聖特羅佩那事太扯了，某人在他桌上就花掉了一百二十萬歐元。」

「那人是劉特佐，」德瑞說，「他是馬來西亞人，在夜店一個晚上就花了一百五十萬美金。他們蓋那間店花了一百三十萬美金，他一個晚上付的錢就超過了。那間店現在穩賺不賠了。」[29]

儘管像劉特佐這種大戶很少出現，但夜店還是以能夠吸引這種男性為目標，盡力確保店內有進足量的昂貴香檳酒瓶與大量的煙火棒。不過，即便夜店的名氣是透過迎合鯨魚才建立起來的，業者多數都還是在做那些「萵苣」的生意。

為了了解這一點，我們來看看亞利桑那州（Arizona）布萊恩（Bryan）的狀況。布萊恩是一名財務顧問，我是在曼哈頓 Club Jewel 餐廳於週六舉辦的早午餐派對上認識他的。在週末下午時段，Club Jewel 會提供早午餐的桌席，由駐場 DJ 大聲播放派對音樂，公關桌邊擠滿了女孩，現場也提供桌邊服務——這種被稱為「酩酊早午餐」（boozy brunch）的聚會，可說是一種白天的夜店派對，也是米特帕金區會有的典型「日與夜」派對。[30] 公關們白天會在 Jewel 吃早午餐，晚上則會去 Jewel 的合夥人所開的夜店開趴，然後狂歡至深夜。布萊恩和五位同事跟著他的金融公司一起來市中心員工旅行。每年兩次，他的老闆會租下曼哈頓中城一棟房子，讓整個團隊可以到紐約，一邊談生意一邊放鬆。布萊恩三十二歲，他的老闆三十五歲。而他們的早午餐帳單數字已經來到六千元。布萊恩曾目睹那些真正有錢人的揮霍行徑，相較之下，他認為這筆金額其實不大。有一次，在拉斯維加斯的賭場裡，一位繼承了大筆遺產的朋友曾經將價值兩萬五千美元的撲克籌碼拋向空中，隨意送給陌生人。布萊恩覺得，那種真正出手闊綽的大戶都很笨，都是一群「想當土財主的人」；相較之下，布萊恩和他的同事都是專業工作者，只是想找點樂子、放鬆一下。

布萊恩和我一樣都對鯨魚充滿好奇，因為他自認不可能樂意為一整桌陌生人買單。他也絕對不會一晚花掉幾千塊錢，除非他之後會跟其他人平分拆帳。「這些人是哪來的？」他反問道。

即便布萊恩對鯨魚表示不屑，但他其實很喜歡在夜店參與為鯨魚舉辦的那些展演。例如，在 Jewel 那場週六的早午餐派對上，夜店經理就穿著古羅馬競技場鬥士的服裝，坐在一群由雜工拉著走的戰車上，把幾瓶點著煙火的酒瓶送到某位客戶的桌席，一旁的人群則高聲歡呼。「戰車那招太炫了。」布萊恩說。我們的公關桌就在他旁邊，而整場早午餐派對也瞬間成了買酒狂歡。「我不知道場子會變得像夜店！」布萊恩告訴我，「我很喜歡。」他甚至將戰車的照片用群組簡訊寄給他在全國各地的朋友。「我當時想說，這太瘋狂、太失控了！我當時在想，那似乎不像真的煙火表演，我還在找出口在哪呢。」他笑著說道。

「不過那輛戰車！」他驚嘆地搖著頭，然後找出他 iPhone 上的照片給我看。精心策畫的誇富宴可以在消費者和觀眾之間創造出一種動態關係：前者的消費行為會喚醒人群，在此同時，夜店也會策略性提高這種集體興奮感，讓炫耀性浪費可以最大化、正常化，在此也就是指那些裝飾、美女、戲劇性，以及種種充滿陽剛力量的用語、酒瓶。一旦房間裡充滿這種歡騰熱鬧的氣氛，無論是女孩、大人物，還是來自亞利桑那州的萵苣，客戶統統都共享這股歡欣與興奮之情。

歡騰

一如其他的社會性儀式，因香檳誇富宴而聚在一起的人，可能也會共享一些特別的東西。很難用言語表達這些夜晚具有的誘惑與和刺激有多大。光在一個晚上，就堆疊了諸多愉悅的時刻——先是可以在高檔餐廳與美女共進豪華晚餐，而她們無須擔心帳單上的金額；接著，大夥將被引導走過絲絨等待繩，把在外排隊等候的所有人拋在後頭，進到夜店裡享受舒適的桌邊服務。走進夜店，眾人的愉悅隨著源源不絕的香檳、頂級的龍舌蘭酒逐漸疊加，有些桌席甚至還可能提供搖頭丸或古柯鹼。[31]醉人的刺激物質會在精心設計的燈光和音響系統中被人使用並代謝掉，知名ＤＪ播放的浩室音樂和嘻哈樂傳來陣陣節奏，朋友和陌生人全都逐漸放開矜持，爬上桌子和沙發上放聲吶喊與跳舞、與公關調情，或者和某個帥氣的陌生人深吻，自拍上傳到Facebook和Instagram，讓新朋友羨慕，讓老朋友嫉妒。在這個充斥特權的非凡世界中，過量的金錢、美貌、樂趣讓所有的感受全都可能推到極致。[32]

很多人追求這種超脫一切的感受，他們會四處尋覓這種感覺，譬如來到體育場館、抗議遊行、嘉年華、火人祭（Burning Man）或返校大遊行這類場合，眾人齊聚一處並追求某種集體經驗。[33]正如法國社會學家艾彌爾．涂爾幹（Emile Durkheim）所說的，人們會在各種神聖或宗教儀式中尋找那種感覺，因為這種感覺正是宗教的基礎，是人類集體性的核心。

涂爾幹研究了有關於澳洲原住民部落儀式的紀錄與描述，以了解集體性儀式如何在現代社會中運作。在他二十世紀早期以圖騰為主題的著作中，涂爾幹就主張，原住民的生活具有兩種不同的節奏：某些季節，小群體會四散各地，專心勞動、狩獵和捕魚；但有些時候，人們會群聚，一起舉行宗教儀式。而正是在這些儀式裡，由於人們大量聚集，成員會體驗到一種集體性的歡騰（collective effervescence）——這種強烈的社會性經歷被視為一種社會情感，主要源於對群體內其他人所感受到的親密感，包括身體與情感上的親密，由此萌生出興奮感受。[34]涂爾幹在書中描寫了一段圖騰儀式：

> 當許多的個人聚集在一起，他們彼此的親近就會產生一種電能，迅速將他們帶到一種極

致的高度。每種表達出來的情感都會毫無阻力地進入其他對外部世界極其開放的腦海之中，群體中的每個人都會彼此感知、呼應。最初的那股情緒脈衝將會隨著這種相互響應而逐漸擴大，就像一場雪崩，愈滾，力量愈大。而如此強烈、不受控制的激情，必然會尋求外在的表達管道，於是就會出現各種誇張的姿態、喊叫，甚至是嚎叫，各種震耳欲聾的聲音從四面八方傳來，更強化了它們所傳達出的那種狀態。

涂爾幹平時的寫作風格奇淡無比，或許多少反映了他希望將社會世界視為是一種科學物體來研究的觀點，[35]但上面這段描繪卻可謂張力十足。在這段文字中，涂爾幹試圖表達，當集體歡騰在人群中爆發出來時，那股力量會有多麼澎湃。光是被許多人包圍，就會創造一種能量，進而將個別成員提升到一種比個人加總起來還要大的集體層次。這種能量會傳遞強烈的刺激高漲感，甚至可能帶來一些短暫的棄絕時刻——譬如雙手在空中揮舞、在節奏中迷失自我，或者出現一種墜入愛河或甚至是吸毒的歡快感。[36]

夜店的工作核心，就是要將人群的情緒能量引導向這種集體歡騰的境界，有人可能稱之為那些晚上的「能量」，或者「氛圍」。不同夜店在個別夜晚都會藉由改變音樂、燈光，甚至更換發放給群眾的螢光棒或太陽眼鏡等道具，精心營造各種不同的氛圍。有些夜店會聘雇穿著異國性感服裝的舞者，並將他們安排在店內的顯眼位置，以帶動店裡的情緒能量。

公關也會在自己的桌上嘗試帶動群眾之間的交流能量。如果是熟識的朋友同桌，這種氛圍就會特別強烈，因為面對熟人，比較有機會「放開」矜持或降低自己的自制力。這也是為什麼公關會努力和女孩建立關係，也會營造女孩之間的人際關係。如果有個女孩的心情低落，或者看起來不太合群，公關就不會想要帶她出來，因為她很可能會搞砸現場氣氛。「譬如之前有幾次，有些女孩會抱怨說某個女孩，比如她很消極，或者做一些踩到別人地雷的事情，那我就會跟那人說：抱歉，你不能跟我們一起出來玩。」崔佛解釋道。

為了炒熱賓客之間的氣氛，公關們會幫他們倒酒、續杯，或者一直敬酒。他們會擁抱、擊掌，然後會很常親吻女孩的臉頰。他們會在桌上互相介紹大家，建立人與人之間的凝聚力。他們會跳舞，有時候會和一個女孩深情慢舞，有時則會跟眾人一起在沙發上跳上跳下，節奏很快。我在和提博爾、菲利普以及他們的副手傑克一起出去時，就看過他們是如何分工、統御他們所帶來的超大群女孩，並且極大化所有人的樂趣。每人都會各自顧好一個小群體，顧好每個人的感受，同時會至少和一個女孩熱舞。菲利普總是很擅長引導女孩跳舞，即便是最不喜歡跳舞、不熟悉舞步的女孩，他也可以輕而易舉帶著她、把她從肩膀上翻過去。

在由公關帕布洛與瓦娜共同經營的模特兒公寓（model apartment）中，親密感跟熱絡氛圍就會同時並存。同為美國模特兒的我曾經和十九歲的凱薩琳與二十一歲的芮妮（Renee）短暫住在他們位於紐約的公寓。女孩們若要免費住在這棟公寓裡，條件只有一個：每週至少要跟這兩個公關及副手一起外出四個晚上。這會嚴重影響她們白天的計畫與精神狀態，但是每當週六來臨，她們對於這個團體與夜生活的熱誠又會重新燃起——「那是我們這一團最瘋狂的夜晚。我們大家全都放很開，真的很好玩，當我們開始大吼大叫，夜店裡每個人都會轉過來看著我們說：『搞什麼鬼？』……我們超瘋的，真的超好玩。」凱薩琳說。

「對我們來說，那就好像一家人一樣。」芮妮也說。他們的超高能量引起了夜店經理的注意，並且頻繁地加入他們這一桌，一起下來同樂。「經理都很愛我們。」芮妮說。凱薩琳則補充：「我們帶來了能量。」

在凱薩琳、芮妮和她們的公關朋友之間，集體歡騰是一種合作性的社會性成果：女孩們會和公關一起創造出氛圍，而那正是夜店管理階層精心設計所要營造出來的東西。[37]

當人群、音樂、氛圍全都到位時，這種無拘無束的時刻可能會在危險邊緣游移，因為「瘋狂群眾」可能會帶來一些不可預期或離經叛道的行徑，也可能有破壞性。群眾間的過度激情可能會觸犯禁忌，譬如人們會在體育賽事中搞破壞，或者會在嘉年華會上當眾脫衣。[38]在VIP場域，若富豪們買來幾十瓶酒，互相搖晃、噴灑，揮霍無度，這也直接違反了普遍的文化規範——因為赤裸裸的炫耀行為非常俗氣。

愚蠢的錢

有錢人超荒謬的。

當山姆在夜店目睹有人瘋狂買酒時，他下了這個評語。對山姆這樣的人來說，香檳列車完全體現了他討厭有錢人的所有理由：過度明顯的炫耀企圖、可以買到任何東西的財力，還有那些在晚餐聚會中隨便混入的時尚模特兒。山姆是一個三十三歲的對沖基金經理，專門研究能源商品，也很習慣與錢打交道，他的客戶多半都是有錢男性。即便他認為自己的亞裔移民家庭和成長環境屬於中產階級，但他其實是在南加州和一群富有朋友一起長大，而且讀的還是一間私立的精英高中。但當他在VIP夜店圈子裡和超級富豪們相處時，他覺得自己是個局外人。

自麻省理工學院畢業後，他到紐約待了幾年，建立起自己的事業，也開始出外玩樂。在二〇〇〇年代早期的曼哈頓米特帕金區，他注意到夜店裡大約有半數的桌席都坐滿了金融業的人，而他們大部分都是用企業戶頭結帳。

他可以想像，對那些人來說，那場面有多刺激。對於「有個類似像我這樣的人去了麻省理工學院」——不是指他自己，他停下澄清，然後繼續說，「你有見過MIT裡面的女孩嗎？好，所以你知道我的意思。然後在這樣的學校待了四年後，這些傢伙來到紐約，來到了金融界，然後開始在高盛工作，賺了很多錢，於是他們就可以開始出去玩、買桌邊服務，也可以開始跟模特兒們一起出去混。所以說基本上，夜店就是給了這些人他們過去從來都得不到的東西。」山姆喜歡Club X，因為那間店的電音DJ最優質。然後，他承認，那裡的女孩們都非常漂亮：「嗯，如果哪個男人說他不喜歡和一群美女待在一起，那一定是在說謊。」

但有時夜店裡的浪費行為實在太荒謬了——這是個我在訪談中反覆聽到的說法。山姆說，當他在二〇一一年和女友去聖特羅佩玩時，馬上就被法國里維埃拉的獨特風情深深吸引住。在夏季，世界各地的人都會去到那裡，有國際精英，也有許多來自新興市場的新富階級。然而，在那裡的夜生活卻時常淪為粗鄙的撒錢比賽，競爭者會彼此比拼、競逐誰才能夠在這場展示浪費的表演中花掉更多的錢。這些展示極其壯觀，以至於即便已經事隔兩年，山姆的iPhone裡還保存著當時的照片。山姆有拍照的這件事實，其實表示他身為觀眾已經完全參與了這些奇觀的現場，哪怕是用一種既排斥又迷戀的口氣在描述也一樣。

他繼續回憶道，有天晚上在一家著名夜店，ＤＪ中斷音樂並宣布：「來自杜拜的沙米爾（Shamir）剛剛點了一瓶稀罕的香檳，這是本季第三次有人點它！」語畢，一幅阿拉伯聯合大公國（United Arab Emirates）的國旗突然戲劇性地從天花板上降下，接著，ＤＪ放了阿聯的國歌，之後才又開始放他自己準備的曲目。另一晚，ＤＪ再次宣布：「今天是酒瓶奧運，而我們印度桌和巴基斯坦桌正在進行一場戰爭！」

「我相信你一定知道這些國家長久以來的領土爭議。」山姆邊笑邊搖頭，然後滑著他手機裡的照片。

山姆向我展示印度和巴基斯坦的客戶是怎麼在夜店兩邊的桌席上對峙。每次有人有大額消費時，酒瓶就會從天花板上的繩子上落下，降到夜店的中心，然後手拿煙火棒的酒促小姐就會從那邊把酒送到對手的桌上。「簡直是馬戲團表演！」山姆說，他估計一個晚上的費用高達三十萬歐元。

「真正的炫富就是要送在場每個人免費的酒。」山姆這麼告訴我，同時繼續翻著他在聖特羅佩拍的照片。他給我看了一張另一晚拍下的照片，照片裡有個夜店客人把手伸進裝滿香檳王的箱子裡，每個瓶身上都有醒目的綠色螢光標籤。那一次，某個鯨魚客戶送出了幾十瓶香檳王給一群陌生人。「有個拿到兩瓶的人在那邊走來走去，一手一瓶。」這已經超越了慷慨的表現，而到達一種慈善的境界，幾乎是一種將財富轉化為地位的最純粹表現方式之一：有人收到無以回報的禮物，於是施禮者就會從店裡每一個成為從屬者的人身上，獲得聲望地位上的回報。[39]

「我從來沒有看過這種事情。」山姆一邊笑，一邊慢慢地在夜店裡搖頭，接著他突然嚴肅起來。

「滿噁心的，對吧。我之前也想過這個問題，譬如這樣做有錯嗎？這是不是一種不好的花錢方法？我其實不覺得有哪裡不好，因為那筆錢花下去，也創造了很多好東西。這筆錢如果是花在……打個比方，社會福利好了，也沒有比較好。我的意思是，我剛跟你說過我很喜歡查爾斯・莫里（Charles Murray）」——這位頗受保守派支持的社會科學家，對社會福利制度的見解大受批評具種族歧視意味，因而廣為人知——「但真的，錢就是錢，最後還是會回到這個經濟體裡頭……我不認為花在別的地方，譬如給無家可歸的人之類的會更好。[40]所以我說這滿噁心的，並不是基於『我們應該餵飽那些沒飯吃的嬰兒』的立場說這句話。」

「問題在於，那只是為了炫耀而已。是因為跟身分有關，所有才很噁心。他們之所以這麼做，是因為想要有人看到；就是為了引起注意、要大張旗鼓，而這也是每個人都要把他們拍照上傳網路的原因。這才是我覺得我無法忍受的地方。」山姆這番言論隱含的意思其實是，他並不反對花大錢在與地位有關的消費中；他在意的其實是這種刻意的地位展示。對山姆這樣的有錢人來說，財富的展示其實很不得體。

多數人都跟范伯倫一樣，以為人一有錢人自然而然就會炫富，但其實不然。實際上，炫富本身違反當代西方社會的規範，譬如重視禁欲主義與勤奮的美德、對人生而平等的理想追求，以及當人們目睹明顯的社會階級制度與社會排除時會自然產生的不適感。[41]這些都是夜店必須克服、且很關鍵的組織性挑戰。VIP夜店必須竭盡所能動員人們打破上述這些常規、進行炫耀，並且要創造出讓這類行為正常化或者會被讚揚的環境。

此外，地位是非常敏感的東西，[42]唯有當觀眾同時也都認同其意義時，地位才會存在；而且地位不能直接以金錢購得，否則價值也會有所減損。VIP夜店塑造這場誇富宴的特殊方法是，透過讓它變得有趣好玩、讓它乍看之下是自然生成的結果，進而緩解尋求地位的刻意感。夜店這個空間本身的設計就是為了轉化人們對客戶浪費性展示的批評，並且將其轉化為一種遊戲，才得以成立。但在頂級派對之外、在精心策畫的VIP空間之外，富豪們是以一種更具反思性與批判性的方式談論這個場景。富豪們知道，對於那些他們試圖要在對方面前展現好印象的人來說，這種消費可能顯得愚蠢、俗氣，甚至還有些冒犯。

在訪談中，我發現女孩、夜店老闆、公關和客戶本身經常批評夜店的奢侈消費行徑，尤其喜歡批評那些只是為了展現地位而消費的客戶。他們最常用來形容買酒儀式的詞彙是：「荒謬」、「愚蠢」、「浪費」、「瘋狂」。二十八歲的珍是位正在攻讀哲學碩士的女演員，她表示，最近有個人在公關桌上花了一萬一千美元買酒，但對她來說，此舉完全沒有加分：「我不會被這種事打動。這傢伙買這麼多酒，我反而覺得他很不負責任。他這是要讓其他男人印象深刻，他們都是在做雄性競爭罷了，而我們也只是幸運在場見證而已。」

當我在夜店場景之外進行訪談時，譬如在公司會議室或在安靜的咖啡館裡，客戶們常會引用各種要節制克己的社會規範，而且會說炫耀性消費很俗氣。他們會帶著悔意說自己以前多恣意揮霍。譬如**A. J.**這位來自拉丁美洲的三十八歲白人企業家，當初繼承了許多財產，他就這樣說：

我那時還小，很笨，就只是在撒錢而已。現在回想起來，我覺得真的好笨，那樣出去玩、那樣買酒。真的有夠智障……我的意思是，你知道那些錢可以幫非洲的人買多少食物或水嗎？

客戶尤其愛批判其他的有錢人，他們認為那些有錢人都是為了取得地位所以才消費——為了「炫耀」，所以才刻意這麼行事，以獲得認同。在他們眼中，炫耀是新富階級（暴發戶）的標誌，同時也代表自己缺乏真正的精英歸屬感。三十五歲的瑞斯是法國金融顧問，同時也是歐洲貴族的後裔，他就解釋，展示財力的行為本身就代表他們在文化上不是精英。他對鯨魚的描述如下：

我覺得他們更是在追求社會地位。重點是社會地位，但對他們來說也是一種文化……我覺得那看起來很愚蠢。也好啦，對開夜店的人來說是門好生意，但對我來說就沒什麼差別。我是不知道他們的背景是什麼，那些人——但我想他們就是那種會心想：「看哪，我成功了。我是成功人士」之類的人。

有趣的是，幾乎我訪談的每一個客戶，對於這種具舞台性質的浪費展示都抱著批判的態度，不論那些浪費行為是否跟錢有關。他們都會說，鯨魚消費的動機是錯的——他們炫耀的方式是強硬、不自然的爭鬥行為。這些人多數屬於所謂「薪富族」，即便他們出身高貴，也總能為自己在夜店的超大額帳單說出一些理由。為了要在自己跟其他客戶之間有一條象徵性的界線，他們會低估自己的花費。在總是少不了驚人財力展示的 VIP 場域中，即便是大戶也都認為自己的開銷沒有那麼誇張，永遠會有人花得更多，畢竟這個世界的財富高度集中於特定人士手中，好比說那些鯨魚。有幾位客戶就說，像紐約這種城市裡，財富分配往往如此，如果跟其他人相比，他們自己的財富可能顯得微不足道。社會學家瑞秋・雪曼就指出，這其實只是一種常見的話術，透過這種策略，富裕的紐約客就可以降低他們自己所享有的物質特權，好對於自己享有的經濟優勢感到比較自在。[43]

每每談到VIP夜店中的過度消費行為，聖特羅佩總是頻頻被提及，因為那可是最惡名昭彰的鯨魚劉特佐的奢靡逸樂之地。四十八歲的法國餐廳老闆兼葡萄酒商路克出身自一個歷史世系古老的富裕家族，他形容聖特羅佩體現了「桌邊服務的典型」，也提到劉特佐作為比較基準：

> 聖特羅佩，十億美元。這個劉特佐，你知道他嗎？對，他花了一百萬，而且當時還有一場劉特佐與巴基斯坦人之間的比賽。總之，他點了一瓶兩萬歐元的酒，然後別人也點，替其他桌買單，然後說：「送那傢伙一瓶！」……這就是為什麼我現在不出去玩了，因為……現在都沒分寸了。

透過浪費、愚蠢等話術，路克跟A.J.同時都將他們自己的支出相對化，只要跟那些「瘋狂」買個幾十瓶酒的支出相比，他們自己所花的一千或一萬美元，就顯得小巫見大巫。藉著跟那些「荒謬」的鯨魚相比，客戶自己的開銷就變合理，甚至是恰當了。

鯨魚們的奢侈消費經常被稱為「愚蠢的錢」或「瘋狂的錢」，偶爾還會被稱為「去你的錢」。

由於這些錢在夜店裡很快就會毀滅殆盡，也就表示資金可能不是從合法或合乎道德的管道賺來的，譬如勤奮工作的薪水。[44]我訪談的客戶傾向把「適度」買酒的行徑看成無傷大雅的正當消費；相對地，他們會把極度奢侈的財富展示視為不明智的消費，而大規模消耗這些愚蠢的錢，會使人開始質疑這些金錢的來源。

在眾多大戶中，最可疑的往往就是那些非西方面孔的局外人，比如俄羅斯人、阿拉伯人，和那些「瘋狂亞洲富豪」，而他們共同的特色就是會為了彰顯地位而不擇手段地撒錢。客戶會一而再、再而三將自己跟這些鯨魚做出區隔。譬如路克就說，這些外來的暴發戶已經毀了聖特羅佩：

> 俄國人來了，他們就毀了整個場子。以前都是家人、朋友在同一個地方聚會，大家就花點錢，但不是瘋狂花那種。但現在都是那些俄國人或阿拉伯人……所以我們以前坐的桌子，現在全都讓給了俄國人。而且這些傢伙，他們都不知道要怎麼玩。我的意思是，他們好像覺得花愈多錢愈有趣，但那才不有趣。點個兩百瓶酒過來……實在很難找到真正有品味的人。現在全都只剩錢、錢、錢了。〔他嘆了口氣〕

俄國人和阿拉伯人常被視為是用錢買通，才進得了VIP場子的圈外人；然而，來自三十三歲的義大利金融合夥人奧爾多（Aldo）就說，展示財力的行徑本身就象徵著他們不是文化精英：

> 那些可以一個晚上花十萬元買一桌的人，通常都是億萬富翁。第二，我不覺得他那些錢

是賺來的。一般來說，辛苦工作賺錢的人是不會這樣花錢的。他們不會把錢花在夜店桌席上。通常都是富二代才會做這種事情，因為他們的財富都是繼承來的……再不然就是那些政治寡頭、那些俄國人，阿拉伯人。可以花個十萬塊去買一張桌席的人，大概都是些擁有鑽探石油平台的人，一定是跟石油有什麼關係，不然就是寡頭——都是沒有自己賺過一毛錢的人。

奧爾多不是唯一說出非西方族裔客戶的文化素質比較差的人。某位客戶就曾經跟他的朋友開玩笑說，他們下午在餐廳裡的昂貴花費是「吃得像俄國人的一頓早午餐」。最荒謬的大戶通常指的是那些來自非白人世界或非西方國家的人，比如「俄國人」，或者那些賺「阿拉伯錢」的阿拉伯人。這些說法可視為他們對全球白人危機的一種回應，甚或是一種「白人恐慌」（white panic）——對於美國和世界各地的社會中，階級和種族等級秩序出現變化的焦慮感。目前世界上經濟活力最強的地區是東亞，而至少在這個區域，白人已不再被視為VIP夜店最精英的顧客，而白人女性也不再是最能象徵地位的核心標誌。[45]這些白人至上的論述未能認識到全球金融界玩家的成長現況，以及其金融資產的優越性，反而回過頭來強調非西方人沒有文化，甚至指謫他們糟糕的工作態度。當奧爾多說，這些人從來沒有靠自己賺過一毛錢，從中也就鄙視了那些大戶，彷彿他們不配擁有在消費時意圖購買到的精英地位。

努力工作是客戶用來合理化自己消費的重要論點，而這一點可從我對一位對沖基金CEO的兒子所做的訪談中窺知一二。我在一間坎城的夜店認識了二十三歲的里卡多，他那時正在和家人度假，全家搭著自己的遊艇在法國里維埃拉附近巡遊。幾天後的某一晚，我在聖特羅佩一間夜店再次碰到里卡多，這次他的父母、叔叔都不在場，他坐在自己的桌位，被女孩、朋友以及大約半打香檳酒瓶簇擁著。一個月後，我前往里卡多在曼哈頓的豪華公寓進行訪談，他提及在聖特羅佩撒錢的鯨魚，藉此輕描淡寫自己在法國里維埃拉的消費，而且還反覆提及自己現在在家族的對沖基金事業工作有多辛苦：

> 我在聖特羅佩看到有個人花了一百五十萬買那些鬼東西，他買了大概二十瓶、每瓶三萬元……這些阿拉伯人的後院是都有一個超大石油鑽井平台嗎？我的看法是，如果他們花了那麼多錢，但他們從來沒有自己工作賺過，就是這樣才根本不懂要付出多少，才能賺得到那樣的錢……我就不是，我工作得要死要活，然後，對，我之後會出去玩，不過不是平日晚上，因為我每天早上五點半就要起床、六點半就要進辦公室。我得讓大眾知道我不是什麼懶惰的富家子弟。

儘管他才剛從一間一般般的大學畢業，就進入這間家族企業，獲得一個令人稱羨的對沖基金職位，但里卡多還是堅持——也似乎真心相信——他的收入反映的是他自己工作有多勤奮。就和其他我訪談的客戶一樣，他把自己描繪成值得偶爾放縱一下的人。這種話術極其常見。實際上，當我和里卡多家族中另一人描述自己的研究興趣為何時，他為我摘要了他自己跟休閒的關係：「我努力工作，所以我努力玩。我有三家公司，總得休息一下。」

除了強調自己很努力工作之外，客戶也會強調桌邊服務對其商業生意帶來的正面效果，藉此合理化在夜店的消費行為。他們解釋說，買酒不僅是一種高效率、且非常有經濟價值的飲酒方式，而且對於要和潛在商業夥伴建立網絡的客戶來說，VIP夜店這個場域非常重要，比方說，律師可能在此碰到潛在的委託人、醫美牙醫可能碰到名流病人等等。[46]

金融業的客戶會主張，昂貴的買酒行為是他們對未來商業交易所做的投資。有些開銷甚至可視為帶有工作性質的娛樂費用。譬如，兩位從事自營商品交易的客戶就解釋說，一起去夜店有助於鞏固與投資者之間的關係。無獨有偶，喬治這位來自洛杉磯的二十四歲科技業企業家就聲稱，自己專門透過撒錢買酒來獲得和其他VIP男性的生意機會：

有時候，如果真的靜下來多想一想，我會自問，到底為什麼要花這個錢？但實際上，因為我在夜店花五萬而認識了一個人，然後我們又做了一筆二十五萬的交易，好吧，雖然最初那筆錢很多，但其中一些我就可以當成公司的支出來核銷。

就連一度是夜店界中最大尾的鯨魚劉特佐，也用了類似的理由正當化自己的支出。二〇一〇年，針對他在聖特羅佩那鼎鼎有名的一夜，劉特佐接受了馬來西亞當地媒體的採訪，而在採訪中，他也同樣以相對性的方式定義自己的消費，並強調他自己非常努力工作，有資格偶爾享樂：

記者：你是不是在Avenue〔夜店〕消費了十六萬美元？

劉特佐：事情是這樣子，那天我們辦派對是因為有個朋友訂婚了，然後有人後來告知我帳單大概是十六萬美金。如果是只有我，我不會花這麼多錢……我想似乎是有個風向，想把我描繪成那種會過度購買大量香檳的人。但我覺得，大家應該要認知到，那些都是非常特殊的狀況，可能是在辦不同的活動，而且有許多時候那些活動並不是由我主辦。我想澄清的是，我跟我哥都沒有在聖特羅佩花超過兩百萬美金。這點百分之百跟事實不符。完全不符。那天就是我們有四十到五十個朋友，都點了些酒，然後大家一起度過了輕鬆愉快的一晚。對我來說，我們都很努力工作。當然，我們有個弱點，就是對於我們這種年齡的人，大家可能比較容易有不同的看法。但每天晚上，我都非常謹慎地操作我的投資者的資金，我為他們帶來利潤。我不是鋪張浪費的人，但我確實會有跟朋友一起放鬆的休閒時間。47

劉特佐——這個輕率消費的象徵性人物、這個被眾多客戶稱為表現荒唐、鋪張的最大尾鯨魚，卻令人震驚地也使用了跟其他客戶幾乎一模一樣的話術：他說自己在的消費時很有節制（「我不會花這麼多錢」），以及他非常努力工作，所以值得偶爾「休息」一下。

VIP夜店會謹慎調度整個塑造地位的集體生產過程，從中鼓勵有錢男性透過精心安排的消費儀式，展示他們的權力。然而，由於在夜店之外的世界，炫耀性消費往往存在多重且相互競爭的意涵，因此我所訪談的男性對於這種鋪張行徑的態度也非常矛盾。

在我與路克的訪談中，這一點格外明顯。在二〇〇〇年代初期，路克是夜店的常客，他時常在米特帕金區的夜店流連，夏季時也會在聖特羅佩的夜店消費。在他活躍於夜生活的全盛時期，他在紐約的每一晚都會出去玩，有時在桌邊服務上就花了高達一萬元。他表示，在這件事情上，自己幾乎沒有選擇的餘地。他解釋，如果你去到對的地方，你就必須要買個一瓶。如果沒買的話，「那第一，你就得試著進場。如果你沒桌席、沒女孩、什麼都沒有，那祝你好運。」就算你成功通過守門人、進了場，那還是得靠自己的力量去酒吧點一杯酒，接著要靠自己去搭訕女孩。如果點了桌邊服務，女孩和酒水就會自然而然向你這個半私人的空間湧入。

一旦他開了桌，路克就會感受到一股想要多花更多錢的衝動，在這麼多漂亮女孩圍繞之下，更是如此。他知道，人們權衡彼此輕重的方式，就是檢視買酒的多寡與程度，而那些全都用煙火棒做了標記。你桌上擺越多酒瓶，就會讓你獲得更好的服務、得到更大的樂趣，以及更美麗的女人。人群是消費的理由，也是他每年夏天都造訪聖特羅佩與伊維薩島的理由。

「你會想去大家趨之若鶩的地方。」我們坐在曼哈頓中城一間靠近他公寓的人行道上的墨西哥咖啡館裡，趁著暢飲時段喝啤酒時，他如此解釋，「你想炫耀。那才是表演的重點。我就不會來這裡點香檳王。這就是為什麼大家都要去聖特羅佩。為什麼大家要去那裡？因為他們想要去同一個地方。這些富豪階級也會想去同一個地方，因為那裡讓他們覺得更舒服。他們知道彼此誰是誰，然後這些人就可以相互炫耀。所以這其實是一場遊戲。」

為了要讓財富展示變得有意義，就必須讓合適的人看到，[48]就連那些充場的人也有自己的角色要扮演，因為他們乍看之下地位夠高，穿著對的衣服、身材體態也對。即便他們付不起桌席，卻很適合當觀眾。兩隻鯨魚之間純粹的個人競爭，就像要兩個平民彼此競爭一樣毫無意義。

不過，守門人與公關精挑細選過的好看群眾也不無風險。路克就把那些會來他桌席上找免費香檳喝的人稱為「蒼蠅」，這些人通常都是想創業、想和他套關係、想要他投資他們紅酒或餐廳事業的人。「我因為這樣損失了很多錢。他們都會說：『我有一筆很棒的生意，怎樣怎樣的』，然後你就會相信他們，因為你們都湊在一起開趴、是朋友，你會想說你們之間關係這麼好什麼的……等你不出去玩之後，就會發現再也看不到這些人了。」路克拍拍他的雙手，接著說：「就這樣離開了他們的生活圈。」女人尤其像是蒼蠅，會從一張桌子飛到另一張桌子、從一艘遊艇飛到另一艘遊艇。雖然路克說他自己在跑趴的巔峰時期，每週幾乎會帶個兩到三次新的女孩回家，但他總是在隔天早上後悔不已。

「因為，首先，你會宿醉。其次，你甚至根本不知道床上那個女孩的名字。你只希望她趕快離開你的房子，但卻不知道要怎樣叫她走。就這樣。唯一能做的就是跟朋友吹噓。」

在訪談中後段，路克變得非常厭煩：「我聽自己講這些都覺得有點悲哀，你現在簡直像是我的心理醫生。當我聽著自己講的話，實在有點可悲……太可怕了，每個人其實都有意識到那很膚淺，但它又非常強大、非常有吸引力。那是權力。那是一種假的權力，但你看，為什麼你會吸毒或吸古柯鹼？因為它會讓你覺得自己所向無敵。當你〔進到〕夜店，要了一張桌子後，所有的門都向你敞開了。」

他後來總算安定下來，結婚、生子。我問他為何沒有更早放棄出外跑趴——譬如三十多歲那時，仍處於夜夜笙歌的巔峰期前後。他鬱鬱地笑了：「你非玩不可，否則就會被排擠在外。」

浪費美麗

有大量的模特兒——不管是十五個、二十個還是三十個——全擠在一張桌席上，這被視為炫耀性消費得以產生的必要前提。即便她們每個人各自看起來確實都很美，也都很吸睛，但重點在於一大群聚集在一起，那個數量就可能創造一種視覺衝擊。

「你覺得他為何要花一千美元買一瓶水晶香檳？」來自巴西的二十九歲公關帕布洛問我，他和另一名公關瓦娜共同經營一個團隊。帕布洛接著說：

並不是因為他愛喝水晶香檳。那個人在夜店消費十二萬，但我們根本沒有喝。你覺得我們能喝掉一百瓶酒嗎？不可能。所以那是為了引人注目，你懂嗎？他就坐在一張超大的桌席上，附近大概有三十個模特兒圍著他，然後他就這樣〔高舉手臂，假裝手裡拿著瓶子〕。

若非我曾經就是邁阿密那位客戶身邊的三十多個女孩之一，足蹬十公分的高跟鞋，站在宴會沙發上，手中還拿著自己的一瓶凱歌香檳——我大概只會覺得帕布洛的故事太誇張。我同時也觀察到，男女之間的比例非常不均。那位客戶根本不可能認識每個女孩，甚至不可能記得她們的名字，畢竟夜店裡總是樂聲嘈雜，且那位客戶幾乎完全沒興趣跟任何一個同桌的女孩交談。他身邊的女孩已經太多了，多到超過任何一個男人在現實中可能消費的程度。

對於客戶為何要在夜店花這麼多錢，總有一個看似簡單但卻極具誤導性的解釋。每當我向客戶、經理、公關問起這種大額消費背後的理由時，很常會看到對方拋出一抹輕挑的笑容，以及一個快速、反射性的回答：性。某次我問一位夜店老闆，為什麼人們會在他的店裡進行這麼高額的消費，他一本正經地回答我：「陰道。」當桑托斯第一次要對我解釋女孩的核心地位時，將她們化約成單一的身體部位：「如果你讓這裡塞滿女孩，每個人都會想要來的。你瞭解男人，你是研究男人的，也知道他們需要的是鮑魚（pussy）。就是這樣。」儘管粗魯，但桑托斯所說的，卻正是許多人心目中所認為VIP夜店運作的背後邏輯：性無不銷（sex sells）。[49]

「性無不銷」這句話，用一種未如表面上看起來那麼單純的解釋，暗示了歷史上根深蒂固的偏見，也就是陰柔特質可以激起人們對商品的欲望；藉此，這句話進而將女性轉化成資本主義不可或缺的工具。[50]這句話假設的是女性——而非男性——才可以買賣。隨著商品資本主義以及相應的視覺文化行銷手段崛起，女性開始出現了一種特質，也就是電影評論家蘿拉・莫薇（Laura Mulvey）所稱的「被看性」（to-be-looked-at-ness）。女性在男性凝視（male gaze）下淪為物體一般的存在，跟那些陳列在蓬勃發展的商店街和百貨公司櫥窗中的消費性商品，幾乎沒有兩樣。[51]維多利亞時代晚期，英國的百貨公司裡開始出現「銷售女郎」（shopgirls），她們就在男性凝視下，展現了一種極撩人的曖昧感受：她是否也供人買賣？[52]

有了銷售女郎，百貨公司就可以運用歷史學者彼得・貝利（Peter Bailey）在研究維多利亞時期的性文化後所提出的「類性感」（parasexuality）。寫到酒吧女郎時，貝利將「類性感」的概念定義為一種「被部署卻未完全釋放」的女性情欲。[53]「類性感」是當代娛樂和服務產業發展的動力，即使商品和服務本身跟性相去甚遠，仍然會出現各種透過性來駕馭男人注意力的銷售人員，譬如美術展館裡的「藝廊女伶」（gallerinas）、科技研討會裡會有「攤位辣妹」（booth babes）、空服員、飯店櫃檯，甚至是辦公室祕書。[54]世界各地的娛樂、零售和旅館飯店產業全都是依靠女孩的價值獲利。最近一次在達沃斯（Davos）召開的世界經濟論壇（World Economic Forum）會議中，俄羅斯寡頭歐列格・德里帕斯卡（Oleg Deripaska）就聘來了年輕貌美的女性，擔任奢華派對中賓客們的「翻譯」——徹底再製了傳統觀念中對女性特質的想像，而且正因為它夠根深蒂固，所以這些為解決系統性不平等問題而齊聚一堂的世界元首之中，沒有一人注意到這種安排的諷刺。[55]

這種展示女性特質的視覺經濟主宰著整個ＶＩＰ世界。當人們說「性無不銷」時，這裡的性並不是指真正的性行為，而是指性感。公關重視的是美麗身體的可見度，而非她們能進行的性行為次數。提博爾也是這樣解釋的，他就強調，最重要的是可以看見優質的女性特質，而不是性。

「像昨晚那個人，你應該也看到了。這幾天他每晚都在夜店花上十萬塊錢，他希望我們待在他身邊，希望身邊有模特兒環繞。就像我們晚餐那時候，你有看到吧。」

我確實看到了。當晚我們在一間高級餐廳裡，大約有三十名模特兒和提博爾與菲利普坐在一起，我們填滿了三張桌子，而當晚是由一位富有的客戶買單。吃完飯後，我們正要進夜店，由於這群女孩大軍陣仗實在太大，引起不少旁人側目。此時一名女子路過，就停下了腳步，疑惑地看著我問道：「這是幹嘛？你們剛從時裝秀出來嗎？還是？」

「客戶可以跟任一個女孩上床嗎？」我問提博爾。我問了每一個我接觸的公關這個問題，而對於我的措辭以及這句話隱含的性交易意涵，他們全都一副不安緊張的樣子，並且會不斷試著要釐清界線。「我們不這樣做事的，」提博爾就說，「我們從不淌這種渾水，如果有了先例，大家都會知道，然後我們的名聲就毀了，那再也別想找到女孩了。如果有女孩喜歡哪個男人，那是她家的事，但我們不會下去攪和。」

現年三十三歲、來自義大利的公關盧卡（Luca）說，他曾經幫某個阿拉伯家族舉辦過一場私人派對，當時雖然帶了幾十個模特兒來參加活動，但他說：「他們甚至連一個女孩都不碰。這對我來說很重要，因為我不想捲入一些奇怪的事情，比如拉皮條之類的。」盧卡認為，他的客戶多半都是已婚人士，而且不管怎樣，他進一步說：「那也不是真正的性，因為如果你想一下他們有多少錢，這些人應該可以買到專業的——只要想，就可以擁有世界上最棒的騷貨。」此處他指的是性工作者。不過，藉由盧卡的服務，他們是希望自己的派對上有最美麗的女孩，盧卡就說，如此一來才能告訴自己的朋友或表兄弟說：「看，我找來了頂級模特兒！」

女孩們同樣也指出，即使大家會一起吃飯，但她們卻未必會跟客戶講到話。二十五歲的模特兒佩特拉（Petra）在剛開始進入模特兒行業初期，經常會跟公關和他們的客戶在米蘭一起出去玩。對於這些晚餐，她是這樣說的：

> 嗯，其實很多時候他們甚至不想和女孩們說話……我只記得有一次，有一個真的超有錢的那種義大利老富翁，他想出去玩，想要在公共場所被人看到，比如說那種很酷的餐廳，因為大家都知道他是誰，所以他會希望自己身邊有女孩圍繞。

雖然當時佩特拉覺得這個「真的超有錢的那種義大利老富翁」看起來很奇怪，但她還是欣然接受他幫忙付一頓時髦餐廳的免費晚餐錢。

性關係並不是要讓這麼多模特兒出場的主要目的；相反地，展現超量的性感，才有辦法增添地位。女孩的數量眾多，本身就是一種彰顯客戶重要性的視覺證明，因為這讓客戶得以對外顯示自己所擁有的「美麗」多得不行。展示大量的女孩身體，其實跟展示大量空香檳酒瓶有一樣的意思，酒瓶裡的內容物如何，是被搖晃或被噴灑掉都無妨。兩者都是一種展示浪費的表現。56

休閒背後的勞動

為了獲得參與表演的機會，女孩會接受一些風險極高的安排；當她們和公關一起去外地旅行時，這些潛在困境與危險變得最明顯。在邁阿密的 Club X 門前，我和桑托斯碰到面，佩特拉則在附近的桌子上熱舞。公關尼可拉斯以及他的合夥人提博爾、菲利普接到委託，這一週要帶女孩來這裡，待在鯨魚們的身邊，於是他們邀請了這位二十五歲的模特兒一起來。佩特拉本來會和另一個十九歲的女孩蘿斯（Rose）一起住進一間尼可拉斯安排好、夜店會出錢的公寓裡。那是一間位於豪華大樓頂樓的寬敞公寓。不過，出乎大家意料之外，屋內完全沒有傢俱，所以在旅程的前兩個晚上，佩特拉和蘿斯只好跟那位鯨魚以及他的朋友，一起住在有多個房間的房子裡。而這個安排的結果很慘烈。

首先，兩個女孩都錯過了好幾頓飯沒得吃，因為那條被佩特拉形容為「巴西黑手黨之流」的鯨魚，並不是很在意她們的需求。「其實就是不能按時吃飯，你本來會覺得那沒什麼，但當它真的發生時，可就不一樣了。」佩特拉說。第一天晚上，當大家進入夜店時，蘿斯沒有進去。她覺得身體不舒服，想回公寓休息，但沒有人願意送她回去，而且她因為沒有鑰匙，也不能自己進頂樓。蘿斯在夜店門外面等了好幾個小時，直到凌晨客戶們的派對結束之後，才帶她回家。在此同時，佩特拉等於是自己隻身跟那群人一起進夜店玩，而就如她所說：

> 我必須自己進去，我根本不認識這些人，我覺得自己好像被當成某種俎上肉一樣，真的，我必須讓人覺得好玩，必須要很有趣，不這樣的話，他們就不會帶我〔回公寓〕。所以我當時就是邊跳舞邊笑，也一邊恨透了自己的人生。所以，當然了，後來我們要回旅館也接到了蘿斯。進到她的房間，她一直在哭……那次真的很討厭，超糟糕的。

女孩們去邁阿密的機票是那間夜店透過尼可拉斯的安排為她們付的。佩特拉雖然有錢自己再買一張機票飛回紐約，但蘿斯買不起，而佩特拉也不想丟下她不管。後來，兩個女孩在兩天後找到了比較好的住處。佩特拉為她這段經歷總結：「整體來說，那次旅行跟體驗其實都滿好的。但我會不會再去一次呢？不會。」

桑托斯曾吹噓，邁阿密有世界上「最棒的」派對。從我的角度來看，跟他出去旅行的體驗確實是滿好的；但同樣，我也不會再去了。我從來沒有這麼累過，我們在邁阿密時，沒有一天是在凌晨五點之前回家的。當然還是有好玩的地方，但跟他結伴出遊有很多不穩定因子。

桑托斯總共帶了四個女孩跟他一起去邁阿密，除了我還包括：十九歲的漢娜，她是來自加州郊區的白人兼職模特兒和 Abercrombie & Fitch 店員；二十歲的卡悌亞，也是白人，來自烏克蘭一個小城市的模特兒；還有來自哥倫比亞上流社會的兼職模特兒譚雅（Tanya），比較特別的是，譚雅的年紀比較大，三十一歲的她是桑托斯的老友，反觀我們其他人都是最近幾個月才認識他。

到達邁阿密兩晚後，我們五人擠在車上，隨著太陽下山後又將升起，大家又經歷了一次通宵。譚雅開玩笑說，我們好像吸血鬼。當我問她知不知道要去哪裡時，她笑了：「我不知道發生了什麼事！我醒來、用藥、上車，然後我們就出發了！」譚雅根本不在意這些。她是來用力跑趴的，她喜歡在夜店裡跳舞，尤其喜歡在用了搖頭丸和古柯鹼之後跳舞。

相反地，漢娜卻顯得一籌莫展。她在邁阿密已經待了兩週半，這段時間她自己付的錢只有四十塊。桑托斯幫她付了機票錢，她則免費住在他幫忙安排的各種住處。漢娜一直夢寐以求的事情，就是可以去超世代音樂節的主舞台前方，由於世界各地的頂尖 DJ 都會來到現場表演，音樂節一天到晚都是排隊人潮。超世代音樂節是她來邁阿密的原因，但這個夢想至今一直還沒有實現。我抵達邁阿密的那天，她本來已經要回紐約了，但因為睡過頭錯過了航班。她的父母和她在 Abercrombie 的經理都很希望她回紐約，但她還在等桑托斯依照先前承諾的幫她訂好回程機票。桑托斯確實訂好機票了，但卻根據他自己的需求更改時間。他聲稱，之所以延遲漢娜的回程機票，是因為他還在等夜店付款，所以當時還沒辦法付那張機票的錢。在此同時，桑托斯仍繼續帶她到處跑趴，去 Club X、跟客戶吃晚餐、去家庭派對，就是沒去音樂節。最後，漢娜的繼父幫她付了回程機票的錢，而那時她已經在邁阿密待了三個禮拜。她還是沒看到那一年超世代的主舞台。

最後是桑托斯最愛的女孩卡悌亞。卡悌亞看起來就像是頂級模特兒，她留著金色長髮，有一雙碧玉般的綠眼睛。她一踏進房間，就會成為全場焦點，人們頻頻回頭，男人總會停下所有動作，目視她走過。卡悌亞手邊看來沒有什麼錢，除了偶爾去中國當模特兒，她沒有什麼工作。她和朋友一起來邁阿密度假，最後整整住了一個月。她透過朋友知道了桑托斯，然後這個人就用Facebook聯繫他，問他能否幫她買大麻。桑托斯替她介紹了一名邁阿密的攝影師，最後他讓她免費住在他家，直到那名攝影師說，因為她喝醉了、非常失態，於是他就把她趕了出去。當桑托斯來到邁阿密時，他安排卡悌亞和他一起住在明星島的別墅裡，很快他們就發展出一段短暫戀情，同睡一間臥室。在邁阿密，桑托斯走到哪裡，卡悌亞就跟到哪裡，一方面是因為她喜歡和他一起玩，另一方面則是因為她沒有別的地方可去。

我和桑托斯的關係也馬上出了問題。抵達明星島那間與富商名流比鄰的海濱別墅之後，我就碰到了桑托斯的同事之一強納斯（Jonas）。強納斯同時是一名房地產經紀人，也是為我們安排住宿的人。他說，他等一下會跟桑托斯碰到面，我可以直接跟他一起過去。強納斯當時要去超世代音樂節，位置剛好就在桑托斯工作的Club X快閃店附近。

等我抵達音樂節停車場後，我打電話給桑托斯，結果他暴跳如雷。他在電話裡大喊：「我本來叫你做什麼？我要你留下來等我，然後你就不聽！還跟其他男人出去！」

我犯了一個女孩最不該犯的錯：跑去參加別人的派對，尤其是在公關有邀請她的時候。桑托斯接受了我慌亂的道歉，然後我在正確的地點碰到他，結果出乎我意料之外，他熱情依舊地歡迎我的到來。

但另外兩個跟我們一起待在邁阿密別墅的女孩就沒這麼幸運了。她們不但留在家裡，沒有跟桑托斯出門，而且根據桑托斯的說法，竟然還膽大包天安排了要和其他公關一起出去的計畫。桑托斯回到家，他評估了一下現場狀況：這群女孩不尊重他，還住在這個為她們安排好的邁阿密別墅，再加上當初飛來邁阿密的機票還是他幫她們訂的。於是桑托斯把她們趕了出去。

當時的場面非常失控，別墅裡不時傳來桑托斯的高聲怒吼：「所有人給我出去！……我的派對他媽的已經毀了，我現在很火。她們以為她們是誰？……我他媽的才不管！」女孩們不停道歉，說一切都只是誤會，但桑托斯無動於衷。「她們晚上有沒有跟我一起出去？然後現在還在準備要跟別人走。好啊，那就收拾東西跟別人去玩啊，我的房間不給不支持我的人住。」凌晨時分，女孩們邊哭邊收拾東西，準備離開，忙亂地用手機嘗試尋找當晚的去處。

二十分鐘之後，桑托斯恢復冷靜，他帶著我和譚雅一起前往另一場派對，急著要向夜店和客戶表明自己仍處於VIP領域的巔峰。譚雅在後座吸古柯鹼，而桑托斯則開車穿越整個邁阿密，四處去接可以加入後續派對的女孩。我們後來確實抵達一家夜店，而正如桑托斯先前描述的那樣，這家夜店超「變態」，到處都是極美麗的模特兒，以及堆積如山的酒瓶。那幾個小時的氣氛熱力十足，稍早發生的爭執彷彿已經煙消雲散。

我們在凌晨五點夜店打烊不久後離開，結果桑托斯和譚雅在計程車上，為了要到哪裡續攤發生激烈口角。更讓桑托斯生氣的是，他手機沒電了，所以找不到他要去的活動地點。[57]古柯鹼跟搖頭丸帶來的興奮感早已消退，邁阿密市中心凌晨五點，車上充斥著一陣又一陣嘈雜的吼叫聲，譚雅開始哭了起來，桑托斯則開門下了車。

「跟我來，」他對我說，眼睛望著前方黑暗而空曠的街道，「你包包裡有夾腳拖吧？換上。」

我們從邁阿密市區出發，走了將近一個小時，才總算走到了四處都是名流大亨的明星島別墅。回到別墅，我環顧了一圈我們的賓館內部。地上躺著一個又一個敞開的行李箱，皺得亂七八糟的衣服四散在房間角落。房間裡有一張氣墊床墊，上面還放著一個髒兮兮的盤子。樓上的馬桶已經堵住了，半身浴缸成了垃圾桶，裡面塞滿了罐頭，而髒毛巾與各式用過的梳洗用品則散落在浴室地板。女孩們洗完澡後，得用紙巾擦乾身體。床鋪全都沒有人整理，沒人知道床單乾不乾淨，但我隨便爬上一張空床，很快就沉沉睡去，清晨的陽光透過窗戶灑進屋裡。桑托斯或許一直都身處VIP夜生活最頂層，但每當白日來臨，他的世界卻看起來狼狽不堪。在我日以繼夜追縱著誇富宴生產過程的同時，我意識到，炫耀性休閒活動背後是由過量的勞動支撐起來的。而我接下來也即將發現，女性勞動所創造的價值，也不成比例地歸男性所有。

第四章

模特兒營區裡的女孩販運

漢普頓
星期六◆凌晨兩點

凌晨兩點，漢普頓一間九房豪宅所接待的十幾位客人總算進入了夢鄉。有很多床位可選擇，因為大部分臥室裡都放了雙層床，而每間房內最多可能有四個單人床位。這座豪宅由唐納（Donald）、格蘭特（Grant）和保羅（Paul）這些來自曼哈頓的富商共同擁有，他們的年齡從四十歲到六十歲不等。他們不是公關，但都有一個共同的目標：每個週末都要盡可能接待女孩，愈多愈好。在夏天的旺季裡，人數高達二十個女孩可能在這裡過夜。房子的裝潢不僅很有品味，且多半都是以女孩的需求為出發點，他們準備很多乾淨毛巾，還在冰箱裡擺滿香檳和零食。這群男人注意到女孩子擔心泳池經氯化消毒的水質會弄壞她們閃亮的金髮，他們就把整池水改注入鹹水。

去年夏天，他們總共接待了三百名女孩——數量很驚人，也是格蘭特經常會在談話中提到的數字。夏季快要開始時，格蘭特和保羅就會去 Bed Bath & Beyond 的店裡幫忙添購毛巾跟屋內所有床的床單。結帳時他們還開玩笑說，這樣看起來就像在布置大學女生聯誼會所一樣。某個週末他們接待了二十六個女孩，因為床位不夠，當時只好使用應急方案：在後院修剪整齊的綠色草坪上放帳篷，讓女孩們睡在裡頭。就是從這個時候開始，格蘭特開始把他們的豪宅稱為「模特兒營區」（model camp）。重點是，這些可不是一般的普通女孩，她們都很漂亮——高挑、纖細，且多半都是真正的模特兒或優秀平民。

為了每個週末都把營區塞滿，這三名男子得齊心協力。如果有女生想帶朋友來，他們會問對方的全名，檢查她的 Facebook 或 Instagram，確保她夠高、夠美。格蘭特只會邀請他確認過外表的女孩。如果有男生朋友週末想來家裡玩，他至少要帶三個優質的女孩子來才行。反正格蘭特多數的男性友人在漢普頓都有房子，所以如果想見面，他直接開車過去就好。

當我第一次見到格蘭特時，他跟我說：「你是個聰明的女孩。」所以或許我懂這些事。「有些人以為這只跟性有關係。並非如此。重點是所有女孩都在房子裡，而且是對的女孩。」

格蘭特現年四十六歲，是一位科技業的老闆，他大概一百七十公分，光頭，臉上也開始出現皺紋，若和他身邊的女孩相比，身材差距很大。儘管他個子短小，但卻非常偏好高挑的女性，尤其喜歡她們穿上高跟鞋時比他高幾個頭的感覺。「我喜歡這樣。」有一天晚上，在米特帕金區的一家夜店裡，他抬頭看著個頭比自己高出十五公分的女孩，一邊說：「因為我喜歡女人。」

見到格蘭特之後不久，我便訪談了他的朋友唐納，也就是和他共同擁有那間漢普頓豪宅的人。唐納邀請我到豪宅裡過週末。我和他說謝謝，並向他保證研究會是保密的，所以我不會使用他們的真實姓名。他打斷了我：「哦，你不懂。你以為受邀的原因是因為你是作家，但不是，你受邀是因為長得很正。」

「我想把這個週末當成我為研究目的實地進行的體驗。」我說。唐納聳了聳肩回答：「你可以把它當成一種曬太陽的體驗。」

我們親吻彼此的臉頰，接著分道揚鑣。那個週末，我坐上了漢普頓中城快捷巴士，前往模特兒營區。在那裡，我發現了男性對女孩們所使用的各種策略。

自十九世紀末以來，漢普頓就一直是紐約有錢人的度假勝地，紐約當時的上流貴族與新富鉅子逐漸將靜謐的農田和鹽屋*改造成上流社會的夏日豪宅聚落。[1]《大亨小傳》的作者法蘭西斯・史考特・費茲傑羅（Francis Scott Fitzgerald）就是在這個背景下創造出傑伊・蓋茲比這個角色——這名可疑的新貴富商以舉辦豪華派對聞名，他在長島北部極盡奢華之能事，向眾人、尤其是向他昔日的愛人展現自己的威望。

一九八〇至一九九〇年代華爾街的榮景，造就了曼哈頓的新興資產階級，他們對昂貴房產和文化資本的追求，使得漢普頓成為金融家和商業精英尋求第二居所的首選之地。今日的漢普頓依舊是政商名流季節性居所的聚集地，譬如喬治・索羅斯（George Soros）等金融界億萬富翁；譬如柯林頓夫婦（the Clintons）等政治精英；又譬如羅素・西蒙斯（Russell Simmons）等藝人都在此活動。[2]自大亨蓋茲比那些奇幻夜晚以來，長島南叉半島（South Fork）的派對就從未停歇，只不過進場的限制日趨嚴格。

提到漢普頓的社交圈時，唐納說：「除非是高挑美麗的女孩，或者除非你很有錢，否則是進

*譯註：鹽屋是一種前方兩層、後方僅一層，中間透過斜頂連結的木造建築。這類建築常見於北美地區，且多建於英國殖民美洲的初期。當時貧困的歐洲移民為了避稅，因而採取這種特殊的建築模式。

不來的。這是一個種姓制度。」他並不覺得這樣完全正確，但他自己就可以進場，而且也已經從中獲益不少。

唐納是個專業生意人，而他對女孩的興趣則出於相當務實的考量。他現年六十歲，身材結實，在華爾街的私募基金工作。他自己並不是鯨魚，只是屬於上層階級的單身紐約客，同時也是派對常客，而派對則對他的生意很有幫助。身為一個機構投資者，他總是在尋找值得投資的公司。在漢普頓的兩天之內，唐納已經參加了一場由私募股權公司執行長盧・法洛（Lou Fallow）舉辦的豪華戶外家庭派對、去一間VIP夜店玩到週六深夜，還去了盧・法洛在他的豪宅舉辦的早午餐泳池派對。「受邀參加這些總是好事。」唐納說，他認為漢普頓的派對對他的事業有其重要性。整個週末，唐納都在跟不同的人握手，包括基金經理、企業家，以及小型新創公司或大型企業的執行長。

當然，唐納並不是為了要尋找客戶，才去漢普頓或到夜店。唐納解釋，如果你想談成交易，就要帶他們出去吃飯喝酒。他可能會帶一些有合作機會的客戶上夜店，或者跟他們打幾場網球，增進情誼。他會用這些方法來強化和自己已有業務往來的人的關係。若有人在夜店大肆消費買酒，唐納會覺得，那大概都是一些年輕人，企圖炫耀他所沒有的東西罷了。他在聖特羅佩曾看過一些男人花錢噴灑香檳，他就評道：「我很好奇，他們真的有錢嗎？他們到底有多少錢？」

對唐納來說，他在漢普頓並不是為了炫耀，也不是刻意要尋找新的商機，單純因為這裡就是精英群體的歸屬之地；因為他有能力開著他的保時捷（Porsche）休旅車，沿著南漢普頓（Southampton）的海岸，參加一場又一場的派對，跟對沖基金經理、慈善家和時尚業鉅子們碰杯飲酒。只要是唐納想參加的活動，他幾乎都可以進場。他擁有一張特別的入場券，讓他有機會接觸到那些居於社會與經濟階梯上位置更高的人。

「你猜猜看，流通的貨幣是什麼？」他問，「女孩們。」

只要有很多女孩，他就能夠保證自己收到源源不絕的邀請，進得了任何一場在漢普頓VIP場域所辦的高檔派對。當他邀請重要人物來他的豪宅參加無氯泳池派對時，只要有女孩們在場，他也能確保重要人物比較有機會應邀出席。他大聲宣布只要有女孩在身邊，「那就像，每一場晚宴，你都可以加入了！」而這當然也包括盧．法洛主辦的晚餐和派對。

五十一歲的盧是一間財富管理公司的執行長，也是漢普頓社交圈裡的花花公子。他對女孩的興趣，有很高比例不脫要和她們發展浪漫關係。我第一次見到盧是在強納斯所主辦的晚宴上——強納斯就是協助桑托斯安排到邁阿密明星島住宿的高級地產經紀人。我們在曼哈頓中城的一間高檔餐廳裡，共有二十個女孩和一群男性穿插在席間，也就是刻意照著「男—女—男—女」的安排入座，根據強納斯的說法，這是為了避免女孩們只顧著跟彼此講話。此外，每隔三十分鐘，強納斯就會請男性客人更換座位，這樣才能跟不同的人講到話。

晚餐大約進行了一個小時後，大家又換了一輪座位，盧坐到我的身旁。

我開始自我介紹，但他很快便打斷我，「我知道，我們先把這些個人傳記放到一邊。告訴我，你最喜歡什麼位置？」

「我是中間偏左派。」我回答。

他笑了起來，接著又繼續解釋，他喜歡躺著做愛，女孩在上面，這樣他就可以充分欣賞她。

這類對話持續了一段時間，中間還夾雜著各種跟政治、他的家庭與離婚相關的戲謔玩笑，直到換座位時間又到了為止。（後來我才發現，盧．法洛曾捐款支持共和黨）。

幾週之後，盧在漢普頓舉辦了一場奢華的戶外派對。他是個離婚的黃金單身漢，每年夏天都會到漢普頓一間價值好幾百萬美元、如宮殿一般的度假豪宅避暑。有人形容他是大亨蓋茲比的那一型，一直在等待某個對的女人穿過大門，來到他的派對上。但在此同時，他確實也向許多女孩尋求性愛上的陪伴與慰藉。

四十七歲的強納斯很常參加盧所主辦的派對，他幾乎可說是利用女孩一路往上爬，才走進這個商界精英的行列。強納斯之所以致富，主要是因為他會把別墅、遊艇這類豪華的度假用財產出租給有錢人，同時他也投資了許多其他事業，從石油到餐廳都有涉獵。但強納斯會說，他最主要做的是擴展人脈的生意。

「我希望我是因為最有人脈而出名的。如果你需要什麼，就來找我。這就是我的工作，我可以把人際網串在一起。你想見某個國家元首或政府官員嗎？我做得到。」他在晚餐時告訴我。

強納斯大學時期在巴黎一所精英大學主修政治學，而打從那時候開始，他就一直很喜歡出外跑趴。他很快就意識到，藉由舉辦派對，他可以在那些同學的富裕家庭之間，建立起一張綿密的人際網絡。他會確保自己走進高級活動場合時，身邊總要拉著幾名漂亮女孩。他不吸毒，也不像桑托斯這樣總是不斷續攤到凌晨。他不請女孩去「陪」男人，也明確表示自己不是皮條客。相反地，他會和女孩跟他認為可靠的公關培養關係，這樣在社交活動中他看起來才比較游刃有餘。他藉由這些方式建立起人脈關係，最後這些都轉化成他對餐廳和房地產的商業投資生意。

在碰觸女生身體的過程中，強納斯會有點張揚矯情。他擁抱女孩時常抱得太緊，他會在晚宴上搓揉她們的肩膀或脖子，還會當著所有客人的面摟或抓住她們的身體。強納斯雖然高大英俊、身材健壯，但他這種強勢的親近感有時卻可能令人反感；我就曾經看過他作勢要擁抱某個女孩，她厭惡地皺起眉頭。

強納斯這些和女孩的互動其實很難說有什麼大問題——男人總是恣意妄為地對待女孩的身體，假定她們總能接受男人摸她、抓她、摟她或談論她的所有方式——但對強納斯來說，性並不是與這些美麗的年輕女性周旋的主要目的。[3] 強納斯只是很有策略地在使用這些女孩的身體，以此為自己的職業生涯鋪路。此外，強納斯會全額免費招待女孩飛去坎城或伊維薩島等地旅遊，因此他有大量的女孩聯絡方式，如果有需要，他就可以請她們陪同出席活動。

「女孩永遠很重要，沒錯，」他說，「身邊有很多漂亮女孩是好事，尤其是在剛起步的時候。你知道的，人總是需要一些裝飾打扮。」但現在，透過多年參與ＶＩＰ派對所培養出來的強大人際網絡，富豪階級裡，幾乎人人都認識強納斯。「我現在名聲夠了，所以女孩就不再是重點了。」

強納斯跟公關德瑞非常相像，總是在吹噓自己即將進行各種巨額商業交易、馬上要成為千萬富翁、馬上要真的飛黃騰達了。

唐納則有些懷疑。在唐納眼中，ＶＩＰ世界充斥著強納斯這種人——處心積慮、成天吹噓自己有多富有，但實際上卻只想從身邊那些真正有錢的人身上揩油。而強納斯口中的那些交易似乎從來沒有「搞定」過。譬如強納斯時常提及某一筆「大生意」，是要從中美洲進口石油，唐納對此就非常懷疑，也不相信最後會有什麼結果。

現在，我們見過了三種類型的男人：專業工作者（唐納）、謀略家（強納斯）、花花公子（盧）。雖然帶著各自迥異的動機來到VIP場合，但他們每個人都看到了女孩的價值，並藉此來推進自己的目標。唐納和強納斯都利用女孩獲得漢普頓或其他地方的入場資格，好在商業領域中有所發展。在此同時，盧則是藉著成天與大量的漂亮女孩為伍，以創造社會學家高夫曼所說的「偶然」性插曲。[4] 唐納和強納斯同樣也有興趣和女孩建立短期或長期的親密關係。唐納之前的女朋友就是一位十九歲的巴西模特兒，她來到唐納家住了一個週末，兩人才相識的。至於強納斯，嗯，桑托斯很早就警告過我要小心他，因為桑托斯是這麼說的：「強納斯老想和女孩子上床。」

除了性，強納斯和唐納也需要對的女孩來幫助他們實現自己的策略目標。女孩讓他們能受邀參加盧的派對，也為他們打開了商業機會的大門——強納斯想的是遊艇租賃；而唐納想的則是私人股權投資。對這些男人來說，女孩有兩種裝飾性意義：透過她們的潤飾點綴，這些男性看起來也就變得更好、更厲害；她們同時也是一種榮譽徽章，是一種彰顯地位的標誌，可以吸引其他男人注意。

這個週末即將步入尾聲，唐納與我在一個私人海灘逗留了一陣子；他遇見了一個老朋友，是曼哈頓一位開餐廳和飯店的富有老闆，在一九八〇年代就已經擁有一家時尚模特兒經紀公司（而且他本人顯然也是位非常有名的花花公子）。在美麗的漢普頓海灘上，我們的腳陷入細碎的白沙裡，兩人談起了商業投資，唐納隨口問餐廳老闆知不知道最近有什麼值得投資的標的。接著，彷彿只是小離題一般，唐納提議：「你這幾天應該來我家看看，如果想重溫舊日時光的話，現在那裡簡直是個小動物園呢。」

男人可以利用女孩來推進他們的社交和商業願景，這一點顯而易見，無論是在邁阿密的晚宴派對還是漢普頓的沙灘上，全都是如此。相對而言沒那麼明顯的是，女孩們要怎麼樣才能資本化自己的美貌。不過事實證明，相較於女性自己，她們的美貌對男性來說反而更有價值得多。

破冰

有時候女孩們就像電梯裡播放的輕柔爵士樂一般：只是背景的一部分。譬如某次，桑托斯帶著他的女孩和強納斯以及一個叫埃茲拉（Ezra）的客戶在邁阿密吃飯，埃茲拉是紐約一名富有的中年商業地產開發商。桑托斯曾稱埃茲拉是他「最好的朋友」之一；由於埃茲拉喜歡與高挑的金髮美女相伴，所以他經常邀請桑托斯帶著女孩一起和他的男性生意夥伴共進晚餐。

晚餐地點在 Mr. Chow 這間高檔的小酒館，店裡的代客泊車區停放著一整排名貴汽車，包括勞斯萊斯的幻影（Rolls-Royce Phantoms）和法拉利（Ferraris）。女孩們都很興奮，因為 Mr. Chow 的美食是有名的「令人驚艷」，但桑托斯卻對「必須準時抵達」這件事感受到很大壓力，他甚至說這個活動是我們「一定要」做的事情。他事先告訴女孩：「我們今晚要去和埃茲拉吃晚餐，他是很有權勢的人，喜歡事情辦得穩妥漂亮，所以記得穿上高跟鞋，好嗎？」對於這些安排，女孩們都沒有提出質疑，她們幾乎已經跟著桑托斯在邁阿密走遍所有地方，食、衣、住、行、娛樂，全都靠他。

在餐廳裡，埃茲拉的左右兩邊都坐著其他男人，他的對面是一排女孩和桑托斯。整個晚上他都在和一旁的一位先生悄聲交談，幾乎不和其他人說話，包括桑托斯；事實上，在晚餐的大部分時間裡，他幾乎是背對著餐桌的其他成員。

其他男人偶爾會和女孩們打情罵俏，但他們之間大多是談生意、政治、他們在波斯灣國家的共同朋友、再開發建設案。晚飯結束時，所有女孩都靜靜坐在自己桌子的那一側，桑托斯本人更是異常安靜。在整場晚宴裡，他明顯覺得非常無聊，一個又一個他無法插嘴的商業話題當前，桑托斯頻頻看他的手機，也不像其他男人那樣怡然自得。當一盤盤分享式的創意料理上桌時，他小聲說：「我不喜歡這種食物。我想吃脆皮牛肉。」他比較喜歡吃油炸的街頭食物。

晚宴結束時，桑托斯大聲地開玩笑說：「嗯，埃茲拉今晚的注意力真的都在他朋友身上呢。」但埃茲拉沒有理他，他付了帳，然後繼續他與生意夥伴的深談。當盤子從桌子上收走後，譚雅就想走人了。她低聲說：「我超討厭他們滿口發財經，還把飯局拉得那麼長，都是廢話。」

到了餐廳外，當嘉賓們找到自己的幻影和法拉利超跑，並互相道別時，強納斯則跟每個女孩擁抱告別。他一邊緊緊抱住我，一邊說了一句話，聲量剛好讓旁人聽得見：「也許今晚你會在我的床上給我點驚喜！」

桌席上的其他男性似乎也都沒什麼興趣和女孩聊天。即便只有個別的女孩時，幾乎不會帶來什麼差異，但以整個集體來說，她們卻是幫助男性討論商業界話題的一個重要角色。有一名客戶就曾將女孩們形容為「傢俱女」（furniture women），因為「她們的存在可以讓我們面上有光，就跟你會幫家裡買傢俱的道理一樣。」多數客戶和公關單純只是覺得，整屋子的男人不如整屋子的女人讓人感到舒服。魯迪克（Rudik）是一位俄羅斯公關，他平時待在香港，但偶爾會到紐約工作。他曾向我解釋，負責招待客戶的公司經理會聘請他帶女孩去參加一些下班後的娛樂活動：「因為總共有五個人，他媽的喝一大瓶香檳，然後他們看起來他媽的超像玻璃。你不想要看起來這麼糟糕，而是想要有面子——『所以，拜託，』他們會跟我說，『請帶一些女孩過來。』」根據魯迪克的觀察，有時候這些商人幾乎不和女孩說話。女孩能夠幫大家破冰，可以讓大家在同質化的商業世界裡自在相處，而在這個世界裡，掌權的人多半都是男性。

在男性主導的環境中，女性經常負責扮演潤滑液的角色，在商場上尤其如此，不論是亞洲金融市場中的酒店小姐，還是西方紳士俱樂部的雞尾酒服務生，都已經有許多人做過充分的相關研究。當然，在這些環境工作的女性全都是有報酬的。[5]

在本書的研究過程中，我總共訪談了十一位金融業的男性，其中有九位表示他們會藉由買酒服務來招待客戶。他們解釋，在金融領域，打好關係是最重要的。麥克斯（Max）是一位三十三歲的對沖基金經理，他的工作主要是研究能源性商品。麥克斯就表示，光是招待客戶可能獲得的回報，就足以讓他願意在VIP夜店消費昂貴的桌邊服務：「在金融業界，我猜其他行業也是如此，很多時候都是靠關係的力量在運作……所以重點在於，你喜歡誰、你信任誰、你喜歡和誰打交道。誰想要讓你成功，然後把他們的生意交付給你？」

韋德（Wade）是一位二十九歲的酒客，曾在紐約和他的金融經紀人徹夜狂歡。韋德向我解釋：「在商業界，任何人都可以來做這種文書工作。」意思是他可以選擇任一個金融經紀人為他們工作，因為「是我在做交易，而他們只負責執行。所以，除非是完全不稱職，不然這些人說穿了就是在做文書工作，而且還要拿佣金。」究竟他要選擇這個經紀人，還是另一個經紀人？追根究底，就取決於他們之間的關係如何。

當然，像韋德這樣的商人也會在其他場所——比如高爾夫俱樂部——與經紀人或投資者建立關係，但你沒辦法在晚上打高爾夫球。再者，韋德說：「有了模特兒，一切都會變得更好，人們都認為有模特兒在就是最稱頭的，所以他們會對自己的感覺更良好，也就會消費更多，因為大家都喜歡和模特兒拍照。」他一邊說，一邊滑著 iPhone 裡各種派對照片，裡面也確實有非常多美模跟美酒。

如果有美女相伴，男性會覺得更有樂趣、找到更多愉悅感。但對於韋德這樣的客戶，要說他們追求這種愉悅感純粹只因為從中可獲得更高地位，還是有點牽強。社會地位高的地方肯定讓人覺得比較愉悅，因為位高權重讓人感覺很好。[6]一個美麗女性就可以展現這點，無論她本身的社會地位或或階級背景如何——「我還是寧願和美女在一起，即使她們的生活很失控，或者大學根本也沒讀完。」韋德堅稱。

即使客戶出去玩未必是為了讓經濟上的人脈關係變得更加豐富，VIP場景確實仍提供了一個場所，讓他們可以和其他跟自己相像的男人建立起這種社交網絡。有個律師事務所的合夥人就會在夜店裡跟客戶見面；也有醫美牙醫是在夜店遇見他的明星患者的。有一位過去在時尚界、現在從政的義大利企業家是紐約一家夜店的常客，他甚至每天都會在店裡保留一張桌席，專門用來招待客人。他告訴我：「我從來沒有在星巴克裡遇到哪個億萬富翁，也從來沒有在星巴克裡遇過能改變我人生的人。」但看看四周，夜店裡四處都是這樣的人。

即使富豪們並不特別在意聖特羅佩或漢普頓的派對場景，但他們覺得出現在那裡很重要；在那些地方可以蒐集資訊或信譽，向同事或潛在的合作夥伴展示，他們也屬於這個國際ＶＩＰ社交圈。三十五歲、來自巴黎的白人金融分析師瑞斯就說：

這些地方我都去過了。我想年復一年地去嗎？不想。但有件不爭的事實，也就是我去過那些重要的地方、正確的地方，那會對利潤有幫助，也對結交相關的業務窗口或生意夥伴有幫助——假設有個你有業務往來的人，他們說：『哦，我去過聖巴斯島，你去過嗎？』，或者『我去過聖特羅佩，那裡很棒。』如果你沒去過那些地方，你沒概念，那他們會覺得你不在同一個圈子裡，成就也不夠高。[7]

除了合群或融入他人之外，有些客戶也渴望吸引到其他ＶＩＰ的注意，而要做到這點，女孩就是既快速又可靠的工具。客戶路克就觀察到：「這些人出去時，往往都會帶上十五個女孩。」這位四十八歲的法國餐廳老闆出身富裕，曾分別在紐約、漢普頓、聖特羅佩和伊維薩島跑趴：

那只是用來炫耀的裝飾品。就算不和她們上床，至少也可以拿來炫耀——「哦，這傢伙是誰？看看那些女孩，哇！他一定很有錢，他一定很有名。」實在膚淺。

不過，再怎麼膚淺，這種亮出女孩的招數總是有效。路克就承認，如果看到十五個美女，他一定會轉頭看，部分原因是他想知道跟她們在一起的是哪位仁兄。

捕捉鯨魚

二十七歲的公關桑普森未曾想過自己會進入上流社會。回想一下這位出身自皇后區的男子，他沒有完成社區大學的學業，在做公關前，他是賣手機的。但因為有女孩作伴，他看到了一條可能在這個特定場域裡認識重要人脈的路，如果身邊沒有女孩，他甚至不太可能踏入那樣的地方。他解釋說，他之所以來到 Club X 當公關，就是因為老闆注意到他身邊的女孩：「當你走進來，身邊帶著幾個好女孩時，『你是誰？』這個問題自然會浮現，如果你在他們心中留下印象，他們就會問起。你要做的事情就是跟女孩一起在這裡走動。」

桑普森已經入行兩年，他正在試著與客戶建立關係，要透過舉辦他們的私人派對，從夜店經理那裡獨立出來工作。他的目標是有朝一日能開一家酒廊或酒吧，而他知道現在結交的富豪，以後都可能成為投資者。

於是，某個夏日午後，在曼哈頓一間飯店屋頂的泳池派對上，桑普森正在跟加州軟體公司的老闆喬治共飲，桑普森稱他為「洛杉磯最大的暴發戶之一」桑普森正在試圖接下幫喬治在洛杉磯和聖巴斯島辦家庭派對的工作。他們站在泳池邊，一邊喝著玫瑰紅酒，桑普森一邊向喬治展示了 Instagram 上一個叫克里絲（Krissy）的女孩的照片，兩人一致認為她非常性感。

「看吧，我就說喬治會喜歡她。她是我目前所認識最性感的女孩。」

「她絕對是我喜歡的類型，」喬治說，「帶一些這類型的女孩來洛杉磯吧。」

桑普森自豪地笑了笑：「好啊，她是我的人。你看這個。」——他滑著照片，有穿著比基尼的克里絲、坐在跑車裡的克里絲。「不過，這女孩超瘋喔。她酒量非常好。」

「把她帶來洛杉磯。我們就是需要這種女孩來開趴。」喬治說。剩下的就都是細節了：喬治想要的時間是八月在洛杉磯、一月在聖巴斯島，而那正是桑普森計畫好要去的地方。

同時，德瑞很篤定在五年之內，自己將成為千萬富翁。

沒有誇張，每一次我見到德瑞，他都會誇耀自己即將實現的創業大計。每一個和他同桌的夜晚、每一次午餐，甚至是每一次在街上偶遇，他都會說一些關於他生意上幸運的進展，包括豪華轎車公司、電影作品、電視節目，當然，還有他一直處於即將起飛狀態的音樂事業。前一個月，他聲稱自己正在為一家科技公司募資，因為他在夜生活中可以接觸到好多億萬富翁和投資者。後一個月，他變成開始討論一項協助塞爾維亞電信公司擴大歐洲電信覆蓋範圍的生意。

德瑞看見的是他身邊的各種機會，因為他確實很常與許多千萬富翁甚至億萬富翁並肩而坐。儘管他是個來自中產階級家庭的黑人，但卻擁有吸引他們注意力的一切條件。當這些極其富有的男人走進像 Club X 這種高檔場所時，「他們會找最性感的那一桌。他們進來、看到我，〔然後〕說：『那個周圍有很多女孩的黑人是誰？』接著就會來跟我說話……他們會開始買酒。你就是要這樣捕捉鯨魚。我們不用去找他們，他們會來找到我們，因為我們有很多辣妹。」

德瑞經常獲邀跟鯨魚共進晚餐，因為鯨魚們往往對他何以找得到這麼多優質女孩跟進到高級夜店感到好奇。正是在這個背景下，某晚我便和他一起跟一位潛在的億萬富翁投資人共進晚餐。那天下午他傳簡訊來，即便他是一個經常濫用驚嘆號的人，興奮之情仍然顯而易見：

要參加一個晚宴！一個剛到紐約的非洲億萬富翁！我是他的導遊。你應該和我們一起吃飯！我要去看看能否成為他在紐約的聯絡人！他的聯絡人！幫他介紹夜生活跟女孩，然後賺錢。

你也知道那是怎麼個遊戲玩法。

對於替新來的客戶當導遊這種事，德瑞常會猶豫不決，因為這表示他得要介紹他們認識對的人，得要帶他們去對的地方觀光。首先，客戶可能需要他投入很多時間成本，但他卻沒辦法確定對方會有相當的回報。客戶可能會在夜店消費，然後德瑞也能獲得對方買酒消費的抽成，但跟德瑞真正想要的東西相比，那只是小錢——德瑞希望有某位投資者願意認真投注資金，支持他的許多商業想法。其次，也是最重要的一點——這個角色太像皮條客了。太多客戶會誤以為德瑞跟女孩們的關係跟性有關，因而經常要求他安排約會，有時甚至指定要跟特定模特兒付費約會。他不能越過這些界線，否則就會損害他在其他客戶、經理，尤其是他賴以為生的女孩們之間的聲譽。

不過這次，一位女生朋友向他保證，這位非洲億萬富翁很有品味，也非常有禮貌，絕對不會隨意要求跟他的朋友上床。「如果我好好照顧他的話！他可能投資我所有瘋狂至極的計畫。百萬倍的資金。」他又發來一封簡訊。

於是，德瑞安排這位億萬富翁、幾位銀行家、他們的幾個女性友人，以及幾個他自己也信任的女孩，一起到曼哈頓上東區（Upper Eas Side）共進晚餐。德瑞坐在計程車的前座，後座的三個漂亮女孩則不斷開著這個情境的玩笑：

「聽說你是個億萬富翁。那太好了，因為我現在正好需要一些錢。」二十八歲的模特兒薩莎笑道。

「各位，你們覺得我可以點牛排嗎？那配菜可以是我的房租嗎？」另一個人也開玩笑說。諸如此類。

當他的女孩們走進這間昂貴餐廳時，整個空間彷彿瞬間靜了下來，好讓所有人清楚看見這一幕：三個身穿派對洋裝的白人女孩為全場唯一的黑人德瑞開路。女孩們找到桌子坐下，旁邊的桌子有四名穿著名牌套裝的老太太緊盯著她們。最後，其中一個人靠過來問：「你們是哪間公司旗下的人嗎？」

計程車裡的幽默感瞬間消失了；沒有人笑。薩莎喃喃自語：「他們就好像都在想：『哦，有一桌妓女走進來了。』」但過了這個尷尬時刻之後，整場晚宴的氣氛都非常愉快，非洲的億萬富翁坐在桌子一端，德瑞坐在另一端，女孩們則享受著一盤盤昂貴的主菜和葡萄酒。

德瑞那晚沒有得到報酬。他和女孩們是晚餐客人；他們可以從菜單上點任何他們想要的東西。他投資的是他的時間。「我看的是大局，」他說，「我想要讓這個人投資我接下來的計畫：我的電影、我的實境秀、我的APP，所有的東西。」他繼續謀略規畫著，也繼續不停地講著。「我想要他投資。只要他問：『德瑞，我們要怎麼賺錢——然後……』」他說，然後他就可以兌現了。

在女孩們幫助德瑞吸引到億萬富翁的同時，她們也幫助桑托斯認識了紐約的地產大亨和阿拉伯富豪家族。

桑托斯來自哥倫比亞一個貧困家庭，而他在歐洲的合作夥伴盧卡則來自義大利工人階級家庭。他們兩人都沒有遊艇、沒有什麼錢、沒有家族人脈，也沒有大學學歷，但和女孩在一起，他們卻感覺自己像是法國里維埃拉的國王。某年六月，當他們在坎城舉辦一場年度公關界的大活動時，盧卡看了一眼港口兩側的遊艇——全都懸掛著來自百慕達（Bermuda）和開曼群島（Cayman Islands）的旗幟，可能是價值百萬元美金的船隻——接著他輕蔑地說：

> 如果客戶很酷，我們就一起混，或者我們就幫他們忙，譬如，幫他們辦續攤派對。如果他們不酷，我不會浪費我的時間。他們有些人連隻鮑魚都沒有。百分之九十的人都有大遊艇，但他們沒有女孩。所以，去他們的。

因此，女孩們不但能幫助公關建立社會連帶關係，還能弭平客戶和公關之間那個因為巨大社會差距所形成的不平等場域，[8] 讓這些未受教育、來自貧窮背景的公關，得以在紐約、漢普頓或坎城穿梭，並且和有錢人共享晚餐、舞池和游泳池空間。因為有女孩，像盧卡、桑托斯、桑普森和德瑞這樣的男人，才能有一個聲稱自己「非常重要」的正當理由。

即便這群得以身處坎城或漢普頓和超級富豪交流的公關已經熬過一段很長遠的路，但他們全都痛苦地意識到，前方仍長路漫漫。他們知道有一些公關確實成功轉型，將夜生活的經驗轉化為真正的旅館企業和品牌。最廣為人知的案例，莫過於前公關傑森．史特勞斯和諾亞．泰波柏格，他們是戰略酒店集團跟陶氏集團的創始人之一，且常被稱為打造出「美模與美酒」這個商業公式的先驅。兩人旗下版圖包括旅館、夜店與餐廳，事業範圍橫跨紐約、拉斯維加斯和澳洲雪梨，本身就已經是享譽四方的百萬富翁和名人。

史特勞斯和泰波柏格兩人可說是夜生活界的傳奇人物，他們從夜店公關搖身一變，成為大企業的負責人，幾乎將夜生活的成功定義推到極致。哈佛商學院曾經將兩人的事業列為案例研究對象，同時也定期邀請他們擔任客座講師，介紹他們商業上的成功經驗。

然而，在他們的眾多公開報導中，卻沒有任何人提及他們得以邁向成功之境的性別條件。就資本化女孩美貌這點來說，男性公關遠比女性更有優勢。我在紐約經常造訪的十七家夜店中，只有一間的擁有者是女性。女孩雖然可以帶來巨大的報酬，但這些利潤幾乎全都集中在男人手中。

派對女孩和好女孩

身為一個三十二歲的女性，我發現自己還是常被稱為「女孩」，儘管我幾乎比公關桌上的其他人大上十歲左右。如果從十幾歲到三十多歲的女人都可稱為女孩，究竟女孩的定義是什麼？

「女孩」一詞，主要是自一八八〇年代開始在英國流行，當時這個詞彙是用來形容那些年齡介於童年和成年之間，且逐漸開始占據新興社會空間的工人階級未婚婦女。女孩不能算是小孩，但因為她還沒有為人妻或為人母，所以仍被認為孩子氣，是那種會從事消費、休閒、浪漫、時尚這類「輕浮」活動的現代都市人。[10] 這套對女孩的觀念和想像逐漸從英國開始散布到世界上其他地方，媒介是透過各種當時代流行的角色，譬如新開張的百貨公司裡會聘請「銷售女郎」；「飛來波女子」（flapper）——可說是美國最早期的潮流女孩；以及「合音女郎」（chorus girls）——

那些在舞台上齊聲歌舞的年輕表演者。這些展示性角色的職業生涯往往非常短。一九二九年，有一則報導紐約成功舞者的新聞就寫道：「對百老匯來說，二十一歲的她已經完了。」[11]

大約就是在這個時候，另一種「女孩」開始在大眾文化中崛起：時裝模特兒。史上最早的當代模特兒，當屬一八五〇年代，英國貴族查爾斯．弗雷德里克．沃斯（Charles Frederic Worth）從他的裁縫車間找來一位年輕女性，進到他的巴黎沙龍，並為他的富裕客戶擔任人體模特兒。[12]打從一開始，這個情境就非常啟人疑竇，大家不禁懷疑，到底待價而沽的是什麼？是那件裙子，還是那位穿著裙子的年輕女性？

模特兒、合音女郎、飛來波女子、銷售女郎——她們全都藉由公開展示自己的身體以謀取利益。她們年輕、貌美，值得獲得稱讚，但同時卻也因為公開展示自己的身體而玷污了名聲。[13]人們對她們是既欽羨又鄙視。掠奪性強一點的男人甚至會假設她們在性方面也是可供人取得的，因為這種女孩是「成熟到足以讓人引誘，但卻不足以婚配」的類型。[14]

在VIP夜店裡，任何女性基本上都能以「女孩」來稱呼，但時間久了之後，我開始意識到，根據其道德特質，女孩之間也有不同分野。首先是所謂的派對女孩（party girls）——對夜店和公關展現極高價值，她們年輕貌美、無憂無慮，經常可以在外玩到很晚；相較之下，好女孩（good girl）則是難得一見的珍品——漂亮卻嚴肅，也因此鮮少在深夜外出狂歡。在男人心目中，好女孩是比較有特權、有受教育的類型，而且她們與派對女孩最大的不同在於，好女孩的性道德感也比較高。[15]

派對女孩屬於比較一般的類型，她們通常很容易取代，此外，模特兒常常會直接被認為屬於派對女孩的類型。有位夜店老闆就形容，她們是「緩衝」，他進一步解釋：「對，緩衝，你知道的，就是那種在聖特羅佩遊艇上的女孩們，每張照片都有她們在一旁入鏡。那就是派對女孩。」

即便在夜店裡深具價值，但我訪談的男性在提及派對女孩時，總是帶著嗤之以鼻的語氣。他們會把這些女孩說成無腦、空洞的皮囊，她們沒有文化、性態度隨便，而且，即便外觀高貴，但身為一個人卻毫無價值。就好比二十三歲的對沖基金合夥人里卡多就說：

> 多數在那裡的女孩，我覺得都是蕩婦或白痴瞎妹……只要跟他們說話你就會發現了，根本是空殼子，沒有〔其他〕詞可形容了，就是空的。我可能會跟她們上床，但我不會和她們約會。就像，假設我帶她們出去，結果她們可能不知道壽司是什麼。她們會說：『哦，這是什麼？我從來沒吃過！』不行，這種真的不行。

實際上，我在公關桌上遇到了各式各樣的女孩，她們的職業背景和目標都大不相同。當然，未成年或未受教育的模特兒是不少，但我也碰過大學生或專業工作者，從時尚界到法律、商業、社會學、國際關係，各種領域都有。我身邊也時常坐著一些年輕的職場女性，她們的事業可能正在發展，其中包括企業家、房地產經紀人、金融家和醫生。[16]然而，由於是夜店常客，這些女性全都被男性的自動假設給歸入派對女孩的類別，繼而認定她們的生活都很不穩定。

想想公關當初花了多少精力才把這些模特兒帶到桌席上，客戶卻如此詆毀她們，不禁令人咋舌。男人尤其喜歡嘲笑並可憐模特兒除了漂亮，什麼都沒有——即便美貌正是她們當初能進入

VIP空間的主要資產。模特兒的出眾美貌彷彿蒙蔽了男人的雙眼，對她們的其他可能特質都視而不見。例如三十五歲的客戶馬可（Marco）這位健身房老闆就說：「我討厭模特兒。只要跟她們說話，就可以分辨她是不是模特兒。」

又譬如來自義大利的三十三歲金融事業合夥人奧爾多也說：

我當然也跟一些模特兒出去約會過，但沒有太多讓我覺得有意思的人。她們很多人就……就只是很年輕，根本搞不清楚自己的人生到底要怎麼過……你通常都看得出來對方是有點料子那種，或只是一般的派對女孩。

客戶覺得，派對女孩之所以接受公關的免費招待，是因為她們自己一定付不起。搞不好喝了公關桌上的免費氣泡酒，就破產了。她們搞不好都沒有讀什麼書，尤其如果是模特兒的話，這一行的巔峰通常落在十八到二十五歲，也就是一般人讀大學的階段。如果她們夜夜笙歌，每天跑趴，那大概也沒什麼事業心，或者不正經。畢業於麻省理工學院的三十三歲對沖基金經理麥克斯說：

嗯，如果哪個男人說他不喜歡和一群美女在一起，那一定是在說謊。但我不會在這裡尋求長期關係。我只是覺得，一個當模特兒的女人，工作就是擺姿勢、走伸展台，我覺得……我們之間應該沒什麼共鳴。所以我覺得，如果是跟一個有讀書的女孩，或者一個有認真工作的女孩，譬如她可能讀紐約大學，那我們之間就有比較多共同話題，比較可以聊。她們不是那種被公關帶進夜店，就光站在那裡的女孩——我不覺得跟一個拿錢站在那裡的人講話會有什麼意思。就算她們沒拿錢也是有獲得某種補償。我的意思是，或許是我這人比較怪吧！

就連那些靠模特兒打造出如此不凡事業的公關也看不起她們。以洛伊克為例，他從事公關業已經二十年了，現在的主要業務是為奢華品牌主持品牌活動：

> 我遇到很多女人，她們全都很美。但我需要的是一個聰明、有智慧的人。這些女孩四處旅行、到處跑趴，炫耀她們的身材。那裡不會有正經女人的，模特兒的世界全都是「我、我、我」。

當我問起客戶會不會在VIP夜店的女孩中尋找穩定對象時，他們總是嗤之以鼻。四十歲的有錢企業家，同時也是夜店常客克里斯（Chris）就說：「我是跟不少女孩上過床，但沒有任何一個是我會帶回家見我媽的。」他掃視了Club X整個空間，接著說：「這些女孩，不可能。」

確實，人口統計學家已經發現，跨階級的浪漫關係已經愈來愈少見，因為上流社會人士傾向同質性結合——他們比較偏好和屬於同樣社會經濟背景的人成為伴侶。這有點類似「門當戶對」的概念，女性結婚通常都會選擇教育程度和收入與自己相當的男性。[17]

客戶說，如果是要找女朋友或長期伴侶，他們比較可能會透過朋友、工作或家裡的關係。二十三歲的對沖基金合夥人里卡多就說，他認為自己未來的女友會是個「正經的女孩」，所以也不覺得自己會在夜店裡遇到那個人：「我完全不覺得在那裡會遇到什麼正經女孩。會有人幫我介紹的，她可能會是我認識的人，或者家裡認識的人的女兒那類的。」

即便二十九歲的富裕客戶韋德經常流連於紐約、邁阿密和漢普頓的各個派對中，他也同樣否定自己在這些地方找到太太的可能性：「她們只是玩物。就好像……自重的人不可能真的去跟那些女孩結婚……我所認識那些每週都出去玩，然後花個五千、一萬的人，多半會一直取笑那些女孩，說她們其實就是小妓女。」

韋德的富豪朋友甚至會彼此分享與他們過夜的女孩的筆記或照片，對著自己酒醉跟濫交的事蹟哈哈大笑。「我實在收到太多睡覺中的女孩照片了。」他說。在韋德眼中，那些不在意自己的照片被男人分享的女孩最糟糕。派對女孩被詆毀到這種程度，甚至讓韋德這樣的人直接假設：即便男人不尊重她，她也不在乎。

四十歲的餐廳老闆路克出身自法國一個舊時權貴家庭，雖然他很常跟模特兒交往，但關係很少維持超過一個晚上：「因為每次早上醒來時，情況都是：『你好』，『喔，你好』，『呃，你是做什麼的？』」——接下來，路克換了個比較高音調的聲音，假裝自己是那個躺在身邊的虛構女孩——「『我是模特兒！』……我不知道要跟她們說什麼，對方跟我之間也是無話可說。」

路克看出了箇中的諷刺之處：「這很可悲。但每個人都想在那裡，因為女孩們也在。」但就和路克一樣，白晝來臨時，似乎沒有半個人希望她們出現在夜店之外的地方。「這很矛盾，因為你想要找好到手的女孩，但同時又想要好女孩。這實在是……很令人困惑。」路克覺得困擾，是因為他發現女孩的價值本身存在著矛盾：在ＶＩＰ世界裡，那些派對女孩吸引人的特質——比如年輕、美麗、頻繁跑趴、可以徹夜狂歡、白天不太有牽絆——反而令她們不適合當一個人認真交往的對象。

然而，路克卻正是在米特帕金區一間夜店裡，認識了他的女朋友，他們的孩子才剛出生。「但她不是那樣的人。」他馬上澄清，說她是和朋友一起去，不是公關帶去的，而且她沒有在店裡玩太晚。他向我保證，她雖然是個模特兒，但絕對不是派對女孩，因為「她很少出去跑趴」。

換句話說，無論「派對女孩」多美豔動人，客戶和公關真正想找的，其實是「好女孩」。好女孩擁有的特質，派對女孩全都沒有：她們不濫交、節制克己，而且前程似錦，可能融入上流社會。好女孩是可能進入穩定關係的人選，但她們不太可能跟著公關一起出現；派對女孩是上床、一夜情的首選，而夜店裡到處都是。[18]

在唐納・川普（Donald Trump）競選總統期間，這股拉扯關係也曾浮上檯面，並將梅蘭妮亞・川普（Melania Trump）捲到國家舞台。一九九八年，斯洛維尼亞（Slovenia）時尚模特兒梅蘭妮亞・克那夫斯（Melania Knavs）在一間夜店 Kit Kat Club 認識了地產大亨兼她未來的丈夫唐納・川普，那場派對的主人是前模特兒經紀公司老闆保羅・贊波利（Paolo Zampolli），他素以舉辦高級派對，讓模特兒和經濟實力雄厚者齊聚一堂而聞名。[19]但是贊波利堅定地向媒體保證，梅蘭妮亞絕對不是派對女孩：「她志向很堅定。梅蘭妮亞不是派對女孩。她是來工作的。」[20]

好女孩也好，派對女孩也罷，其實全都只是人們想像出來的典型，用來把女性性道德的社會評價與她的地位高低緊緊牽繫在一起，從而畫出一個從有到無的光譜。[21]確實有些女孩總愛跟著公關一起跑趴，但也確實有些女孩的事業工作繁忙，因而比較少出來玩。多數人其實都落在好女孩、與派對女孩這兩個極端之間：多數女孩都是在工作空檔、暑假期間，或者任何一個她們有時間、也有意願的時候去夜店玩。然而，只要她們經常出去玩、會接受免費飲料或餐點招待，任何人都可能被視為派對女孩，並招致污名——這跟一百年前，第一次出現在商店櫥窗和時尚展示現場的女孩所得到的待遇，幾乎如出一轍。

軟性妓女

聖特羅佩的港口一側是蔚藍海岸的清澈海洋，另一側則是古色古香的法國里維埃拉市鎮，手工藝品店林立，狹窄的街道巷弄地上則鋪著鵝卵石。每年六月至八月，這個港口會成為來自世界各地巨型遊艇的停泊地點，開曼群島的旗幟在地中海的微風中飄揚，背景襯著附近的小咖啡館和安靜的餐廳。[22]到了晚上，港邊區域將搖身一變，成為一個大型伸展台，遊艇喇叭傳出舞曲陣陣，遊艇主人跟賓客則會在甲板上用餐、跳舞，並邀請在岸邊闊步的亮麗女孩上船。女孩們會穿著高跟鞋和連身裙在海濱步道來回踱步，等待邀請，有時還會跟行經的遊艇上的乘客揮手。如果受邀，女孩們就會登上船，喝杯香檳，跳跳舞，通常都是赤腳，因為在爬上甲板前，得先把高跟鞋脫掉，免得刮傷遊艇上的木質地板。

我和桑托斯在坎城待了大約一週後，便來到這裡找西班牙富豪公關恩里科引介的歐洲朋友；他們同意讓我這週末上遊艇一起開趴。週五晚上的日落時分，海濱步道邊已經開始有一小群女性開始踱步閒晃。有些是趁著暑假到歐洲旅遊的大學生，有些則是和朋友出來玩的模特兒。有些女孩則是遊艇男子口中所謂「真正的專業人士」。

流行音樂從甲板上的喇叭傳出，震耳欲聾，有兩位這樣的女孩就登上了義大利銀行家喬瓦尼（Giovanni）所擁有的巨型豪華遊艇，和他的義大利朋友一同飲酒作樂。喬瓦尼的遊艇是港口裡尺寸最小的幾艘之一。自青少年時期起，這艘遊艇就一直停靠在這裡，供他富裕的家人來度假休憩。現在他每年會和朋友來玩一次，這些朋友有男有女，多半是法律界或金融界的年輕專業工作者，全都出身上流社會。

喬瓦尼看見這兩位女孩踏上他的遊艇時，開始顧慮了起來。她們身材高挑，身穿荷芙妮格（Hervé Léger）的緊身小洋裝，掛著厚重的假睫毛、嘴唇極豐滿，頭髮是耀眼的金色，整齊盤起，彷彿像模仿派瑞絲·希爾頓的造型假髮。喬瓦尼警告他的朋友：注意手機和錢包。不過，在港口中央的甲板上，這場露天舞會依舊持續著，整整半小時，男性還是和她們一起跳舞、聊天、喝酒。

在敬酒和跳舞的空檔，喬瓦尼和他的朋友開始在那兩位女孩聽不到的地方開玩笑：「她是學生。沒錯，我很肯定。」

「我要帶她回家見我媽。」這引發了現場許多笑聲。

在喬瓦尼出發往聖特羅佩前，我在米蘭見過他。當時他曾跟我說，他和朋友對ＶＩＰ夜店裡這類女孩都會比較警惕，必須分辨她「是妓女還是正常人」才行。他說，如果一個女孩獨自流連在聖特羅佩的酒吧，特別是穿著也過於暴露性感的話，那就很可能就是性工作者。

跟紐約的公關一樣，喬瓦尼和他遊艇上的朋友都有一種感覺，會根據他們想像中的「性美德」將女性區分成幾種道德類群：好女孩、派對女孩，以及最危險也最受鄙視的收錢女孩（the paid girl）。男人總認為他們可以根據一些模糊的特點，區辨出誰是收錢女孩，也就是那種被雇來開趴的派對女孩。收錢女孩包括酒促小姐，以及所有其他被認為破壞了性別規範的女孩，因為她們會策略性向雇主求取這些性相關行動的報酬。

最明顯的收錢女孩，莫過於那些為夜店工作且獲取報酬的人。酒促小姐——也叫酒瓶服務生——是負責替客戶點單，並且幫忙把貼著點燃煙火的酒瓶送來的雞尾酒服務生；如果她們受邀的話，偶爾也會坐入桌席，一起娛樂客戶。除了替客人點單、送單之外，業者也期待酒促小姐能夠把男性客人帶來店裡包桌；換句話說，她們受到期待，要盡量動員自己跟這些有錢男子以及與過往客戶的關係，促使他們包桌或消費。如果說公關是負責帶女孩入桌的，那麼酒促小姐就像女版的公關。一旦到了夜店，酒促小姐就得不擇手段地吸引客戶的注意力，而她們的手段通常是調情。這個工作的報酬可能很高。酒促小姐一般每晚的小費是總消費的20%，大約會是兩百到八百美元不等，不過客戶通常都會另外再支付她們現金。而每晚這些現金小費就可能高達數千美元。

收入高是高，但從事這份工作的女性都把它稱為「骯髒勾當」。

「必須表現得有點像小妓女才行」，恩里科的女友奧爾加就這樣解釋，她以前曾在一間小夜店當酒促小姐。即便每晚都能拿到大約一千美元的小費，但她覺得這份工作會讓人心情很差：「你必須把客戶帶來店裡，必須跟客戶建立關係，那就有點，就是……有點髒。當然不是一定要和他們上床，但假設你想擁有超級多客戶的話……也許就只有很少的女孩子可以成為那種，非常、非常成功的酒促女孩。」[23]

酒促小姐在身體形象上，往往會比公關桌上的女孩更有性吸引力。她們一樣也都很高（邁阿密某VIP夜店還會要求她們穿上至少十二公分的高跟鞋），除了身材豐滿有料，多半都還會穿著緊身暴露的超級短裙。她們在種族上也比公關帶來的女孩更多元。就生理與象徵意義上來說，酒促代表的是性感火辣，而客戶和公關都會認為她們就跟她們手上所拿的酒瓶一樣，可以買賣。[24]

有一位客戶就說，每當他大額消費時，常常會得到隨之附贈的一些酒促女孩：「像我們Club X的老闆就會說，我們每花五千元，就可以得到一個女孩——酒促女孩。你可以和她做愛，譬如可以在DJ台裡口交，然後提雅斯多可能就在旁邊刮盤。」我雖然無法證實這位客戶所說的內容，但他顯然和大家一樣，都認為酒促是可以發生性關係的對象，通常也形容她們是「放蕩」和「骯髒」的。

在大眾與法律用語中，「酒促」甚至還確實連結上性工作或犯罪活動。二〇一四年，聯邦調查局（FBI）對邁阿密一樁竊盜案進行調查，探員們將一群女性詐欺犯組成的集團稱作「酒促」（簡稱B女孩），因為她們會以男性為目標，在酒吧裡積極推銷酒精，賺取酒吧利潤的20%。[25]

簡而言之，客戶們都跟我說：不可以相信酒促。有一天晚上，我在菲利普跟提博爾的公關桌席間認識了一位投資銀行家——現年四十三歲的湯瑪士（Thomas），他告訴我：

> 所有這些女服務生，你知道，都會幫自己倒酒。她們把你點的那瓶超大香檳酒送來時，可能是全滿的，現在四分之三都沒有了。然後這些女孩喝完香檳之後人就不見了。有時她們會跟你一起混、跟你調情，但她們都很清楚，你花的可是大把大把的錢，所以才能這樣。

另外一種收錢女孩是所謂的「桌邊女孩」（table girls），這些有拿錢的年輕美女，會在酒吧附近等人邀請她們坐入希望有女伴加入的客戶桌席。我只有在一間夜店，也就是Club X，看過桌邊女孩；會有一位雞尾酒服務生負責招聘，並負責安排調度她們坐到哪些客戶的席間。公關非常鄙視桌邊女孩。來自義大利的三十四歲白人公關托尼（Toni）就說，這種女孩根本已經接近性工作者了：

> 因為如果誰老是坐在客戶那桌，然後被大家發現一直都是如此，那麼就可能是妓女來著。如果你和我同桌、和所有的女孩在一起，那你就是模特兒……我不喜歡她們〔指桌邊女孩〕。她們很放蕩。

桌邊女孩跟坐在托尼那桌的模特兒做的事情其實非常類似——相貌都很美麗，並且坐在桌邊喝著免費香檳——但兩者社會地位卻大不相同。這種社會地位的迴然差異，要藉由再三畫界的工作來維繫；在這裡，畫界指的就是特定路數的宣傳與論述——桌邊女孩是用現金買來的，而且她們很「放蕩」；相對地，模特兒的報償是免費酒水，所以她們地位相對較高。桌邊女孩跟酒促小姐之所以被視為很接近性工作者，是因為她們會為了明確的報酬，而將自己的容貌商品化。

夜店裡所有的派對女孩都很難在這種性交易污名化中倖免。即便VIP場域會藉由女性的美貌謀利，但那些「涉嫌」利用美貌賺取經濟利益的女性，卻是人人避之唯恐不及。夜店老闆、公關和有錢客戶都會懷疑看似有經濟動機的女人別有居心。他們稱這些女性為「拿好處者」、「賣淫的」或「妓女」。收錢女孩的幽靈籠罩在所有女孩頭上，因為當她們進入VIP空間裡，就形同栽入了一種極不光彩的交易——類似妓女那樣出賣了自身容貌，以換取免費的香檳和假期。

我自己也不免擔心被認為是站在這個道德界線的另一邊。二〇一三年夏天我來到聖特羅佩，當時又入手了一個香奈兒包包。因為有個前模特兒朋友正在整理她大量的設計師名牌包（全都是有錢丈夫送的），之後打算到 eBay 上出售。我花了三百美元跟她買了其中這一個。這款黑色帆布拼接的「2.55」長型包包，在時尚界算很有辨識度的包款，不過形狀已經有點走樣，角落有時需要按壓才會變得比較正常。不過，它標誌性的金黑鍊子還在，而且比我姊那個有補丁的包包好一點。我本來想，這個包包可以幫我融入身邊的精英男子和成功的模特兒圈，但我揹它的時間愈長，就愈覺得不舒服：別人會不會覺得很奇怪，一個社會學教授為何要用一個一千多元的香奈兒包包？接著他們可能會猜測，那是哪個有錢恩客送的禮物。

這個想法非常符合客戶心中的普遍懷疑，他們尤其不喜歡女孩可能利用他們的錢或他們買得起的物質用品這類事情。[26]客戶瑞斯這位財務顧問就描述，此種女孩是在嘗試「捕鯨魚」。另一位客戶也拒斥認真的女人會來夜店的想法。這位三十五歲的私人股權投資人經常和他的金融客戶一起去紐約和聖巴斯島的夜店，他就這麼說：「這些女孩會告訴你，凌晨兩點在夜店玩是超棒的人脈建立方式，」他頓了頓又繼續說，「不可能，根本是屁話。凌晨兩點只有一種生意可以做啦！我對於在夜店遇到的女人根本沒有期待。對我來說，那就是警示信號。拜託，誰會在週三或週四凌晨兩點出門？她們是做什麼工作的？」

「可能是學生啊！」我說。

「學生？！」他露出不可置信的樣子，「那就去圖書館讀書啊，什麼鬼！學費的通膨率是7%，全都是他們爸媽在付欸。」他說。

客戶韋德認為，向有錢的性伴侶索求禮物的女孩雖然不完全是妓女，但她們在做的事情卻可稱為「軟性妓女」（soft hooking）工作：[27]

> 這些女孩甚至可能不知道那就算是軟性妓女。她們只是迷戀那些旅行、衣服跟鞋子而已，她們也確實從來不收錢。當然偶爾是有人會幫她們付房租，但她們並不覺得自己是妓女。我也不覺得是，我覺得她們就是女孩子。

總而言之，客戶會將女孩與性工作者或潛在的性工作者全部混為一談，因為女孩使用了身體資本換取男人的經濟資本——而這兩種資本是構成VIP夜生活的基礎。當我向Club X的老闆說，我打算進行夜生活的研究時，他輕蔑地說：「你應該探討的是有多少女孩跑趴跑到成了妓女，做這一類的報導才對。」從他的暗示來推斷，這種情況經常發生。

收錢女孩、派對女孩和好女孩之間的最大差異在於，人們對她們的性道德的認知與想像，也就是在多大程度上她們會遵守性相關行為的性別規範。[28]這些譬喻實際上是一種道德分類，將女性區分成善良且性道德較高的類型，以及較為性開放，而且還會算計的類型。[29]

或許是知道VIP現場的男人有可能將自己視為收錢女孩，我遇到的大多數女孩也都會積極做出畫界工作，好區分自己和性工作者之間的差異。女孩們會很快批評那些太渴望覓得有錢人的人，她們形容這樣的女性是「蕩婦」或「婊子」——這是我在坎城發現東歐女孩很愛用的用語。

例如，在坎城和我同房的二十三歲捷克模特兒安娜（Anna）很擔心我會混淆派對女孩和收錢女孩這兩種人，於是她告訴我：「不要寫捷克女孩是婊子。」安娜解釋道，一般人都不懂這個免費的VIP世界是什麼樣子：「我以前也不知道。我在米蘭的朋友在我來的時候跟我說，有免費的午餐、晚餐、派對可以去。我當時就想：『為什麼？怎麼可能？』如果我告訴我老家的人，他們一定會覺得你得做更多事情，你知道的，你得做很多事情，像是婊子那樣。」她口中的「婊子」指的是為了錢和禮物而從事性行為的人，那跟只是想要出去玩的女孩大不相同。

在正式訪談與非正式談話之中，女孩也會淡化自己想認識男性的興趣。在女孩提到出去跑趴的理由中，情感關係似乎徹底缺席了。除了一位女孩之外，所有人都表示了下面這位我在坎城遇到的立陶宛女孩話中的意思：「這裡不是認識男朋友的地方！」

儘管女孩常說自己出外的主要動機不是為了認識男人，而且她們也常堅決否認，自己不會在VIP場域中尋找長期或有經濟保障的關係，然而，在我訪談的女孩中，近半數曾經和她們在那裡認識的男性交往。比如瑞芭這位紐約的二十八歲女孩就說，她從沒想過會在夜店遇到男友：「我覺得會出現在這種地方的人，應該有很多理由能說明他不會是太好的男友候選。」接著她畫了一條明確界線，將自己這個受過教育的專業工作者，跟那些只想釣到金龜婿的女孩之間做出區隔：

> 我自己絕不是那種會說：『我是來找老公的，這樣就可以拿到綠卡了』的女孩，或是那種『我在這裡是為了不用工作』……這種讓我覺得很困擾，因為我是出來玩的，我不是出來

找人幫忙付房租的，我的房租我自己付。如果有些女孩是這樣想的話，我會覺得她們有點慘。因為事實是——我就盡可能老實說，雖然聽起來很可怕——她們之中很多人其實都很年輕，十九、二十、二十一歲吧。等到三十歲，她們沒有人還會這麼有魅力。事實上，她們多數人應該都辦不到。到時她們就什麼都不剩了……當然，不是說所有人都這樣，但肯定有個小群體是如此，一心想找人幫她們負擔生活開銷。我覺得那是一群不同的女孩。

我只有碰過一個女性非常坦率且公開地表明，她希望能夠和有錢男性談感情。三十一歲的珍妮（Jenny）是我所遇到年紀最大的派對女孩，她的模特兒生涯即將結束，目前正在轉型從事時尚設計工作。她不諱言自己交了個「互惠男友」，這位阿拉伯男子曾帶著她坐頭等艙，從紐約飛去新加坡，「一路上都在喝香檳王」。她是透過一個女性友人認識他的，而該名女子也跟這個男友有性關係。她告訴我：「你從一段關係裡總是要得到一些東西。何樂而不為呢？反正最後都是會結束的。愛情這種事，只有當你還是處女時才會渴望。」

以她的坦率和年齡來說，珍妮確實是我在VIP社交圈裡遇見的罕見例外。多數人都只在適當範圍內展現自己，並且小心翼翼將自己和交易性的性行為區別開來。

由於派對女孩藉著美貌獲得了各種免費招待，她們因此進入了一種啟人疑竇的交易模式。一旦女孩太常出現在派對上；一旦她收下提供給她的免費東西；或者一旦她和任何人發生性關係（即便這是所有夜店都希望、也在誘使女孩做的事情）——那她就可能被視為「拿好處者」和妓女。所有女孩都如薄冰般踩在這個道德邊界上；另一側，就是性工作者。雖然公關可以策略性發展親密關係——也就是為了實現經濟目標所追求的關係，但對女性來說，這就是一種恥辱的表徵。

許多人認為，美貌是女性的一種資本，是她們可以用來換取向上流動機會的資源。有人更主張，美貌或許可說是女性的特殊力量，得以顛覆傳統的階級秩序。[30]皮耶・布赫迪厄所提出的「致命的吸引力」（fatal attraction）一詞，就恰如其分描述了美貌這種天生而意外的特質，是怎麼樣協助底層階級的女性規避和顛覆傳統的階級秩序，並成功滲透到一般不跨階級通婚的上流社會。[31]

即便這種美貌是女性的「情欲資本」（erotic capital）的論述蔚為流行，但卻沒有什麼實際的數據支持。雖然「上嫁」（Hypergamy）或者「嫁入名門」乍看確實是女性得以動用其情欲資本而獲致的結果，然而多數研究往往顯示，「門當戶對」的婚姻形式其實比較普遍，而且從一九八〇年代以降，伴侶之間教育程度與收入相近的比例持續在增加。[32]VIP世界雖然會將美麗的女孩和富有的男性聚集在一起，但他們所建立起來的關係，在預期中只不過是一時之樂。實際上，在我訪談的男性中，沒有半個人認為在夜店碰到的女孩會是未來發展長期情感關係或商業關係的潛在夥伴；恰恰相反的是，「有策略」的女人正是他們最不想碰到的。

性對男女的影響永遠都不對等。男人多藉著性征服來獲得地位和尊重，但濫交卻會徹底毀掉女人的尊嚴與地位。女孩可能擁有豐富的身體資本，但她們消費這種資本的能力，卻大大受到性別化的性行為規範的箝制。

女人

在VIP場域中，女孩雖位居核心地位，但女人基本上就是不被看見的群體。唯一會提到她們的時刻，就是用來當作一種悲傷的警示：當女孩年華老去，就可能受到這種對待。

當女孩繼續長大，她們的價值會消失殆盡，派對女孩尤其如此，里卡多就這麼說：

> 你知道尤其是女孩，她們壞掉的速度比男性更快。她們會長皺紋，老得比男人快。如果還每晚跑趴的話，那更慘。女孩天生就這樣，她們就是比男性更容易長出皺紋，她們會被用完，老得比男生快。這已經有人證實了，我有讀到相關的研究。是真的。她們老得快，皺紋也長得快。

另一位從事私人股權投資的客戶年屆三十五，他也解釋說：「男人的長相比較晚定型，晚一點才會達到高峰。但女人——到了三十五歲之類的時候，就要走下坡了。」客戶抱持的這些想法極其普遍；關於婚姻和老年的人口學研究也發現：確實，若與男性相比，隨著年齡的增長，女性的外表會得到更為苛刻的評價，也被認為比較不具吸引力。大約從三十五歲開始，女性單身的機率會超越男性，而且差距還會逐年擴大。三十歲以上才結婚的男性始終會配上比自己年輕的女性，而隨著男性年齡的增長，這種年齡差異也會不斷擴大。[33]

我從來沒有謊報自己的年齡，在閒聊中這個問題經常出現，尤其在我提到工作是在大學教書的時候。每次我說出自己的年齡時，無論是客戶、公關還是女孩，全都用震驚和欽佩的目光看著我，彷彿三十二歲是一種很不幸的疾病，而我控制得當——至少目前如此。有個客戶甚至祝賀我都過了三十歲「還很好看。我的意思是，恭喜。」他一邊端詳我的臉，一邊說。在另一個晚上，我和一位知名的音樂人閒聊，四十歲的他交了一個非常美麗的二十歲金髮女友。當他得知我已經三十二歲時，更驚訝地說：「因為你是深褐色頭髮。金髮的人很快就會崩壞了。」

金髮女郎會「崩壞」。女孩會「被用完」。女人會「走下坡」、「姿色不再」。形容女孩長大的過程，都是這些代表破壞與失去的語彙。歲月雖會「逐漸摧毀」女性，但男性卻得以倖免——這正是蘇珊・桑塔格（Susan Sontag）於一九七二年提出「老化的雙重標準」這個概念的精髓。[34]在VIP世界，或者任何一個會以姿色評估女人價值的場域，這個標準都非常有害。

男性對衰老女性的厭惡，還具有另一個層面的不正義性。如果一個女孩都已經三十多歲，卻還在狂歡，那麼客戶和公關往往會認為她不但失去身體價值，也喪失了她的道德。VIP社交圈裡的男人認為，當女孩逐漸長大，她們同時也變得「不顧一切」，並且會試圖找一個有錢男友來「兌現」她們正在逐漸消失的資本。簡言之，VIP夜店中年紀稍長的女孩就是「輸家」，四十八歲的法國富豪路克就這麼說。「我的意思是，三十歲的女孩還這個樣子，其實滿悲哀的。你都三十歲了，還每天晚上和公關出去玩——這真的很悲哀。有點表示你是某種輸家吧，不是嗎？沒有工作，又沒有家庭。你現在應該要有個男友，也應該更穩重吧。」他這麼描述著這個他假設中的夜店裡的老女人，而且或許根本沒意識到我也年過三十了。

德瑞認為，女孩一旦到了三十歲，就會進入「夜生活的絕望時代」，此時她們開始意識到美貌——過往踏入精英社交圈的門票——正逐漸離她們遠去，所以：

為了兌現資本，她們會不擇手段。找到一個名人或有錢的人、生個小孩，這樣她們就可以得到贍養費……她們並不是真的想找樂子，〔這些〕女孩都是衝著名人或億萬富翁出去玩的……這些模特兒，你要記住，她們沒有機會真正完成學業，而是很年輕就被帶出學校了……所以對她們來說，當她們意識到自己已經到了一定的年齡，她們〔即將〕一無所有，心裡就會開始恐慌。而她們想要兌現資本。

我不可能在VIP夜店裡找到女性客戶，因為女人很少買酒。我是很常看到太太或女友跟自己的男人同桌，但她們的年齡很少超過三十五歲，而且很明顯都是與經濟或社會地位高的男人在一起。大家在談論客戶時，都是直接用男性的代名詞。公關解釋說，雖然確實偶有女性會買酒，但她們都是很奇怪或愚蠢的例外，譬如之前有個女性買酒，是因為她跟沙烏地阿拉伯的富豪離婚，拿到了數億元。這類女性的財富往往也被視為是來自有錢的男人。

每個人都用高度性別化的語彙來解釋這些區別——女性透過消費彰顯身分地位的商品來炫耀，譬如衣服或包包，而男性——正如一位公關所說——「他們希望受到尊敬。他們想要那種『沒錯，我超man。我玩這麼大、被這些包圍』的感覺。」

我在田野調查期間，只看過坐在桌邊的年長女性幾次。第一次是在邁阿密，那次有一個看起來五十多歲的女人，身穿保守且看來頗昂貴的衣服，和一群有錢的老先生一起坐在桌席上，兩邊滿滿都是模特兒。她顯然覺得很不舒服，而且很快就離開了。事實上，在我的邁阿密派對週結束那天，我在續攤派對後直接搭上當日早上七點的飛機，登機時就嚇了一跳，眼前竟然有這麼多年長女性——儘管邁阿密一直都是個退休天堂，但在過去五天裡，我鮮少有機會看到她們的身影。

第二次是在紐約的一家夜店裡，我和二十五歲的模特兒潘妮（Penny）被要求換位子到其他桌，公關解釋說，因為有一位知名珠寶設計師要來，而他們得坐那一桌。他說會把我們介紹給那位設計師認識。「太讚了，我想要一些珠寶！」潘妮對我說。結果那位客戶抵達，並快速把我們支開、趕到舞池裡時，潘妮氣壞了——客戶是一位身材魁梧的中年女性。

「不會吧！」在震耳樂聲中，潘妮對著我的耳邊喊道。「我是說，真的假的，」她繼續說，「夜店裡那個又老又肥的婊子是誰？太不舒服了，那是某人的媽欸！」潘妮厭惡地看著桌席的方向，搖了搖頭。潘妮的言下之意再清楚不過了，當一個女人老了（而且「胖」了）之後，踏入VIP場域就是大有問題的事。白髮蒼蒼的老先生確實也不是常態，現場多數客戶看起來都不到五十歲，但就算他們真的出現，也從未引起過這樣的敵意。

第三次，是安娜看到的。這位三十歲的前模特兒自己也是一個小孩的母親，她注意到我們桌子附近有一群年長的女人在跳舞。「真噁心！那群四十歲的人穿著根本不符她們的年齡。」她盯著那群人對我說，「我希望自己四十歲的時候不會他媽的還跑來夜店，除非我是那間店的房東，也就是，要來也是為了我自己！」她哈哈大笑，接著又補了一句，「我只希望四十歲的我不會出現在夜店裡。而這個……就是，照理說都是應該這樣才對。」

女孩也可能帶批判眼光看待老化的雙重標準，即便她們自己同時也是這個標準的共犯。二十歲的時尚業實習生埃莉諾認為，即便她很喜歡紐約的這些地方，但十年之後這裡可能就不再歡迎她進場了，這讓她覺得很不公平：

> 在夜店裡看到四十歲、五十歲的人幾乎已經超乎想像了。你更永遠不可能看到五十歲的女性，甚至永遠不會看到一個三十歲的女孩在裡頭！……讓我驚訝的是，年長的男人可以做這些事，但年長的女性卻不行……我覺得很多男人都只是在利用他們的錢。他們利用自己在夜生活中的地位和一切，然後就可以得到很多年輕女孩，而那可能正是他們年輕時一直渴望的。爛透了。這很不正常。

因為意識到女性將會面臨年齡的殘酷審判，女孩們通常都不覺得自己會在夜店混太久。埃莉諾等人就說，到了三十多歲，她們就再也不會去這些地方玩了，她們不想要看起來像個失敗的女人、像「別人的老媽」，或像個不顧一切的「輸家」。

即使有錢包桌、有社會關係、有文化資本，但女性如果沒有對的身體資本，依舊是會被拒於門外。這讓我採訪過的幾位男性客戶很沮喪，因為他們不能和女性「平民」友人跟工作夥伴一起上夜店。

三十三歲的對沖基金事業合夥人麥克斯就說，某次他跟金融界的朋友一起去夜店，其中也包含一位女性友人。他們那群人想包一桌，但守門人卻不願讓她進場，儘管她很漂亮，年齡也不大，但就因為身高不夠、不符合夜店的標準，而吃了閉門羹。麥克斯解釋：「你知道，當時她穿的高跟鞋實在已經很高了，但門口卻給我們難堪。我們想要一張桌席，結果他們說：『對不起，她不能進來。』然後就這樣來來回回。我很為她難過，因為她其實非常漂亮，一輩子也從沒碰過這種事情，你知道。不管怎樣，後來我們全都進場了，但那次真的非常尷尬。」

女性在此要面臨的後果可想而知：這樣等於極其有效地排擠了女性，讓她們無法出現在那些男同事得以發展事業的空間。比方說，麥克斯就會把夜店當作促進與投資人關係的方式：

> 要建立關係有個好方法，就是和女孩們調情。就好比老一點的男人會因為打高爾夫結緣，年輕男性則透過女孩而結緣。……如果你是跟有業務往來的人一起出去、一起認識女人、一起跟女孩開趴——那大家就可以快活地談論女人，或者可以繼續追蹤客戶動向之類的……很多生意都是在這種過程中拿下的。但對於我這一行的女性來說，可就會造成一些問題。

在崇尚年輕和美貌的性別等級制度中，女人位居接近底層的位置，她們不僅可能被排除在派對之外，還可能遭排除於事業圈之外。[35]在VIP場域裡，女人身上幾乎被認為毫無資本可言，只有女孩的美貌才有價值。

女孩資本

大家可能會覺得，當機會之窗即將關上，女孩們就可能在成為女人之前，盡可能好好運用自身的資產。這種眾所熟悉的文化邏輯完美體現在〈鑽石是女孩最好的朋友〉（Diamonds Are a Girl's Best Friend）這首歌的歌詞裡——歌曲戲謔地描述女性如何用美麗換取由男性主導的經濟保障，以及這兩種資產的時間意義有多麼不平等：

男人的心會冷，就像女人會變老一般
我們最終都會失去當初的迷人魅力
但無論是方鑽還是梨鑽
這些石子永遠不會走樣
鑽石是女孩最好的朋友

女孩們是否也該多多講究策略？

我曾遇過幾個女孩，就跟公關和客戶一樣，她們也有策略地培養出屬於自己的人脈。例如，一位二十五歲的模特兒就說，她藉由在夜店建立的人脈，找到了一份金融界的實習工作。還有一位從事時尚工作的優秀平民也說，她在米特帕金區夜店舉辦的早午餐派對中，建立起珍貴的社會關係網絡，而她現正嘗試用它來幫自己創立一間接待公司。「我所有人脈關係都來自這些派對。」她說。最後，我也曾碰到一位前模特兒，那時她在創立一個美容和生活風格網站，並且計畫性地尋找商機——基本上，只要能身處這類地方，商機自然會浮現。她解釋說，她參加派對是希望能認識與自己業務相關的人。「我知道，身為一個美麗的女孩，我可以獲得更多的機會，」她告訴我，

「我清楚這場遊戲的本質，也知道要怎麼玩。」她這番話跟我和德瑞出去時常聽到的論調幾乎一致。

不過，多數女孩都不是如此。她們通常不像男性那樣有計畫地培養社會資本，也不太做規畫，沒準備好將自己的人脈貨幣化。少數人也表示，她們不覺得在VIP夜店可能找到免費餐點跟樂趣之外的任何具體機會。[36]以二十六歲的碧翠絲為例，畢業自倫敦一間藝術學院的她，當時是名兼職模特兒，白天也在公共關係領域自由接案。碧翠絲就不認為有可能在夜店找到工作機會，反正絕不會是她想要找的那種工作。而且她也肯定，在夜店絕對找不到可能發展長期關係的男友：

> 那其實比較像是和朋友一起玩樂而已，也就是說，那絕對——就是我的目的，沒別的。也絕對不會是……打個比方，我從不覺得自己會在夜店碰到……例如，我真的很想跟他在一起的人。而且我也不可能真的在夜店用那樣的人脈去找工作。……我不覺得在這種情況下遇到的人，是那種我會打電話問他說「所以你知道有誰在聘公關助理嗎？」的對象，就是不可能。

碧翠絲的直覺是，女孩們在VIP夜店另有其他價值，但總之不會是商業上的潛力。即便女孩們跑趴時確實會遇到一些重要人士，但跟客戶或甚至公關相比，她們所處的位置卻不太能妥善利用這些社會資本。

不過，在VIP場域中，女孩確實有很多機會獲得文化資本，而這對她們未來的發展是有利的。對於缺乏正規教育或上流社會背景的女孩（以及公關）來說，VIP夜生活為他們打開的是一扇後門，讓她們得以了解全球精英階層的國際化品味。[37]藉由聽MBA畢業生的對話、聽他們談的書或推薦的媒體、體驗坐私人飛機旅行、認識頂級品牌、美食和葡萄酒等等，女孩們因此會對精英文化更為熟悉。又因為會前往異國或精英飛地旅行，女孩也從中瞭解到與世界接軌，並且要能自在與世界各地的人相處的重要性。在晚宴上，這種文化資本的傳遞很明確可見，比如德瑞總是例行性重複他和各行各業大亨之間關於技術和政治的對話，也會邀請同桌女生一起談這些複雜的話題。二十八歲的珍在知道歐洲人吃飯時要用左手拿叉之後，便開始用這種方式吃飯。瑞芭則採納了更符合上流社會的化妝風格，因為「一切的一切都圍繞著模特兒文化而存在，然後你會注意到，模特兒通常不化太重的妝，她們都被稱讚是自然美」。這種對精英消費文化的熟悉，就女孩未來發展戀愛或職涯方面，確實有潛在的好處。二十五歲的模特兒佩特拉就說：「如果你腦子裡有點東西，那會是你用來認識那些工作繁忙又有錢的人的好方法。」

瑞芭也是這樣想的。哥倫比亞大學畢業的她從事廣告業工作，而在這些年之間，她遇見許多和公關一起出去玩的成功男性，包括政治人物、對沖基金經理和風險投資人等等：

> 就像我所遇到的那些人一樣，那很不可思議，我要怎麼去其他地方遇見他們？這是個很酷的機會……可以跟他們聊幾句，討論他們在做的事情，然後你會學到風險投資或政治或之類的各種事情。所以對我來說，這其實是很有教育意義的。……不然我要怎麼跟一間開風險投資公司的人或其他人聊到天呢？我不可能在下東城的酒吧裡碰到他啊。就是不可能。

瑞芭並沒有思考自己要如何像公關和客戶一樣，將這些人脈兌現，但她確實看到了這些人脈對她未來事業的潛在價值：「也許有一天，隨著我的資歷漸深，這些人脈的影響力就會出現，不可能不會。我想，多數爬到高層的人，最後都會以某種方式進到這些圈子。也許不是在夜店，但或許會在晚宴上。那就是一個小小的社交圈。」

不過，多數時候，當女孩們聲稱自己可以從這些社會關係中獲益時，往往都只是模糊暗示自己可能遇到成功的男人。當我問二十一歲的模特兒芮妮她有沒有透過人脈發掘到任何機會時，她回答：「哦，絕對有，絕對有。因為你會遇到一些人，誰知道，或者其他人之類的……你知道，甚至就只是，像是一些小東西。」然後她就轉而談起過去幾次她和朋友與名人相遇的經驗，即便那些相遇都很短暫，或者相當性化。

潘妮這位模特兒兼電影演員雖然來自倫敦，但經常造訪紐約；她也解釋：「對，我就有碰過電影導演之類的。如果你認識他們、和他們保持聯繫，這對你來說很有幫助。」

「真的有用嗎？」我問道。

「永遠都很難說。」

潘妮說得其實沒錯：確實，你永遠不知道夜晚會把一個人帶往什麼地方，或者與誰相遇。然而，除了短暫的浪漫關係之外，這些相遇似乎鮮少有什麼結果。女孩們或許可能是所有熱鬧活動的中心，但就男性強大的社會網絡而言，她們仍「地處邊陲」。

因此，即便女孩擁有強大的身體資本，而且有機會踏入ＶＩＰ世界，但以男性角度而言，這些資本卻能發揮相較於對女孩來說大得多的價值。女孩之於男人，是一種極具價值的貨幣，我們可以把這種資源稱為「女孩資本」（girl capital）。[38]因為有女孩資本，像強納斯這樣的地產經紀人才有辦法跟執行長們開趴，而德瑞才可能和億萬富翁們吃飯。因為運用了女孩資本，像唐納這樣的客戶才能獲得令人垂涎的各種派對邀請，進而為他們帶來利潤豐厚的經濟交易。因為有了女孩資本，在坎城的桑托斯才可能和其他人公平競爭，讓未受教育、出身貧窮的公關，也能自在地和富裕男子共享舞池空間。而在多數時候，女孩都無從享受這些好處。那些以經濟或禮物的形式要求分享利潤的女孩，被認為是「拿好處者」、工於心計，或者是妓女。當自己的身體資本因年齡增長而貶值後，男人卻可以隨時更新自己手上的女孩資本，輕輕鬆鬆就能再找些剛來到大城市的年輕女性，並把她們拉入這充滿魅力卻又極度不平等的世界。美貌看似是女人出人頭地的途徑，但實際上，美貌把持在男人手裡，比握在女人自己手裡來得更值錢。[39]

用馬克思（Marx）的話來說，當一個人在不平等的狀態中，手中握有的能力可以資本化另一人的時候，那就是階級剝削。男人從女孩資本所獲得的剩餘價值（surplus value）多數時候都是隱形的，因為女孩參與夜店的活動往往被視為一種樂趣、休閒，而不是工作——就如同所有其他形式的婦女勞動一樣，譬如家庭中的照護與再生產勞動。[40]女性的勞動總是受到完美的偽裝，以至於一般很難將她們在夜店中的休閒活動視為工作。[41]而女性身為女孩時，確實體驗到這些活動的各種樂趣，於是也進一步掩蓋了這種勞動的真面目。

販賣及其樂趣

能夠成為男人的欲望對象，還被夜夜展示炫耀，這件事本身可能就具有極大的誘惑和愉悅感。對卡悌亞來說，這很有趣。

在我結束和桑托斯在邁阿密那段旅程後，又遇上了這位二十歲的烏克蘭模特兒，那時我們都回到了紐約。我們在蘇活區一間人行道旁的咖啡館裡，一邊喝著卡布奇諾，一邊聊起我們一起出去的那些夜晚，以及她對公關的看法。公關現在還是經常發簡訊給她，要邀她出去玩、帶她去吃午飯，而且他們也希望能在晚上帶她跑趴。現在就連夜店老闆都打電話給她。我們談話談了大約一小時，在這期間，她手機從來沒有安靜過。（無獨有偶，過程中甚至有一位男性路人打斷我們並稱讚她的美貌。）卡悌亞在紐約幾乎夜夜跑趴，而她用很簡單的語言解釋：

> 你知道，我只是想找點樂子。別人的事我不管，比如誰是客戶什麼的。我只是想出去見見朋友，你知道的。

卡悌亞沒有一定要跟誰發生性關係的壓力，當有男人抓住她並試圖親她時——就像前幾天晚上，某個知名夜店老闆那樣——她也只是推開他們，繼續狂歡。如果她喜歡的男人抓住她，「那沒關係，你知道的。」她自由地與她認為有吸引力的男人發生性關係，包括公關。她特別喜歡和男模特兒上床，事實上，她已經不跟桑普森出去玩了，因為他身邊沒有足夠的「模特兒男孩」可以滿足她。「跟很多不認識的女孩待在一起，一點都不好玩。」

我在邁阿密努力要跟上桑托斯和他對美麗隨從的要求，但卡悌亞從來不覺得出門跑趴是一份工作。正如她所說：「我不在乎。想離開的時候，我就會離開——若我不喜歡那間夜店或那個人的話。」

實際上，並不完全是這樣。比如在邁阿密，桑托斯堅持要她在夜店裡穿高跟鞋。「我跑趴時他從來不讓我穿球鞋。只能穿高跟鞋。我不喜歡穿高跟鞋跳舞，那讓我覺得不那麼好玩，因為我會一直想著『哦，我的腳』或『我要摔倒了』。」在邁阿密的時候，即便已經不好玩了，卡悌亞也不能輕易離開夜店。她在手機後面塞了一張信用卡，以備不時之需，但她沒有太多錢，所以要靠公關來週轉。即便面對這些限制，她還是從中取得了自己所能獲取的東西，包括與桑托斯的性行為、在海灘上吸食他的大麻、在高檔餐廳用餐，以及享受不知道夜晚會把你帶去何方的那種興奮感。最後，她對邁阿密那連續幾週的派對下了評語：「很棒，不是嗎？」

很難確定卡悌亞是沒有注意到，還是她不介意自己在時間和行動上所受到的限制。有可能她只是喜歡派對，就這麼簡單，而那就是她想取得她要的東西的最好方式。[42]

由於卡悌亞同意了這些交換條件，她也就維護了一種極不平等的制度：女孩要按照男人的條件標準，在男人之間流通，同時以金錢、社會關係和地位的形式，為他們創造剩餘價值。這種制度就是一九七五年，人類學家蓋兒・魯賓（Gayle Rubin）在她的著名文章中所說的「販賣婦女」（the traffic in women）。魯賓曾試圖解決二十世紀末困擾女性主義者辯論的性別不平等難題：為什麼在地球上幾乎所有社會中，女性都從屬於男性？[43]為了找到答案，魯賓重新審視了經典的部落親屬關係人類學，從中她觀察到，男性權力的核心緊扣著女性的流通。男人把女兒和姊妹送給其他男性婚配，好在男性主導的親屬群體之間建立聯盟，進而積累財富和權力。[44]魯賓認為，女人是男人權力的管道，因為男人控制著女人作為禮物流通的交換系統。此外，女性和她們的交換所產生的價值之間，往往有很大的斷裂。

雖然魯賓寫的是性奴隸和人口販賣體制，在這些體制中，女性沒有任何的能動性（agency）或行動自由，但她的分析對於今日的志願性販賣體制（consensual traffic）卻仍然有效。女性的姿色可以協助男人在一連串由男人控制的行業中獲得報酬。在美國和亞洲各地的金融業，性工作者的身體都有助於金融家達成商業交易。[45]在亞特蘭大的嘻哈音樂產業中，新歌往往會在脫衣舞夜店中播放，因為脫衣舞孃的活力往往能讓新歌大紅大紫，並進一步豐富這個由男性控制的產業。[46]而在整個服務業中——從中國的酒店到中美洲的 Hooters 美式餐廳——女性的身體也都受到策略性部署，以吸引男性顧客。社會學家艾米・漢瑟（Amy Hanser）曾寫道，女性在服務業從事的是「認可工作」（recognition work）；她們撫慰顧客的自尊心，讓他們覺得自己是特別的存在。[47]由此產生的利潤不成比例地累積到男性手中。[48]女性的美麗姿色甚至可能協助提升大學校園裡兄弟會的形象。頂尖的兄弟會都集結了那些最有錢有勢、最成功的人，為了招募新的兄弟會員，其目標就是要讓最漂亮的女孩參加他們的派對，有時她們會被稱為「小姐妹」或「匆匆女孩」。兄弟會靠著這些女孩積累制度化的權力和聲望，而女孩則只會有免費啤酒。[49]

魯賓從不認為販賣婦女是前現代社會的遺跡，也不認為販賣婦女有可能在發達資本主義中消失。相反地，她預言：「這些做法並不侷限於『原始』世界，在更『文明』的社會中，似乎會變得更明顯、更商業化。」[50]只要男性有可以不成比例地積聚在手中的資源，女性的交換流通就會蓬勃發展。迫在眉睫的問題是，為什麼女性會同意受剝削？

在我研究的VIP世界裡，女生藉由出現在男性周圍，確實獲得了很多實際好處，譬如招待的餐點、免費接送或免費住宿。當然，也會獲得一些關係上的好處，比如可以在一個新的城市建立起自己的朋友人脈網。女孩們還可能體驗到強大的誘惑性感官享受。

有些快樂相當直接，比如卡悌亞喜歡和帥哥一起玩嗨、做愛。有的女孩喜歡跳舞，比如我曾經遇到一個女孩，她實在太喜歡跳舞，所以在裙子下穿了一件「舞褲」，方便她在舞池裡盡情搖擺。對一些人來說，夜店提供的是感官上的放鬆，讓她們得以從生活的其餘部分獲得休息。我見到瑞芭時，她身穿商務套裝，當時是典型的漫長工作天的午休時間，她解釋說：「我整天都在工作，所以能穿得漂漂亮亮出門去玩、扮演完全不同的角色，我覺得很好。」佩特拉在分手後曾有一段時間是每週出去三個晚上，她在夜店裡找到了慰藉：「我當時真的心碎了……對我來說，派對生活就是我要的，你只想做你自己，而夜店可以提供這種機會。」

VIP世界的其他快感則更難解釋，因為有些快樂似乎是建立在一些乍看之下與女性賦權的概念有所相悖的事情上。以萊拉這位二十六歲的法國MBA畢業生為例，她後來開始與崔佛、桑托斯和馬爾科姆一起在曼哈頓跑趴，而且驚喜地發現，這些大門都向她敞開，單純只因為她的長相。所有免費的餐點、飲料以及VIP待遇，其實有點牴觸了她的「深層道德原則」，也就是她對女性經濟獨立的信念。她並不是自己所說的那種「很女性主義的女性主義者」，但她相信性別平權與機會平等，而且認為女性應該因其身體以外的特質而受到重視。

然而，萊拉在批判 VIP 場域的同時，也覺得自己似乎有點被誘惑了。正如她所說，這個排外的世界是邀請女性來成為欲望的客體，而未必是主體。[51]「整個讓人受寵若驚」——她指的是這種邀請。「真他媽的受寵若驚，」她對自己說，「好吧，那我可以好好利用它。」萊拉並不是在玩某種用美貌換取最大利益的遊戲——她不是收錢的女孩，也希望自己清楚這一點，但 VIP 場域確實為她開啟了一個充滿樂趣和刺激的世界，同時也讓她感到受寵若驚。

我們應該如何看待女孩們和男人所享受到的這些樂趣？

一篇《Buzzfeed》的文章曾嘲笑媒體對紐約「最熱門的夜總會」1 OAK 的報導，把尋求進入 VIP 夜店的女性寫得像一群無知、半裸的阿諛獻媚者，成天只求能進入夜店，以證明自己夠漂亮。[52]她們會做各種愚蠢的事情，比如穿不切實際的鞋子、舉起手臂跳舞，這樣她們的身體才能看起來更瘦。在文章最後，作者總結：女性應該記住，夜店是男人的享受和女性遭物化的地方。

理論上應該感到不適的事情，女孩們卻相當享受。許多常見的學術觀點在思考性別時，往往會在概念上把結構性物化女性，跟她們自身的主觀快感分開來看，彷彿只有男性才能在男性凝視中體驗到權力和享受感。這種做法因而忽略了物化本身是如何讓女性感到愉悅和賦權的——尤其當她們是被富人物化的時候。

受邀成為有錢人的欲望對象有種不可思議的吸引力。女孩們不時講述各種財富展示讓她們感到震撼，這些故事也間接證實了這一點。比如卡悌亞曾去過一位成功夜店老闆的公寓，而她對公寓的描述充滿了敬畏：

> 我去了他家，當時是白天。哦天哪，他家是我在紐約見過最美的地方。……這麼大，肯定很貴。而且它在五十多樓吧，所以能看到驚人的景色。很驚人的。我當時腦中只有：哇啊啊啊啊。

其他女孩也會講述類似的炫富故事，比如瑞芭曾說，她去參加二十五歲生日派對的路上，有個公關開著保時捷接她。女孩們有機會接觸到精緻的食物和葡萄酒，以及各種高級度假勝地；她們會見到名人，也參加各種出名且高調的活動。她們得到了被排除在社會和經濟權力之外的女性多半無法憑一己之力取得的東西。[53]

二十五歲的前模特兒諾拉曾經和德瑞出去跑趴過。諾拉是這麼解釋這些誘惑及其矛盾的：

> 我想整個事情是這樣，就某種意義來說，我不喜歡人家只以貌取人，但就另一種意義而言，我也很高興——可以看到那些東西，以及可以擁有這個機會，這可能是其他人通常不會擁有的。最後你確實會覺得自己是精英中的一員。我知道這聽起來很愚蠢，但……那代表了可以跟朋友出去玩，然後還有人告訴你：『你很漂亮』，所以你什麼錢都不用付。

進入VIP場域有部分的愉悅感在於——就如諾拉所說——你是進入了一個「其他人通常不會擁有的」獨特世界。時尚實習生埃莉諾也說：「我就是——我喜歡整個……就是整個紐約散發的這種光環。那個氛圍。我喜歡這裡的排他性。」排他性在此才是快樂的核心；也就是說，女孩們喜歡感覺自己比那些無法接近精英男子的女人更有價值。

我是在和恩里科一起出外的一個晚上想通的，原來女人的快樂、物化和階級制度是交互作用而成的。我和安娜一起坐上了恩里科和他西班牙富豪客戶的桌席，安娜是我的老友，過去也曾是模特兒。我們在沙發上喝了一輪酒、跳了一輪舞之後，恩里科的一個客戶走到安娜身邊，在嘈雜的音樂聲中對著她的耳語。當他伸手過去時，他把飲料全灑在我衣服上，卻完全沒有注意到；事實上，我在夜店和餐館裡多次遇到恩里科的這些客戶，他們很少注意到我的存在。當下，那名客戶用手捧著安娜的臉，拇指按住她耳側、貼近她的臉，接著說：「你漂亮得可以做我的朋友。」

我會知道這件事情，是因為安娜馬上就告訴我發生了什麼事，而他這麼囂張的話逗得我們大笑。但我們沒有討論到的是，他的評論必然標誌出安娜與我之間的差異——安娜的價值足以成為那些富裕男子的朋友，而我自己卻在隱隱之中，被排斥與貶低。

得以被有錢有勢的男性凝視令人覺得刺激、充滿誘惑，尤其因為VIP男性的凝視將會創造一種地位上的差異。女性進入VIP場域的一個強大拉力，就是知道其他女性無法進入。有一部分的樂趣來自於自己進得了這個能排斥和貶低他人的世界。因此，女性在此形同做了一場父權式交易：為了進入VIP世界，女性讓自己成為女孩，並且取得這個世界中的從屬地位。[54]

在一個理論上已進入後女性主義的世界裡，平等總被當成個人的權利和機會。然而，賦權永遠都不是靠個人來完成的工程。成為男人欲望對象而帶給女性權力的快樂，同時也會創造女性之間的階級制度，並且是根據男人對其價值的認知進行排序的。每一位女性被賦權、受到鼓勵去享受隨她的美麗而來的特權之際，就會有更多的女性遭到貶低，也因而在女人和「女孩」之間，以及男女之間，不平等亦會加劇。那些被認為夠漂亮的女孩即便進入世界上最排他而獨特的派對中心，也仍然是局外人，始終只能與緊握在男人手中的真正權力相鄰。

這整套由公關操演、由夜店策畫的組織性遊戲，就是為了讓女孩同意這種交換條件，同時還不會視之為剝削。

第五章

誰管理這些女孩?

紐約

星期二◆凌晨兩點半

凌晨兩點半，提博爾、菲利普和尼可拉斯已經準備要前往下一家也位於米特帕金區、大概兩個街區之外的夜店。他們開始集合自己帶來的十位女孩——她們穿著高跟鞋、緊身裙或緊身牛仔褲，還在Lux飯店頂樓夜店熱舞、飲用免費香檳。派對興致正高昂的女孩們蹦蹦跳跳走出黑暗的夜店，而店裡的彩色閃光燈則為透著白色日光燈的電梯添上色彩。碧昂斯（Beyoncé）的暢銷單曲〈女人我最大〉（Run the World (Girls)）響起。隆隆樂聲讓電梯牆為之震動，女孩們隨著歌曲的旋律搖擺身軀、繼續跳舞：「誰管理這世界？女孩們，女孩們！」菲利普也加入合唱，最後補上一句歌詞：「誰管理女孩們？男孩們，男孩們！」所有人都笑成一團。我和六個女孩魚貫擠進提博爾的黑色凱雷德（Escalade）的後座，前往下一家夜店，車內放起震耳欲聾的嘻哈樂。開到一半，菲利普的凱雷德從旁飛馳而過，許多纖瘦的手臂掛在車窗上揮舞，車內的女孩全都高聲歡呼。菲利普開始踩放煞車，車子一陣一陣地跳動，又激起兩車裡更多的笑鬧和尖叫聲。又是一個和提博爾在紐約狂歡的星期二晚上。

提博爾和他的團隊眼光精準。他們的目標是每個星期的五天晚上，盡可能招募到最多的模特兒。身為頂級公關的他們厲害之處在於，可以同時滿足ＶＩＰ夜店對品質與數量的要求。

「大家都以為我們是按人頭計價，譬如一個女孩多少錢。但其實不是，」提博爾說，「我們做這行已經很久了，我們為夜店創造的是一種形象。我們質量並重。」

「是有質也有量嗎？」我問道。

「不，是質量並重。我們會帶來數量最多、同時也最優質的女孩，而且是沒完沒了的。我們不因為找到固定的數量就滿足，而是想要更多，永遠都要更多最優質的女孩。」

所謂「質量並重」這個招募策略，實際上是一種他們在時尚界內部玩的數字遊戲。他們團隊的工作模式可以積極從紐約時尚產業的後備軍中招募到模特兒。他們在晚上會悉心照顧每個女孩的需求，努力確保每個人都享受到一段美好時光；到了白天，他們也對模特兒入注極大的關注。他們每天的行程安排總是圍繞著和女孩一起進行的社交活動，譬如招待她們吃豐盛的午餐、開著大型休旅車送她們去試鏡等等。團隊成員之間甚至會比賽，看每天晚上誰能帶來數量最多或品質最好的女孩。這場比賽本質上是為了好玩，有時候一個人就可能帶來十五個模特兒。

「最重要的事情就是要把女孩們帶來。」菲利普解釋道。團隊中每個人都有各自的獨門強項。提博爾非常擅長結識新朋友，並邀請他們出來玩。等他們真的出席之後，雖然提博爾和菲利普都很會帶氣氛，也都很會跳舞，但菲利普尤其擅長維繫關係：「我的社交技巧比較好，也喜歡與人來往，」菲利普說，「我也很能塑造類似友誼的關係，讓女孩們願意再出來。」同時，尼可拉斯則是有強大的商業人際網，他帶來的客戶往往很有買酒的消費力。

如果團隊中某個人的表現比較差，這場比賽就會變得比較嚴肅，有人會語帶斥責：「怎麼回事？你的表現在下滑喔。」

為了可以質量並重，他們比較偏好真正的時裝模特兒，因為即使是長得和模特兒差不多漂亮的女孩，這個「差不多」就代表她無法融入群體。她可能會有些膽怯，結果就壞了現場氣氛；她的出現也可能冒犯真正的模特兒，因為模特兒不樂見自己跟優秀平民平起平坐。因此，提博爾、菲利普和尼可拉斯會建立關係的對象，主要都是模特兒、有機會接觸到模特兒的人，比如她們的經紀人和男友，或是有機會讓他們更能吸引到模特兒的人，譬如那些有錢支付奢華晚餐、機票，或者在聖巴斯島或坎城這類富豪度假勝地有別墅的富有男性。如此一來，這群公關等於是居於國際VIP網絡的中心，而這也使得夜店願意接受他們不斷調整的費用。「他們知道我們不只是帶女孩來，而是為夜晚帶來整場派對。他們知道，少了我們他們什麼都不是。」提博爾語帶誇耀地說。

在此同時，提博爾也透過女孩而名利雙收。公關經常跟我說，少了他們的話，女孩就什麼都不是。在VIP世界中女孩或許最重要，但公關勢必得想辦法管理她們。

對提博爾來說，這代表他必須致力於重新組織他的日常生活習慣和生活方式，想盡辦法結識更多漂亮女孩。接送模特兒在整個城市四處跑一整天之後，大概下午五點，團隊會開始打電話到不同的模特兒公寓；到了晚上九點左右，再去接她們吃晚餐。團隊在飯席間要談話聊天，讓她們保持愉悅心情，一群人可能從午夜到隔天凌晨都在夜店狂歡。最後，大概凌晨三點半左右，他們會開車送女孩回家。在這辛苦又漫長的工作時間內，不僅需要身體勞動，也需要大量的情緒勞動，而且多數時候都相當幽微隱晦——換句話說，他們得學會如何和女孩以及和有錢的男性互動。「很多小事是你在圈外看不到的；得要圈內人才懂。」提博爾說。

這群公關成功的關鍵在於他們和時尚模特兒界關係相當緊密。提博爾不會花時間去街頭物色女孩——當然，如果有漂亮的女孩走過，他一定會追上去並自我介紹；不過多數時候，他都盡可能地融入模特兒產業之中。實際上，他的團隊正可說明時尚產業和夜生活經濟之間，高度緊密的相互依賴關係。提博爾的團隊對時尚產業的動態了若指掌，包括現在有哪些試鏡正在進行、模特兒的季節性勞動模式，以及幾十名國際模特兒抵達和離開紐約的確切日期。他們也知道哪些模特兒經紀人打算換工作、哪些經紀人的生日快到了等等。曾有模特兒跟我說，當初她們就是透過提博爾找到自己的經紀公司，因為提博爾跟許多經紀人關係不錯，還會主動為經紀人物色新面孔。他們和紐約的巴西模特兒社群關係也相當密切——自二〇〇〇年代開始，大量的巴西模特兒被招募入行，這群公關更時常跟著模特兒一起飛去里約熱內盧（Rio de Janeiro）或聖保羅（São Paulo）參加時裝週或度假。[1] 在我跟提博爾他們出去的某些晚上，巴西模特兒的比例甚至可達三分之二。他們一位同業競爭者曾跟我說，提博爾非常專業，他甚至自學葡萄牙語，好讓自己成為更厲害的公關。

「他比較像是自然而然通曉葡萄牙語。」提博爾的女友妮娜（Nina）澄清，因為他花了這麼多時間跟這麼多巴西朋友相處，所以自然多少會講一些。妮娜提醒我，不要太相信關於公關的傳言，不過她同意，提博爾的團隊確實是這個行業裡的佼佼者。我在二〇一二年訪談妮娜時，她認為，提博爾的團隊和其他人不同之處在於他們對女孩的用心程度極高，而且總是稱彼此為「朋友」，無一例外。

妮娜現年二十三歲，來自克羅埃西亞（Croatia），是個漂亮、活潑的模特兒，她舞技絕佳，和提博爾共舞時更是令人屏息。一旦開始跳舞，兩人的身體就很少分開。她是在二〇〇九年首次來紐約當模特兒時和提博爾相識的。朋友在夜店介紹他們認識，妮娜馬上就對這個團隊有很好的印象，他們非常友善，跟女孩們感情融洽，相處時彷彿就是一群感情很好的老朋友。她開始經常和他們一起出去，而那些夜晚確實非常好玩，尤其是她和提博爾一起「瘋狂」跳舞的時候。剛開始，他曾經幾次試圖在舞池裡吻她，但她拒絕了，後來也沒有什麼進展。直到大約一年後的某天下午，她和朋友一起到蘇活區吃午餐，之後突然肚子劇痛。當下除了提博爾，她的朋友不知道還能聯絡誰，而他後來便開著休旅車迅速抵達，載妮娜去看醫生，他花了一整天照顧得了腸胃感冒的她。不久之後，她就愛上了他。

那是一年半以前的事了。在那之後，兩人便陷入熱戀，他們一起去了西班牙和希臘，也去了巴爾幹半島和加勒比海地區，和雙方的家人見面。但他們也遇上不少困難時刻，混雜著醋意、爭吵，甚至分手。她必須跟很多漂亮女孩分享與他在一起的時光，她甚至得看著他和她們調情。多數晚上妮娜都會和他一起出去，即便她其實不想，或即便她正因為新簽的模特兒公司要她減肥而在戒酒中。某天下午，當我問她晚上要去哪裡玩時，她露出挖苦的笑容說：「我有得選嗎？」言下之意：反正無論提博爾在哪裡，她都要跟著去。

但無論如何，在她心目中，提博爾、他的團隊，以及他們的模特兒網絡，都是她的「家人」，也就是當你真的需要幫助的時候，可以依靠的人。他們也都是很有趣的人。她透過這些公關認識了很多厲害的角色，她跟他們去了許多有錢人的度假勝地，甚至愛上了其中一名公關。

她也幫他們賺了不少錢。她既是這些人的朋友，最後更成了提博爾的未婚妻，但她同時也是他們重要的經濟資產。公關的工作就是要從女孩身上榨取價值，而和女孩建立關係是最有效率的做法。在友誼與經濟效益之間、在親密感與金錢之間，總是存在著一種潛在的緊張關係，所有公關都很難避免。

不過當時，妮娜顯然沒有感受到任何一絲的緊張。聽說我在研究公關時，她緊緊抱住提博爾，跟我說：「你看，公關可以是最可愛、最溫柔、最棒的人！」

其他女性倒是只感覺到公關毫不掩飾他們對經濟利益的關心。

「他們都是小丑，」二十八歲的俄羅斯模特兒薩莎就說。薩莎在二〇〇六年來到紐約，當時經紀公司曾安排她住在一間上城區的公寓裡。有一天晚上，公寓裡的電話響起。是提博爾打來的，而且顯然不是要打來找公寓裡的誰，只是想找到是模特兒的人。

她叫他別再打來了，接著就把電話掛斷，結果他卻馬上回撥，問她為何要對他這麼沒禮貌。

「我做了什麼惹到你了嗎？」他問。

「你不尊重我的隱私，」她說，「這裡是我家，我不認識你，所以請不要打來這裡。」然後她又掛他電話。對薩莎來說，公關的問題在於他們渴望把她當成自己手中的商品——一種他們可以在夜店交易、並從中獲取利潤的商品，而這讓所有公關表現出的友善瞬間變得虛偽。「如果我們不是長這樣，」薩莎說：「他們根本不會和我們說話，連幫我們開門都不會。」

在妮娜的投入和薩莎的輕視之間，存在著多種不同的情感需求，促使女孩每晚去公關桌前報到：有時是對親密感、欲望、樂趣、歸屬感的追求，有些則單純是需要免費餐點的物質需求。公關會運用關係工作（relational work）這種策略來形塑女孩的感覺，試圖將這些經濟交易重新定義成個人關係的一環。他們的工作必須同時兼顧兩個在文化上難以相容的領域——一邊是感情與友誼，另一邊則是市場和商業交易。[2] 只要親密性和金錢同時出現，你就可能看見這種關係工作的蹤跡，譬如：性工作、器官捐贈、精子或卵子捐贈、兒童和老人的照護工作等。當市場上浮現究竟某類商品交換是否或應否出現的道德問題時，就會出現一套精心設計的社會實踐，規範這些交換該如何發生。[3]

公關面臨的具體難題在於，親密關係和金錢關係的界線變得模糊——換言之，他們形同是用朋友來謀利。即便乍看之下，他們和女孩真的是朋友，但他們的工作卻正是要占有女孩的經濟剩餘價值——在外界眼裡，這跟拉皮條幾乎沒兩樣。提博爾這樣的男性會投注大量心力，策略性地和女孩建立親密關係，而這種人際關係全然以經濟目的為基礎。[4] 換句話說，公關其實有兩項工作目標：資本化女孩身上的經濟價值，同時讓她們覺得彼此的互動都是源自於朋友關係。

提博爾照顧「朋友」的方式，就完美展現這種平衡了友誼與金錢、揉合個人關係與經濟關係的微妙結合。像他這樣的頂級公關有很多招數，無論是送禮物、提供服務、和女孩們調情，甚至是發生性關係，公關都會努力確保雙方之間的關係具有社交上的意義，譬如只是朋友一起出去玩，或者是砲友關係——但絕對不會只有經濟意涵。他們不希望女孩把他們視為經紀人或雇主、要為女孩的勞動提供報酬，但公關確實負責管理女孩們的勞動。他們就像管理者監督員工一般，會招募、提供報酬、控制並規訓她們。這種管理形式是高度性別化的，而且很少有女性擔任公關。我在田野調查期間，只在紐約找到五位接受我的訪談與觀察的女性公關。男性公關都會說，女性天生不適合做這麼艱苦的工作，但事實上，女性在此行業的挑戰跟她們的性別有關。她們無法使用男性宰制的影響力，也無法靠著異性間的調情來動員女孩持續坐到公關桌邊。由於公關和女孩之間的關係工作被高度性化，因此男性與女性各自發展出截然不同的方式來完成這個工作。

如果公關的工作有做好，女孩就能感覺到與他們之間的緊密連結。幾個月的共歡同樂會進一步鞏固「好朋友」之間的感情，就像提博爾、妮娜與其他幾十個女孩和諧共舞的那些完美夜晚。但其他夜晚可能就沒那麼順利。有時氣氛低迷不振，女孩們幾乎枯坐整晚；有時提博爾精神比較差，或者開始與吃醋的妮娜吵架。如果氣氛太沉悶，有些女孩會離席；而當她們想走時，公關有時可能會開始對她們吼叫。當這種情況發生時，這層關係中比較工具性的面向就會清楚浮現，而雙方的友誼也即將破碎。如果認為公關和夜店只是為了金錢利益而剝削女孩，那又太過度簡化了，而且這樣一來，還會錯過一個得以檢視剝削關係如何運作的重要視角：一言以蔽之，公關的經驗顯示，當感覺對了，剝削的成效最彰。

公關都很努力與女孩建立關係，他們會請她們吃午餐、開車送她們去試鏡、帶她們去看電影，甚至會幫她們搬家。提博爾也幫了我一些忙：某次我的車被拖走，他和傑克便把我載去曼哈頓西城的拖吊場取車。這是個善意之舉；但在我花了幾個月觀察他們的工作模式後，我開始將這些舉動視為他們的技巧之一。畢竟提博爾告訴過我，身為一個公關，「你所做的一切，都是工作」。

招募

「你好！嘿！我是艾希莉。我有些夜店裡面的朋友，然後我們今晚要舉行一場盛大的晚宴和派對。你們會想來嗎？」

跟提博爾一起打電話去模特兒公寓幾次之後，上面這段是我最好的開場白。那時是傍晚六點，我坐在提博爾臥室的地板上，嘗試動員模特兒來開趴。

「你是哪位？」電話那頭的聲音帶著東歐口音，小聲地問道。我支支吾吾提出了一連串急就章的解釋，雖然聽起來更像是為我莫名其妙打電話到這個女人住處的藉口。「呃，我是艾希莉，然後呃，我是提博爾的朋友，我們想找一些很酷的人來參加今晚的派對。」一陣沉默。我蹩腳地提出：「那我們派司機過去載你囉？」年輕女子答說累了，沒有多說什麼就掛了電話。我大大喘了一口氣。

「好啦，還不錯啊，表現得還可以。」坐在身旁地板上的提博爾說，手上正一邊熟練地用手機發邀請簡訊。他建議，如果可以用超大派對或超酷派對、壽司等關鍵字的話，應該會更好，模特兒都愛吃壽司。而且我不應該用「舉行」這類用語。

「這些人是模特兒，她們不懂學術用語，你知道的，模特兒不會注意那些事。直接說我們會有個超大派對就好。」

我們人在提博爾的「辦公室」裡——這間位於哈林區、裝潢簡陋、單房的租金管制公寓，每月房租大約是八百一十五美元。雖然這工作在哪裡都可以做，但提博爾覺得我們最好一起有系統地完成。當天稍早，我們一起開車送模特兒去試鏡，並和她們在聯合廣場附近共進午餐。午餐後的這段「自由時間」——也就是下午兩點到四點半之間——提博爾會傳簡訊告訴他手機通訊錄裡的兩千五百人他晚上的活動。每天下午五點，他會前往上城區，為晚上的行程做準備。現在他正在傳客製化簡訊，並打電話給他知道人確實在城裡、最可能答應出來玩的五十幾個人。

他的邀請內容通常很有趣、挑逗，有時甚至有點愚蠢：

> 模特兒就是那種要你下地獄你還甘之如飴的人……今晚要不要跟我們一起到 CLUB X 搖擺一下？派對前晚餐會在 Lux 飯店。提博爾。

平常他都是複製手機裡的電話號碼，一次寄出邀請簡訊，但今天他手機裡的這個功能壞了，所以只能一封一封傳，速度變得很慢。

提博爾給我一台小筆電讓我打電話，筆電上用轉接線插著電話，這樣才可以使用手機提供的免費網路服務。他遞給我一張模特兒公寓的電話號碼列表、一本妮娜的《戰爭與和平》好讓我墊著當底，還有一枝筆，讓我把打過的號碼劃掉。

提博爾用電話邀請的風格是傻笨中帶點狂野，他會刻意放低音嗓並拖長字句，譬如：「嘿——！女——孩——們！今晚將會很——瘋——狂。」他說他之所以這樣，是因為模特兒都很年輕，她們喜歡好玩的事情。

另一種策略則是連哄帶騙。舉例來說，我可能打過去，假裝自己曾經在工作上碰過某個模特兒：「嘿，我是艾希莉，我們之前在試鏡時見過面。」提博爾認為，這種時候我的性別格外加分，因為比起一個突然打來的陌生男子，女孩聽到我的聲音應該比較不會起疑。一旦我抓住了她的注意力，我就要跟她說，我們要辦一個有供應壽司的超大派對，然後我們會派司機來接她——也就是尼可拉斯、菲利普或提博爾其中之一。然後我永遠都可以再補充說，到時夜店裡還會有一些名人，譬如李奧納多．狄卡皮歐或者肯伊．威斯特（Kanye West）之類的。提博爾強調，這也不完全是謊話，因為有時候名人真的會來跑趴。

如果有女孩說太累、今晚不能出門的話，提博爾還有一招：問她白天有什麼行程。這樣他就能想辦法配合她的行程，在白天和她碰面。只要能在白天認識她們，晚上要約出來就比較容易。

如果有人接起電話，我還可以假裝是模特兒經紀人，譬如：「喂，我這裡是經紀公司。你們今晚準備好要出去了嗎？我們之前講好的。」這種行為看來會嚴重侵犯他人隱私，但提博爾再三安撫我：「沒問題，你就假裝是模特兒經紀人那樣講話。」我想必是滿臉懷疑，因為他又補了一句：「聽著，這就是我們的工作。」

提博爾通常是透過和他一起出去的眾多女孩們，取得這些由經紀公司管理的公寓電話，她們可能自己曾經住過，或是有朋友曾經住過。紐約多數模特兒經紀公司最少都擁有一間公寓，提供給剛入行的新人租賃。這些公寓多半四散於曼哈頓區，不過近年位於紐澤西和布魯克林的房子也變多了。這些住房通常都裝潢簡單，主要是想盡可能安置那些來來去去的模特兒，她們會從世界各地來到紐約，而且通常沒有其他住處。若是在時裝週這種旺季，一間兩房的公寓可能最多住進九位模特兒，每間臥室裡會有兩張上下鋪的床，兩間就睡八人，剩下一人則睡客廳的沙發床。每人的租金是固定金額，不管入住時有多少室友。一份二〇一六年的報告指出，紐約的模特兒每個月住在一間人滿為患的兩房模特兒公寓裡，還得支付一千八百五十美元的租金。[5]

經紀公司收租金時，看的是模特兒未來的報酬。鋪位租金這麼高，是因為經紀公司試圖利用這種方式抵消那些賺不了錢的模特兒為公司帶來的損失。房租會直接從她的帳上扣除，其中還包括她去紐約的機票、簽證、拍攝作品集照片等費用——簡而言之，模特兒身為獨立的簽約工作者，起步時要支出的經費，統統都得自己付。不過，因為許多模特兒在職涯初期都沒有太多收入，因此經紀公司會幫她代墊，但提高價格——通常每位模特兒在拿到第一份工作之前，往往已背負高達幾千美元的債務。如果模特兒需要零用金，經紀公司可以預借，但會收取5%的手續費。[6]模特兒本身是個相當昂貴的工作，即便有接到工作，工資往往也來得比花費更晚。

時裝週期間，紐約的模特兒人口雖會激增至數千人，但她們多半都在做無酬的試鏡，或者酬勞過低的伸展台走秀。[7]時裝週期間有些熱門大秀甚至不支付模特兒報酬——至少不是付錢。創立「模特兒聯盟」（Model Alliance）這個行業協會的模特兒莎拉・齊夫（Sara Ziff）就說：「模特兒缺乏最低工資的保護——時裝週有許多秀都是直接支付衣服。」[8]

少有經紀公司會因模特兒無力支付房租而提告，由於事業失敗的模特兒通常不太可能償還債務，更不可能負擔興訟所衍生的法律費用。模特兒經紀公司在玩的反而是另一種數字遊戲：他們招募眾多有潛力的頂級模特兒，雖然知道多數人不會賺錢，但仍希望能有一、兩個人大紅大紫。由於模特兒是個「贏者全拿」的市場，少數幾個幸運兒就能賺取可觀的報酬，於是也就能抵銷所有嘗試圓夢者在進出經紀公司時留下的未結債務。

自一九九〇年代起，模特兒星探便踏入俄羅斯和東歐的前蘇聯國境內，要發掘那些過往封閉起來的女性儲備勞動力。由於經濟相對貧弱、時尚業工作機會也較少，這些前蘇聯國家成為星探招募新人的沃土，而歐洲在一九九〇年代的貿易與旅遊自由化，也進一步帶給這些西歐的模特兒經紀公司更多接觸年輕白人女孩的機會。無獨有偶，經濟相對弱勢且白人人口眾多的巴西，在一九九〇年代以來，也一直是星探尋覓新人的重點區域。[9] 換句話說，模特兒星探就是透過剝削全球經濟的不平等而獲利，他們會從東歐和巴西等世界經濟邊陲地區提取商品原料，並在紐約和巴黎等大都市中相對繁榮的市場上獲利，形同再製了一種殖民經濟結構。[10] 提博爾身邊那群由十幾個巴西模特兒和一位克羅埃西亞女友所組成的女孩大軍，就是這樣來的。

紐約的經紀公司裡充斥著許多工資低廉、負債累累的模特兒，她們住處狹窄擁擠，而且初到紐約通常也沒什麼朋友。模特兒公寓因此也是公關招募新人的沃土——公關可以提供免費晚餐，以及能結識新朋友的有趣夜晚。有位現在已轉為夜店老闆的前公關以前甚至會偽裝成送披薩的人，以躲過警衛；一旦進到公寓裡，他就會脫掉披薩店制服，一一敲門，邀請女孩參加他的派對。

公關之間的競爭促使他們開發各種手段來招募模特兒，包括從經紀公司內部下手。就好比公關伊森：在他仔細研究了他工作上的典範，也就是提博爾的團隊之後，他發現，他得發展出一套進入模特兒產業的方法。於是他做了一份假履歷，佯稱自己是學時尚設計的學生，並成功進入一間紐約頂級模特兒經紀公司中無薪實習。

「我每天都最早到，也最晚離開。我每天大概都會工作十個小時，無償，一週工作五天。」

在經紀公司實習一整天之後，伊森會去健身、洗澡，然後再去當晚他負責當公關的夜店上班。

「所以我那時每天大概都只能睡三到四個小時，超級拼命。我這樣做了兩個月。我整天只想著要怎麼認識模特兒，以及摸索著該怎樣才能夠像提博爾或菲利普那樣，變成這行的佼佼者。」

他工作之勤奮，後來經紀公司甚至想提供他一個有員工福利的全職職位，即便在得知他實際身分是夜店公關後，他們還是希望聘他，不過這樣他就得從夜生活退出，改成替公司全職工作。伊森後來離開了經紀公司。「我去那裡的唯一原因，就是要成為一個更好的公關。」他說。

現在，伊森還是繼續跟模特兒經紀公司合作，不過身分不同。他負責協調、仲介模特兒的住宿與各種生活必需品，協助模特兒度過初到紐約的過渡期。我在二〇一二年認識他時，伊森正準備迎接三位即將從斯洛維尼亞抵達紐約的模特兒，他會去接機，並帶她們到他安排好的飯店下榻——他人脈很廣，本就認識飯店老闆，可以獲得不錯的住宿折扣。他會協助預約晚餐，當然，也會為她們安排晚上的出遊行程。

我總共遇到三位採取這種提供經紀公司接待服務策略的公關。他們白天忙著接送模特兒到機場、幫她們把行李搬上公寓樓梯，接著帶她們去經紀公司報到。到了晚上，他們就能收成自己辛苦勞動的成果：會有源源不斷的優質女孩出現在他們的公關桌旁。

到了二〇一二年，提博爾面臨的競爭變得非常激烈。很多公關都學習他，開始積極從模特行業招兵買馬。有些住在公寓裡的女孩偏好其他公關、不喜歡提博爾，純粹因為他名聲不好。有些女孩確實知道且厭惡提博爾的團隊，單純因為他們會打電話到她們那個房租遭哄抬的臨時住所。菲利普就警告我，至少在一間紐約的模特兒公寓裡，有女孩曾經散布謠言，說提博爾已經六十歲了。（關於這個傳聞，菲利普表示：「我想說，『你真的知道六十歲的人長什麼樣嗎？他才沒有六十歲！』」）在其他公寓，女孩們還會在牆上寫：提博爾和菲利普是壞人；甚至說他們販毒。

「我從來沒有，也絕對不會碰毒品！」菲利普堅稱，他和提博爾甚至滴酒不沾。「不過後來，譬如她離開公寓出來之後，」他接著說，「然後又跟大家打成一片，最後才發現其實能跟你出門玩超酷的。」

我坐在提博爾臥室的地上，把名單上的三十四個號碼全部打完。很多號碼都是空號，不然就是沒人接。天氣好的時候，比方像現在這種春天的下午，女孩都會出門，譬如去公園或者去逛街，提博爾解釋說，所以我得晚一點再打打看。

「你講得很好，不過要再放輕鬆，」他說，「不用擔心她們掛你電話。難免的。」

報酬

有個女孩在Facebook上貼出了照片，是她和公關一起在高檔餐廳的豪華餐桌上拍的，圖說是：「全部免費！」飯局是公關誘惑女孩外出的最有力手段之一，她們通常很喜歡告訴別人，自己的豪華用餐體驗全都免費。

但天下沒有白吃的午餐。我們永遠都得付出代價，且往往還有利息。[11]當人們展現慷慨時，地位差距就油然而生——當所有人看到某種揮霍是無以回報的，大人物就出現了——而隨著時間積累，這些禮物還會提高人對回報的期待。所有的禮物都需要回禮，即便當初的餽贈全然出於善意。施與受會在人與人之間形成一種義務的網絡，人類學家馬塞爾．牟斯認為，這就是禮物之所以能夠形塑社群的箇中道理。[12]

禮物之所以有趣，是因為這種「贈禮與回禮」的理想交換網絡往往不是那麼清楚明確。禮物交換之間存在著一種未言明的祕密光環，籠罩著我們對於回報的刻意誤認。[13]由於不確定會在何時、應該如何回報對方，這種不確定性也就讓送禮比意義明確的市場交易更讓人感到負擔。[14]而女孩和公關正是圍繞著這股祕而不宣的默契共舞。由於答應了晚餐邀約，她形同在社會意義上欠了公關一筆債。不過，她究竟被期待要做出什麼回報？

美國的追求行為大約在一個世紀之前逐漸離開家庭背景、進入商業領域，而年輕女性也開始成為都市夜生活娛樂活動的消費者，在那之後，這種模糊不清的狀態就一直如影隨形。二十世紀初期的現代約會，最早被稱為「款待」（treating）：未婚的年輕工人階級女性會暗示以性做為回饋，答應男性的娛樂活動邀約或接受消費用品。[15]這些被稱為「招待女孩」（charity girls）的女性，多半從事工廠女工等低薪工作，且租屋處往往狹窄擁擠，難以接待男性追求者。她們通常也被期待要把大部分收入拿去貼補家用。這讓勞工階級女性幾乎沒有錢可以消費身邊的各種都市娛樂，而有鑑於此，她們便大膽藉由男性的款待來彌補不足處。

能在公共場域約會而不受監督，雖然帶給她們新的自由，但卻可能帶來減損名譽的新風險。[16]當女性誇耀和自己約會的男性或獲得的款待，她們在女性之間的地位雖然會提升，但在公共場域的地位卻會下降，被貶為「跟妓女差不多」。[17]女性會反覆強調款待和賣淫之間的差異：她們堅稱，她們從不收錢，那些錢只是有指定用途，如電影票或電子遊戲機；就算她們想要比娛樂活動更多的東西，通常也只是衣服和鞋子等，以供外出所需。歷史學家伊麗莎白．克萊門斯（Elizabeth

Clemens）發現，某位一九一六年的年輕紐約女子發現約會對象手頭只有現金時，為了避免越過賣淫的那條界線，她堅持要他陪她一起去肉販、為她付帳。[18]女孩們心中自有一套道德界線，會確保她們承受的性債務跟獲得報酬的形式不相上下，以明確區分她們的約會生活與純粹的市場交易。[19]

款待女孩可以說是VIP經濟的基礎。由於接受了免費晚餐，女孩們就被期待應該和公關一起待在夜店，許多公關會說，這是「說好的」事情。共進晚餐的優點在於可以快速集結所有女孩，且當公關在模特兒的簇擁下走進夜店時，也能帶來震撼的視覺衝擊。

由於餐廳喜歡店裡氣氛熱鬧、充滿許多外貌出眾的客人，許多餐廳都會和公關以及鄰近夜店合作，並且每晚安排一定數量的招待桌。在這些招待晚餐中，公關一般需要向服務人員支付現金小費，通常會是帳單的10%至20%，總金額大概會是一百至兩百美元。

在這種飯局上，常會出現一些怪異的用餐經驗。如果廚房快收了、不願意準備新鮮的餐點，服務生就可能只會端出幾盤沙拉和冷盤。像這種晚上，女孩們多半會抱怨連連，有幾個人甚至會直接離席、不去夜店，以示抗議。有時餐點可能很不錯，但服務卻非常糟糕，餐具東缺一副西缺一支，服務生也漠不關心。我後來學乖了，都先吃飽再赴宴，以防萬一。畢竟就如同某位公關所說，搞不好最後只有在晚上十一點才吃得到幾根炸薯條。

公關晚餐的招待餐點通常都是分享式，不會特別考慮誰的飲食偏好，而廚房還常常送上一些價格相對低廉或當晚較少人點的菜。如果店家招待壽司，盤子裡很少會出現生魚片，多半是黃瓜卷。會和桑普森出去的十九歲模特兒吉兒（Jill）就說，女孩們都是吃一些「鬼東西」。

「因為他們通常都不給我們菜單……就像在吃廚餘一樣，」她說，「酒也是，我們通常只能喝到便宜的香檳和紅酒。」實際上，女孩在晚餐時從來沒喝到香檳過，多半只有氣泡白葡萄酒。

「酒都超爛。」她的朋友漢娜補充道，她也是一名模特兒。

「對啊，但還是好東西，」吉兒說，「而且不用錢。」即便可能無法選擇招待餐點的內容，也無法選擇會和她們同桌的對象；即便未必非常盡興，但這些免錢的夜晚多半都還是可接受的。

女孩們有時候也會只為了吃飯而出去：「我有一段時間完全不想花自己的錢吃飯，但我也不想去夜店，」漢娜說，「所以我想說，不然就去吃頓免費晚餐，到時候早點走。」這種策略或許可以成功個一、兩次，但也可能會引起公關的不滿，因為他們認為，既然都吃了晚餐，作為交換，女孩們就應該要留下來支持他。

有時候，公關在餐廳裡會自己買單，當作對女孩的特別招待。西班牙富豪公關恩里科就經常這麼做。有一天晚上，他帶著我、另外兩個朋友和他的模特兒女友奧爾加到雀兒喜區一間昂貴的義大利餐廳用餐。不過，奧爾加吃飯時頻頻用手機，令恩里科愈來愈不滿。

「這不是公關招待晚餐，奧爾加，請不要邊吃邊用手機。」他終於出口訓斥。恩里科認為這一餐很特別，是他要送給女友和他朋友們的禮物——雖然說，在餐後所有人都被期待要參加的派對上，他肯定能獲得比晚餐帳單高上至少兩倍的報酬。儘管有些微惱，她最後還是把手機收了起來。[20]

相對於招待的晚餐，公關也會安排「客戶晚宴」——意指公關的某個富裕「朋友」希望有美女相伴，而且他也願意帶著一群人出去吃飯。在這種客戶晚宴上，女孩們就可以點菜單上的餐點。和客戶出去代表食物跟飲料都會比較好，就如桑普森所說的，不用只喝「超爛香檳」。桑普森傳了封簡訊邀請我參與：

要和一個億萬富翁朋友去吃飯，然後到 Club X 喝酒。你應該一起來。喜歡什麼就點什麼 :D

這種晚餐就真的是款待了，因為和公關一起出去的女孩們——多半是學生、時裝模特兒，或是社會系教授——很少有能力走進曼哈頓高級餐廳，喜歡什麼就點什麼。對於還住在狹窄公寓、每月都捉襟見肘的紐約新移民來說，這些晚餐尤其是天降甘霖。某晚坐我隔壁的紐約大學學生就說，如果她沒有出來和公關吃飯，她那天的晚餐大概只能吃煎蛋，因為那是她在宿舍裡唯一能煮的東西。如同佩特拉這位在義大利開始從事模特兒工作的二十五歲女孩所說，很多女孩「沒錢買吃的，而且是真的買不起；這就是為什麼公關都知道，若要帶女孩來，他們就得帶食物。」

實際上，女孩們的階級背景相當混雜。在我訪談的二十個女孩中，家庭背景從勞工階級到上層階級都有。沒有任何一人自述來自貧窮家庭；我也遇到少數幾個富裕的女孩，她們通常不太擔心錢的問題。恩里科和德瑞的公關桌席經常會出現處於迥異生涯階段的女孩，從學生到年輕的專業工作者都有。在我訪談的女孩中，只有三位的經濟狀況相當不穩定，譬如失業的烏克蘭模特兒卡悌亞，二十歲的她在邁阿密時會和桑托斯一起出去玩。

二十六歲的碧翠絲身兼模特兒與公共關係工作，因而在藝術界有很多朋友，包括作家和設計師。她雖會和這些朋友一起去布魯克林的布希維克（Bushwick）區參加倉庫派對，但他們卻不能和她一起到米特帕金區喝免費香檳，「他們穿得不對，身高不夠高，也不夠瘦，雖然這些東西根本不影響我判斷一個人的價值。」她解釋道。她說，當自己忙於接案工作時，就很少和公關出去，但她在工作空檔經常會進出VIP場域：

> 我自己沒錢做其他事情時，會比較願意去跑趴，雖然大家不喜歡說明白，但這是真的。嗯，假如我們都付得起晚餐錢，那就不用因為無法邀請某些人一起吃飯而覺得尷尬了。

珍這位二十八歲的女演員兼哲學系碩士生也是如此。珍自己住在一間小公寓裡，但她出外跑趴的次數很頻繁，一週至少兩次，而且她通常都和公關西莉亞一起去Club Jewel。她說，一方面是為了支持西莉亞；另一方面，她補充道，則是為了喝免費的酒：

> 你在都市裡總得有社交生活吧？不能成天宅在家裡，獨自生活。所以不妨去個美麗的地方社交，在那裡或許還會遇到一些有趣的人。我絕對……你知道的，我還在讀研究所……每週都去Club Jewel玩的錢，我是絕對付不出來的，對吧？所以這就像是一場交易。就是那種大家都有好處的狀況。

除了晚餐之外，女孩也可能從公關那邊獲得午餐、各種優待、關心、新鮮體驗和服務。公關會帶著女孩集體出遊，譬如去迪士尼樂園或六旗樂園（Six Flags）玩、去打保齡球、看電影，或者去野餐。桑普森還說要帶女孩們跟他一起去上格鬥課。來自米蘭的公關盧卡在某次獲得豐厚報酬後，還給了他最忠實的幾位女孩一人兩百歐元的購物費。德瑞有時會帶女孩去水療中心美甲和按摩。馬爾科姆知道模特兒們很喜歡東十街的一家果汁吧，所以他在陽光明媚的午後，會坐在外面的長椅上，一等到模特兒走進來，就主動請她喝果汁。老闆會笑著對他說：「這是你今天點的第四杯了！」如果外面很冷，他會請女孩到星巴克喝熱咖啡：「你看，所以她們知道我會照顧她們。」馬爾科姆的「照顧」是公關口中的經典台詞；他們期待女孩會「忠誠」地「支持」他們，以作為回報。這些禮尚往來的性別化程度高到每次我訪談公關時，無論是午餐還是咖啡，他們都拒絕讓我付錢。男人付錢，女孩永遠不用買單，[21]她們付出的是時間。

公關還提供大量的接送服務。或者他們會像提博爾和桑普森那樣，自己開休旅車接送模特兒，又或是直接給女孩二十美金，讓她們坐計程車回家。如果某個女孩因為隔天一大早要趕飛機、不能出來玩，公關們會直接從夜店送她去機場。實際上，公關幾乎無論如何都會開車接送女孩。某日下午，桑普森接到一位苦惱的模特兒的電話，因為她找不到計程車載她和她養的中型犬。於是桑普森便答應將她和狗載到上城區的公寓，雖然那隻狗在後座大甩身體讓他明顯不太開心，但桑普森還是很高興自己能幫到一位模特兒。

少數公關也會供應免費的毒品，但這比較算是例外。桑托斯雖然不喜歡直接提供女孩毒品——他堅稱自己不是毒販——但他會主動詢問跟他一起出去的人要不要用他的大麻。除了他之外，大概有一半和我一起出去的公關會自豪地說，他們不會讓毒品靠近女孩，而這也是另一種展現自己會照顧她們的表現。正如三十二歲的穆斯塔法所說：

大家都覺得我們有吸毒、會帶壞這些女孩。但我們只是出去跑趴，有些女孩是本來就已經那個樣子了，才和我們一起出去。對這些女孩來說，其實我就像是她們的爸爸。大家都覺得是我們把她們搞得亂七八糟，但我們其實才是最安全的。我們希望她們安全。如果她們玩得太瘋，對我們反而不好。舉例來說，我都會知道她們要做什麼，我甚至知道她們跟誰上床。我甚至認識她們的媽媽！她們爸媽有時來城裡還會來跟我一起住！

德瑞、提博爾和菲利普也拒絕讓毒品出現在他們的桌席間；菲利普尤其把自己視為守護者的角色，並將這一點當成他邀女孩跟他出來跑趴的部分賣點：

我們不吸毒、不喝酒。我們開車接送模特兒。如果你是模特兒，你是沒錢坐計程車的。好，我會送你回家、接你出去玩。和我們一起的話，不會有人惹上麻煩，不會有人落單，也不會有人因為喝酒或吸毒而生病。我們會照顧她們。所以不會有人惹到警察，這就是為什麼我們能讓未成年的女孩和我們待在一起。[22]

公關會自視為保護者，甚至是父親的角色，並認為自己負責在夜生活中照顧女孩，這種情況不罕見。許多人都表示，他們是真心要幫助女孩探索和享受都市生活。當然，所有形式的照顧都是有代價的——也就是「支持」。支持各有不同類型——有些是指在夜店裡站上幾個小時直至深夜，有些則只需要現身喝小酒——而公關有時可能會非常明確表示他們需要女孩何時為他們做什麼。例如崔佛曾經傳一封很經典的簡訊，要我在某個他覺得對事業格外重要的晚上和他一起出去：

艾希莉，今晚的客戶是在一支歐洲職業足球隊踢球的球員。我要帶他們去 Club X。你可以來嗎？……絕對要來 Club X 喔寶貝。我現在跟客戶們在一起，希望得到支持 :)

公關有時還會向女孩提供紐約最稀缺的資源之一：住房。在我訪談的公關中，約有四分之一會安排女孩們入住他們自有的模特兒公寓；桑托斯會在米蘭提供自己的公寓給模特兒住，他還聲稱自己是提出此想法的第一人。瓦娜和帕布洛是一對在紐約合夥的公關，他們共同經營一間位於聯合廣場的模特兒公寓——這間寬敞的公寓有四房兩廳、開放式客廳，還有一個後院。有一間房裡放了兩張雙層床，共可容納四個女孩。我第一次見到他們時，瓦娜二十五歲，帕布洛二十九歲，而他們的公寓裡住了七個女孩，全都是模特兒，或者有志成為模特兒的零售店員。

這間公寓當初的押金是五萬美元，要價不菲，不過瓦娜說，他們不到半年時間就已經賺回來了。住在那裡的女孩被要求每週在週一至週六之間，至少要有四個晚上得和他們外出，每次時間至少三小時，從十二點到凌晨三點。他們每週外出六個晚上，而每一晚，夜店大約都會付給帕布洛、瓦娜及他們的副手總計一千美元的酬勞。模特兒公寓可能為公關帶來很大的收益，因為公寓可確保公關桌上每晚都能有一定數量的優質女孩。[23]不過，雖然位於市中心絕佳位置的寬敞公寓乍聽之下很不錯，但通常很快就會變得一團糟。瓦娜和帕布洛請人每週打掃一次，但即便如此，公寓內的垃圾會不斷增生：前門附近有垃圾袋；客廳裡有四洛克（Four Loko）能量飲料空罐和滿滿的煙灰缸；廚房平台上還會黏著乾掉的隱形眼鏡；儲藏室裡的食物總是很快就消失。有個女孩偷偷藏了一組乾淨餐盤，因為她的室友總是把碗盤放在水槽裡好幾天都不洗。

我在紐約所訪談的公關中，過半數還會花錢請女孩去參加他們在邁阿密、坎城、漢普頓、聖特羅佩和伊維薩島的季節性派對。身處公關網絡中的女孩會接受招待去旅行，即便行程可能很基本，又不穩定，但公關會替她們訂機票並安排食宿交通。客戶也很常邀請女孩到遙遠的地方，比如伊維薩島、以色列、聖巴斯島等地參加派對、科切拉音樂節，或一級方程式（F1）賽車等活動。「因為就是有一堆超級無敵有錢的外國男人，」二十一歲的芮妮正一邊在零售店工作，一邊尋找新的模特經紀公司，她解釋道，「之前我遇到一個杜拜來的人，他說：『你想不想來杜拜？』，我心想，『我才剛認識你，你就要我去杜拜？』」芮妮拒絕了，但很多其他女孩都會答應類似的邀約。佩特拉曾和公關去海地旅遊，而且玩得很盡興；從模特兒轉為珠寶設計師的蘿拉（Laura）去聖特羅佩島時，所有費用都是別人付的；而卡悌亞在邁阿密甚至免費住了將近一個月。

只有一種禮物是公關很少送給女孩的：金錢。在公關招募女孩的種種策略中，現金支付明顯闕如。公關常會主動替模特兒支付往返夜店的計程車錢（大約二十美金），但這筆錢總相當明確被指定用於計程車資，以避免任何引人懷疑她外出真正用意的可能性。公關在獲得大筆報酬後，有時會分一些給他喜歡的女孩們，但這筆錢是預計要給她們購物用的，而非付給她們的錢。

僅有極少數公關會付女孩出場費，金額大約在四十到八十元不等，而女孩普遍認為這種行為代表公關已經走投無路了。在入行約兩年後，桑普森和崔佛與馬爾科姆拆夥了，也因此他的女孩數量變得很不足。為了度過低潮，他告訴漢娜，如果她能固定和他出去跑趴，他一晚願意付她四十美金。漢娜拒絕了：「我不想拿錢，因為那就變成工作了，你知道嗎？」付錢行為會明確改變女孩與公關之間的關係，讓友誼變成了經濟交換，使得這個休閒活動轉變為勞動。[24]

我曾問過一名夜店老闆何不直接付錢給女孩，請她們來夜店，他回答我：「那樣會壞了興致。」此言明確展現了金錢所能帶來的重大改變。馬爾科姆也一樣，他絕不會付錢要女孩和他一起開趴，因為他不想讓桌席變得這麼「令人洩氣」。公關不想讓女孩變成他們的員工，多數時候，他們會希望自己和女孩之間的關係感覺很真摯。

同樣地，女孩也不想變成收錢女孩——不但道德名譽較低，還可能因而被迫將她們的休閒重新定義為勞動。某個在米特帕金區的晚上，我和兩個年輕的模特兒一起站在夜店外，等著公關和我們一起進場。她們有個也是模特兒的朋友剛好經過，她停下來打招呼，但卻又得匆匆離開——「我必須和我的公關一起去不同的夜店。」她解釋說。我問是哪個公關。「喬治。他有付錢給我們，八十美金，」她有點心不甘情不願地聳聳肩，「所以，這是工作。」

那人離開之後，她的兩個朋友說：「謝天謝地，我們不必這樣！」但其實，那天晚上我們四個人所做的事情根本沒有差別——我們會去夜店、喝免費的酒，站到公關的桌子上跳舞——但在我們之中，只有一人會獲得報酬，而且還被用有點憐憫的眼光看待。

正如一百年前的「招待女孩」一般，多數模特兒都無力負擔紐約知名餐飲和夜生活空間的消費，但她們也不想藉由一種明確的有償關係，來獲得享受的機會。ＶＩＰ款待已經成為一種體制，用以補貼時尚產業的低廉工資，並資本化模特兒的特殊地位——既是高度不穩定的勞動力，也是具有極高價值的商品。

性工作

公關利用禮物來掩飾女孩對自己的經濟利益，而夜店則利用公關來掩飾客戶同時購買地位與女孩的行為。富裕男子在VIP夜店裡的消費，也隱含著能有美麗（且多半沒有錢的）女性的陪伴。這種安排雖然乍看之下很像性工作，但在性質上卻感覺和性工作非常不同，因為夜店不會直接出售女孩的陪伴。相反地，夜店賣的是各種待價而沽的酒精，只是最後模特兒通常會一併出現——可能是公關帶來的，也可能是夜店管理者為了確保客戶能被美女環繞而刻意安排的。直接花錢買女人的行為充滿污名，但花錢喝酒卻沒什麼不對。藉由將美酒與美女互相連結，客戶就會感覺自己好像真的有女孩作伴。[25]

聘雇仲介就是一種用來遮掩污名化經濟交換的常見方法。擔任第三方的仲介負責執行把不想直接交易的雙方給串起來的苦差事：夜店不想直接聘雇女孩，因為這樣他們就會從夜生活圈進入性產業圈。[26]仲介可以減低這層不佳觀感，但也從而承擔著從事可疑交易的道德污名。

多數人一聽到公關的工作，就會想到皮條客。公關所使用的各種策略與技巧——舉凡送禮、調情、碰觸——也確實像皮條客的工作。[27]公關深知自己的工作給人的觀感不佳，因此他們也竭盡所能想要和皮條客畫出清楚的界線。即使沒有社會學家詢問，他們也總是堅稱，自己不拉皮條。幾乎所有人都表示，他們完全沒興趣撮合客戶跟女孩，不管什麼形式都一樣，因為那很可能會敗壞他們的聲譽。

我和桑普森初見面的某次談話中，他強調自己不是皮條客，而且完全不想跟抱持錯誤想法的客戶有任何關係。接著他描述典型的「壞客戶」不適合他的事業，且跟他那些有錢「朋友」截然不同：

阿拉伯人就是那種我不想碰的客戶。因為他們就是那種只想上床的客戶……每次碰到這種人，我一看他們就知道差別在哪，我實在很不喜歡跟這些人打交道……我想要讓人相處起來舒服、會把我當朋友的客戶。然後他們也是會跟我有所連結的人，不是我需要去巴結的，而是會把我視為朋友、彼此地位相當的那種。不是那種：「這就是會帶女孩來給我的公關」。

一年之後，我再次跟桑普森出去。他已經不再上街尋覓女孩，而是聘副手負責處理這種帶來高品質身體的苦差事。他將工作重心轉為接待客戶——他會帶客戶去夜店、在客戶桌席上款待女孩、從他們的買酒消費中抽成，以及舉辦客戶們的私人派對。他對交易性行為的立場出現大幅轉變，現在他認為，有償的性行為其實是一種經濟機會：

有一次，或者說有好幾次，我一晚就賺了三千。有個客戶給我一千，要我幫忙弄一場派對。後來他在那天晚上跟其中兩個女孩上了床，結果他就又另外給我兩千，接著夜店也付給我〔客戶買酒消費的20%〕。

桑普森沒有告訴我那些女孩在這種安排中有沒有獲得報酬，他小心翼翼地把自己的收益定義成小費或獎金，而不是直接付給拉皮條勞動的酬勞。我只遇過另一個公關向我透露，自己曾經做了有點類似拉皮條的事情。崔佛（那位和桑普森和馬爾科姆共事的十九歲新人公關）某年夏天曾經接待女孩參加在漢普頓豪宅的週末趴，大家以富豪客戶的客人為名義，還免費住了一晚。對於這種安排，他是這樣說的：「身為公關，我會告訴你，因為我們是免費住在客戶家，所以我一定會把女孩介紹給客戶，建立連結，不是一夜情，而是一種連結，作為他招待我們的回報。」

就連崔佛的用字遣詞都非常謹慎——他建立的是一種連結，而不是交易。桑普森和崔佛實屬異類，多數公關傾向淡化自己對於客戶和女孩在性事上的仲介角色。就算客戶和他們的女孩有發生性行為，也不關他們的事，而且他們也不想直接從中獲利。

如果真要說有什麼看起來宛若ＶＩＰ世界的性工作，那也不是客戶和女孩之間的性，而是公關和女孩們之間的性。[28]也就是說，公關會和很多女孩發生性關係。所有男公關和女孩們互動時，都會不斷地觸碰、親吻、擁抱她們，或者會在自拍時刻意靠得很近。他們有各種調情的小動作，有些頗為紳士，有些則令人不太舒服。德瑞跟女孩打招呼時，總會親吻她們的臉頰，他在表示自己有認真聽她說話時，經常會把一隻手放在女孩下背處。其他公關，譬如提博爾或菲利普，則會把女孩拉近、貼身跳舞。剛來做田野調查時，我對這些舉動很不適應，後來我開始發現，這些身體之間的近距離接觸，其實是他們試圖創造社交親近感的方式。

此外，公關傳的簡訊也總是窮盡挑逗之能事。公關傳訊息時會搭配大量的表情符號、性玩笑、各種親密暱稱，譬如「寶貝」、「北鼻」、「親愛的」，以及讚美。提博爾的文字是其中最誇張離譜的，就拿下面這段來說，他想要邀請女孩來參加他週二晚上的派對：

我只想在T開頭的日子做愛：週二、週四、週六（Taturday）、週日（Tunday）、今晚……最棒的週二晚上，千萬不要錯過。提博爾。

在我訪談二十六歲的碧翠絲的前一晚，我正好在托比（Toby）的公關桌上認識她。下面是托比傳給她的訊息：

多麼美好的夜晚，妳昨晚看起來很美。

「你看，托比根本不需要傳這句話。」她說道，一邊笑他老土，一邊說他大概把這段文字傳給昨晚所有同桌的女孩了。碧翠絲其實很喜歡托比，但當他做得這麼明顯時，她反而沒這麼喜歡了：「甚至只要看看昨晚那樣，你就會發現，托比的工作有很大一部分，就是要讓所有的女孩都想得到他，還要認為自己有機會，因為這樣她們才會一直出來。」

我的手機幾分鐘後也響了，是托比傳來的：

對了我昨晚非常開心妳看起來很漂亮我希望你跟大家都一樣玩得盡興

當然，托比並不是完全沒放真感情，但他的舉動明顯帶有策略性。當我訪談他時，托比描述了他在桌席間挑逗女孩的樂趣；事實上，他一個晚上可以和兩個甚至三個女孩親熱，通常不會引起嫉妒，他解釋說，因為他和女孩之間有個共識：「我們還很年輕。只是玩玩而已。」他知道自己和多數女孩的關係都相當親密，他說：「我帶的女孩不是什麼阿貓阿狗，我不是帶十個昨天才認識的女孩出去，你懂嗎？她們都是過去一整年每天都跟我跑趴的人。所以我才覺得跟她們出去很自在。」不過，他的工作就是要把女孩帶出來玩，跟許多其他公關一樣，他會利用自己的性吸引力，把女孩帶到他的桌席。[29]

「有一陣子我的派對上模特兒是最多的。」四十五歲的黑人公關杜克吹噓道。杜克自二〇〇〇年代初開始從事公關工作，正值夜店開始銷售桌邊服務跟招募模特兒的時間點。他精心招募模特兒的方法，便是基於策略性發展性關係。他認為和女孩發生性行為能確保她持續現身：

> 你要怎麼找到最多的模特兒？你必須說服她們出來。你要怎麼說服整個模特兒公寓在晚上都和你一起出來？我告訴你，你就去找那個受歡迎的女孩——公寓裡最令人興奮、最受歡迎的女孩——然後你就幹她。原諒我爆粗口。你去找最受歡迎的那一位，然後你幹她。就這麼簡單。不是那個安靜的女孩，不是那個沉悶的女孩，要選最受歡迎、最有活力的女孩，因為她會激勵公寓裡的每個人都出來玩。

另一種適合發生性關係的女孩，是那種跟時尚圈裡的大客戶或大經紀公司有業務往來的女孩，因為其他模特兒都會想待在她身邊，而公關就可以利用她的網絡。德瑞就解釋：「如果你睡了IMG的一個人」——IMG是紐約一間頂尖模特兒經紀公司——「你就可以讓模特兒公寓裡的所有女孩都出來玩。說個『今晚出來支持德瑞，女孩們』。她們就全都會來了。」[30]

乍看之下，或許會覺得女孩們愛上公關實在很傻，畢竟公關在這些性關係中獲利、欺騙的動機如此明顯。對公關所使用的親密策略，多數我遇到的女孩其實都有驚人的自覺，其中也不乏某些女孩為了追求自己的樂趣而順勢配合。卡悌亞與桑普森、桑托斯分別都有過戀情，她知道這兩人同時也會和別的女人發生關係，但是她清楚地表示，她喜歡他們，且那個時候喜歡和他們在一起。她認為與他們發生關係是自己的決定，不管她與這兩人之間的結構性不平等為何，而且她也喜歡把性視為「無後顧之憂」的個人樂趣。[31]

成為公關追求的對象是件頗令人興奮的事，畢竟公關身邊總是美女如雲。例如，萊拉雖然是因桑托斯的外貌而受他吸引，但她解釋道，除此之外，她也覺得很振奮，因為桑托斯在這麼多其他潛在性關係的對象中選擇了她。這讓她覺得自己很特別，因此有好幾個星期都會固定和他出去，想待在他身邊。她說：「他讓我覺得自己很美。」對於這段感情並未持續太久，她沒有一絲遺憾或失落。

另一個例子是埃莉諾。埃莉諾從來沒想過自己會和哪個公關發生關係，那是因為——她這樣解釋——「就是，當我第一次見到他時，我想說，『（他）也太沒有吸引力了』。但是呢，」她接著說，「他就是有點什麼，就是，見到他、和他互動的時候……而且我覺得他自己知道這一點。我的意思是，這些公關，比較好的那些，他們都很清楚要怎麼做他們的工作。他們很清楚要怎麼跟女孩溝通。因為這就是他們的工作。你知道的，當你成為銷售人員，你會一年做得比一年好。這就是公關們在做的事情。」埃莉諾和萊拉都很清楚，公關只是在做他們的工作，但她們都選擇接受他們所給予的奉承讚美，因為那讓她們覺得很快樂。

多數公關都不諱言自己性伴侶很多這件事，最多大約是每一週就會有一個新的伴侶。做了五年公關的喬，在解釋這題時似乎顯得有些尷尬：

但我也是經歷過那一段。呃，我以前也有一些時候是，一個星期，呃，每天晚上都是不同人。就是，每天晚上……我意思是，如果她是，呃，一個真正放得開、可以放得開的人，那她就沒差。但是，你知道，如果是那種情緒很多的人，那麼，你知道，那事情就會變得很糟。但是，就像我說的，同時，我總是不斷碰到很多新的〔女孩〕，這並不重要，你知道嗎？但是，對啦，公關喔，我們是、我們是，我們是男婊子。因為你就愛上他們，然後，你知道的。

馬爾科姆則是這樣說的：「我看過一本書說，女人一生平均跟五個男人上床，而男人一生的平均是十五個。我想說，如果這樣看的話，那我不是活了好幾輩子了。」

他又說：「如果你問我，酒客跟公關誰豔福比較多，我告訴你，永遠都是公關。永遠。」二十三歲的公關布魯克斯，更曾經直白地警告我：「如果有哪個公關告訴你，上床不是他事業計畫的一部分，那他就是在騙人。」

當女孩對公關似乎沒什麼興趣時，他們就會邀請其他可能吸引她們的對象，譬如找一到兩位男模一起來吃飯。馬爾科姆解釋：「就是，我們後來發現不是每個女孩都想和我們出去，不是每個女孩都會被我們吸引，之類的。所以呢，我們就會找其他男模，或者一些很酷的人一起來，好讓大家都願意繼續待在我們這一桌。」

德瑞吸引頂級模特兒的獨門祕訣是冷落她們，他還明確解釋自己如何運用這種心理戰術擄獲女孩的心：

> 假設我和十個女孩出去，我要追的那個，我就不理她。我不和她說話。我不看她。我只注意其他九個女孩，然後忽略我要追的那個。這有什麼用處？它會帶來一種心理作用，會讓她開始懷疑自己。她總是覺得：『我很漂亮，我在賺大錢』，但一旦我冷落她，那個女孩的信心就會崩潰。

雖然這個策略很冷酷，但似乎總能奏效。女孩經常會留宿在他家——位於翠貝卡區的奢華高樓單間公寓。他總是把家裡打理得像是飯店房間般一塵不染，就像隨時準備好接待要來過夜的女客那樣。實際上，女孩們造訪德瑞住處的頻率之高，甚至連他的浴室櫃子裡都不僅準備好衛生棉條、梳子，還擺著王子街（Prince Street）上各家精品店的法國香皂、臉霜等試用包。雖然德瑞多半理平頭，但櫃子裡卻備有吹風機。他解釋說，如果女孩們跟他說：「德瑞，我今晚不能住你那邊，我什麼東西都沒帶。你沒頭髮，那我明天早上要怎麼整理我的？」然後他就可以笑著拿起那支吹風機——上頭還附有超大烘罩。

公關總是策略百出，甚至有些侵略性地選模特兒下手，以建立對個人有好處的人脈關係。但多數狀況下，女孩似乎感覺不到這些關係中的剝削或交易成分。有時她們甚而會用深情款款的口吻，談起像德瑞這樣的人。

我們是你的朋友

公關會藉由夜店塑造各種親密關係——有性或無性的關係皆有——而他們就身處這個網絡的核心位置。無論是在公關—女孩的二元關係、在多個女孩之間，以及和整個公關團隊之間，女孩們都可能建立起緊密的連結，因而可能發揮延伸家庭的功能。

二十五歲的前模特兒諾拉說，在眾多公關之中，她只和德瑞一起出去跑趴。「我和他認識很久了，但我們只是朋友，」她說，「他是很好的人。」

諾拉到紐約當了一年半的模特兒後，決定開始體驗紐約著名的夜生活。她聽過夜店與免費香檳的故事，但也聽過不少「恐怖的故事」——多數是她保守的中西部父母告訴她，用來警告女兒和陌生人出去喝酒的風險。正當她要退出模特兒行業，想開始尋覓下一個生涯方向時，她告訴自己：「我二十歲了，我在幹嘛？我需要去跑趴。這裡大家都在享樂……所有模特兒都跟我說，你可以免費跑趴、玩得很開心。我想知道那是什麼感覺。」

於是，她採取了特殊的做法，她到 Facebook 搜尋公關，自己主動找上他們。很快她就找到了德瑞，接著兩人進行了一場「實際、真正的對話」。德瑞自然而然也邀請她一起出來跑趴。「當然，我當時不太確定，」諾拉說，「眼前這個人，我根本不知道他幾歲。我知道他的名字跟姓氏，但也搞不好只是他亂編的。」出於謹慎，諾拉帶著一位女生朋友同行，一起到 Downtown 和德瑞參加卡拉ＯＫ派對前的晚餐。

而那已經是五年前的事了。在此之後，諾拉投入她的下一份工作，成為水療中心美容師，雖然她也曾經和其他公關外出跑趴，但她更喜歡和德瑞出去。

她認為他是真正的朋友，而且兩人在夜店以外的「真實生活」中也會見面。他們喜歡去電影院看恐怖片。德瑞總堅持要付電影票錢，所以她會搶先去買爆米花和汽水。她從不覺得有要和德瑞發生關係的壓力，而且根據她的觀察，她認為性在德瑞的人際網絡中不是很重要：

> 不知道為什麼，我覺得德瑞是真正的朋友。和他一起出去的時候，我會覺得自己很受保護。每個坐在他桌席上的人都會說：「我認識德瑞已經十年了，或者我認識他七年了。」

其他公關雖然可以帶她進到不同夜店，但諾拉不喜歡他們做事的方式。她曾經和桑普森出去跑趴，直到某個尷尬的夜晚——那天她帶了兩個女性朋友，雖然不是模特兒，但也還算漂亮，但桑普森卻因為她們的長相而將她們拒於門外。「他一直試著傳簡訊給我，就是那種『我們今晚出去吧』之類的。我才不會回。我覺得已經受夠了。」

事實上，正如漢娜所說的，多數女孩都只會和她們「真的喜歡一起玩」的公關出去。碧翠絲就說，她白天的規則是：如果自己白天不會跟這個公關一起玩，那她晚上就不會和他去跑趴。她也絕不會和她認為是想跟她上床的公關出去。很顯然，公關們確實會跟部分女孩建立起有意義、互利，且沒有性關係成分的友情。

公關會和某些女孩，例如諾拉，建立起深厚且持久的感情。另一個例子則是佩特拉，她之前在米蘭和香港工作時就很了解公關，因為他們和當地的模特兒界也有密切連結。但在她來到紐約、朋友介紹她認識提博爾的合作夥伴尼可拉斯時，她覺得他們之間有一種獨特的相互尊重。

「我們是朋友，就像是，真正的朋友，」佩特拉說，「尼可拉斯，我可以信任這個人。」在她還沒有經紀公司時，是他協助她在城裡安頓下來，還讓她住他紐約的寬敞公寓，除了需要偶爾幫忙遛遛他的狗，佩特拉沒有明確的義務。他們會共享資訊，包括活動與工作機會，他還幫她在巴黎找了間公寓：「我會從他那邊獲得資訊，然後我也會提供資訊給他，因為我們認識很多共同的人，也對同樣的事情感興趣。」她認為他們之間的關係不完全是交易性質，而比較是互利互惠的，比如說，尼可拉斯會帶她去參加政治精英的活動，這對他很有幫助，對她來說也很刺激。當尼可拉斯從舉辦派對轉型，開始籌辦募款活動時，佩特拉似乎真心以他為榮：

> 他一直想做得更多。而他成功了。他現在有一間很大的公寓，過著富豪的生活。他已經不當公關了；他開始做一些商業交易，甚至會一起和〔一線政治人物〕做一些事……。所以這真的很酷，這也是他一直以來的願望。

女孩們也很看重彼此在VIP場域所培養出來的關係。對於初到城市的人，夜店給了她們一個立即的社交網絡，從中她們也可能找到長久的友誼。最棒的是，這個場域是全球性的，所以當一個模特兒在不同城市間移動時——正如佩特拉所說——「那個場域都會在，你就只需要去跑趴、然後找到它。對，因為有時候要在一個新城市認識到新的女生朋友真的非常難。」

諾拉就曾在德瑞的女孩網絡中，認識了兩位與她年齡相仿的模特兒，並結為好友。三個女孩每週二晚上都會跟德瑞出去吃飯、跳舞。她白天在水療中心的工時很長，一週工作六天，有時一天甚至長達十二個小時，出外跑趴是個可以讓她從工作中解放的紓壓方式。那不但很有助益，而且還是免費的。在我訪談諾拉時，她跟室友住在一間兩房的小公寓裡，每個月她都只能勉強支應她一千三百美元的房租。諾拉出身自中產階級上層家庭，她期待有朝一日能開一家屬於自己的水療中心，但目前，她有時間做的少數閒暇活動，就是德瑞幫忙買單的。

適當地揉合親密感、禮物和策略，公關就可以和女孩們建立起緊密的私人連帶關係，並且消弭他人認為公關別有居心的懷疑。女孩會從這群公關「朋友」身上獲得不少好處，並因此覺得自己真正在這個城市中扎了根。「我不是壞人。」一位公關曾在夜店外這樣對我說。女孩們的母親還會買生日禮物送他。說到底，他大部分的工作還是跟人際往來這件事有關。[32]

而且，女孩有時會因為覺得自己和公關及其網絡相當緊密，繼而開始視公關為自家人。

與帕布洛和瓦娜一起跑趴的團隊就是如此。帕布洛和瓦娜是一個公關團隊，共同經營一間位於聯合廣場的模特兒公寓，這間公寓可說是他們的搖錢樹，但對於住在那裡的兼職模特兒凱薩琳和芮妮來說，那也是她們稱為家的地方。十九歲的凱薩琳已經在公寓裡住了半年；二十一歲的芮妮是透過 Abercrombie & Fitch 同事的介紹，才認識了帕布洛，她已經在這間公寓住了整整一年，現在仍在當店員，同時也還在尋找模特兒經紀公司把她簽下來。女孩們都很喜歡帕布洛與瓦娜，她們尤其仰慕瓦娜，因為她的模特兒事業非常成功。她們形容兩位公關就像「哥哥姊姊」那樣，真的關心她們的福祉，儘管他們之間關係——以及住房——的前提，是必須同意每週要有四個晚上和公關出外跑趴到凌晨三點。儘管這些派對總讓人精疲力盡，而且有些晚上她們寧願宅在家裡，但這群女孩並不認為出外跑趴是她們的職業——雖然她們承認，那是一種勞動的形式。

「我不把它看成一種負擔，但我覺得那是一種工作，」芮妮解釋道，「因為我知道——」

「我們，就像是，代表他們一樣，」凱薩琳說，「就是說，我們知道，有我們在的話，可以讓他們看起來比較有面子——」

「沒錯。」芮妮說。

「我們知道大家是朋友，不過我們是在支持他們，我們不介意——」凱薩琳起了個頭。

「——這真的很重要，至少對我來說，就是要確保我們能夠好好代表他們，然後才有更多女孩會想和我們一起去，更多女孩才會一起來讓他們更有面子。」芮妮接著她的話說。為了報答他們的慷慨，女孩們出去玩的時候，會非常努力幫助這些公關，要讓他們看起來有面子。

她們甚至將每週六晚上去Club Jewel的行程稱為「家庭之夜」，因為她們會享受到美好得「荒謬至極」的時光，感覺彼此的默契如此相通。芮妮就解釋：

> 不管我們在哪裡，我從來沒有看過其他的團體，就是，〈跟我們一樣〉。無所謂，反正我們就是去玩的。這就是我們想做的事情。反正你再怎麼樣都得出門去，一直坐在原地憎恨自己的人生有什麼意義？

她們不是不知道自己在VIP夜店的經濟價值。雖然並不知道具體是多少，但她們知道自己確實為瓦娜和帕布洛帶來很多收益。不過，她們並不認為自己的經濟價值與友情有所衝突。相反地，女孩們在晚上還會不時施展能為公關創造利潤的技巧，鼓勵客戶購買昂貴的酒類，譬如特大號的香檳——這種做法普遍稱為「向上銷售」（upselling）。[33]

某晚帕布洛桌上有位大客戶，芮妮靠近向他打招呼，當他給她一杯香檳時，儘管她根本沒有要喝，她還是高興地接受了。因為這樣一來，客戶很快就會把酒倒完並再買一瓶，而這代表帕布洛能抽到更多佣金。「因為他有一個客戶，然後他也清楚我知道他在做什麼。這就像，我們有點類似在互相支持那樣。」她說。

有時，女孩們還會巧妙地催促男人點更貴的酒。「所以很多時候在夜店，我們可能整晚都不喝，但我們都會拿起酒杯，」邊說，芮妮邊舉起手來敬酒，「然後就，耶！我們就會拿著放到背後，不然就是等雜工來把它收走這樣。」

或者她們會「倒空」（dump-outs）——她們用這個詞來描述趁沒人注意時，偷偷把整杯香檳倒進冰桶的行為。「你會學到這些事情，」凱薩琳說，「像第一次，瓦娜可能遞給我一杯酒，然後我說，喔，我不要。〔然後〕她可能是對我說：『不、不、不，拿著就好。』」客戶受到鼓勵要幫所有人續杯，就會買更多香檳，而帕布洛抽到的佣金就更高，他還會向女孩們展露他的喜悅：「喔，他們花了好多錢，幹！」

凱薩琳和芮妮甚至開始培養自己的女孩網絡，可以邀請她們和帕布洛與瓦娜一起去跑趴。跟德瑞的招式類似，芮妮白天也會傳簡訊給她的模特兒友人，說「喔我真想你」之類的，以吸引她們出門。凱薩琳也會這麼做，她進一步解釋：「就是創造一個點，好和女孩們建立關係。最後那都會成為一段友誼。但老實說，一開始的動機其實是『我們需要跟這個女孩當朋友，這樣她才會再來』。就是，永遠都是這種出發點。」於是，這兩個女孩就好像成為帕布洛和瓦娜的非正式副手一般。

我問她們：既然都這麼辛苦工作了，難道不應該獲得報酬嗎？但因為她們所經歷到的樂趣與友誼，實在和她們想像中的有薪勞動——繁重乏味、冷漠疏離——太不相同，以至於她們堅定地拒絕接受，而其實她們出外跑趴這件事已經符合工作的定義了。「這像工作，但它不是工作，」凱薩琳回答，「因為你會認識很棒的朋友，我們大家就只是在一起玩耍而已，那永遠都不是工作，因為我們都是朋友。」

芮妮補充：「就像我們說的，這是我們的家庭。我願意為他們做任何事情。任何事情。」結果，其實芮妮過去一年來一直愛著帕布洛手下一位副手公關。在此同時，遠離俄勒岡州老家的凱薩琳則一直渴望能進入任何一個社交網絡。在她遇見的人之中，瓦娜和帕布洛是第一個讓她感到在這個城市裡有歸屬感的人。就帕布洛和瓦娜的角度來看，他們只邀請自己真心喜歡的女孩加入這個網絡；兩位公關都認為自己和女孩們是在培養真正的友誼。但也正因為女孩身處的結構位置較弱，才讓她們傾向加入公關團隊，並將其視為家人。

「家庭之夜」是在週六舉辦，那時候通常氣氛最嗨、大夥也玩得最開心。但到了週三晚上，女孩們往往正處於因睡過頭和宿醉而錯過模特兒試鏡、或搞砸工作的週間麻煩中。譬如，某個和帕布洛的副手托比出去的週三晚上，凌晨兩點半，凱薩琳表示累了，準備回家。托比直截了當拒絕了她。依據她的免費住宿協議，她必須在夜店待到三點。「我愛她，」托比在龍舌蘭酒杯交錯與嘈雜的音樂聲中，對著我喊道，「但那個婊子就是得待到三點。這就是規則！別怨天尤人了！」

在這種時刻，模特兒公寓看來完全不像是禮物，反而像一種工資。於是凱薩琳只好按著她的朋友們出於利潤動機所設定的條件，配合托比規定的作息，繼續和她在夜店的臨時家人一起待在桌邊。

公關自己的家庭組成基礎通常也不是太穩固。那些讓公關得以在職場成功的技巧，卻會嚴重危及他們私人的感情生活。多數公關的感情對象通常都是模特兒或優秀平民，但隨著他們繼續展現精湛的搭訕技巧，這種關係就很難維持下去。

在我的所有樣本中，只有一位公關屬於單配偶制：伊森。他和女友已經交往了一年多，而且這段感情另一個特殊之處在於，她是平民，而不是模特兒。

有些公關很努力要維持單配偶制的關係。我第一次訪談桑普森時，他已經結婚了，他的妻子是位三十歲的前模特兒，也希望他能專一。她經常和他一起出來跑趴，而且看起來夠年輕，可以成為他的桌邊女孩之一。他們已經結婚兩年，生了一個孩子。桑普森很自豪能夠在布魯克林租一棟大房子，還能負擔托兒費與養一台休旅車的錢——全都是靠他當公關的收入。然而，他之所以能成功動員女孩，有部分原因也正在於桑普森很有吸引及挑逗女孩的能力。他英俊瀟灑、魅力十足，而這就帶來了難題，當妻子和他一起出來跑趴時，更是難上加難：

> 譬如女孩們會開始黏到我身上、要摸我，或者跨到我身上跳舞。我就只好說我要喝水，

或是得開始倒酒，基本上就是要一直有各種動作，才能躲掉。〔我老婆〕會吃醋。她和我一起出來的時候，會變得很棘手，因為我不能一直調情。

不到一年，桑普森就和妻子離婚了；她抓到桑普森和同桌的一個女孩有染。雖然在VIP夜店裡，提博爾和菲利普的成功廣受讚揚，但他們的私人生活卻不那麼令人稱羨。我認識他們時，兩人各自的年幼孩子都交由前女友們撫養——她們過往都是兩人帶到公關桌的女孩，其中也有不少對孩子的父親心懷怨懟。菲利普有三個孩子，生母各是不同的女性。提博爾過去還曾和一名目前仍是模特兒的女性生了個孩子，現在那個家庭住在邁阿密。

在我認識兩人不久後，提博爾的女友妮娜就懷孕了——或許也不太令人意外。妮娜想當媽媽。她說，雖然她覺得對一個二十三歲的女性來說，這聽起來似乎很瘋狂。她愛上了提博爾，也準備好和他共組家庭，所以她就停用避孕藥。「他是個了不起的人，」她說，「真的是我一生中遇過最美好的人。在我的生命中，從來沒有人為我做過這麼多好事。」

認識提博爾的人都懷疑妮娜的夢想可能不會成真。妮娜自己也知道情勢看來不太樂觀。最近有人到一場選角活動上對模特兒做問卷調查，想了解她們的風險行為，比如喝酒、抽煙、吸毒的頻率為何。其中有一個問題是問：模特兒多常和公關發生性關係。「我覺得很不爽，」她說，「我心裡想，嗯，我是要嫁給公關喔，這又代表什麼？」

但妮娜很堅持：「我對每個人都這麼說，提博爾是最美好的人。我們走得很近，我說他會成為我先生。」他送了妮娜一枚小小的戒指，上面鑲有一顆白色的石頭，是兩人訂婚的禮物。她戴了一年多，在夜店裡覺得無聊時，就坐在他的桌邊用手指把玩戒指。

控制

親密關係的經濟會將模特兒和公關綁在一起。但有時這些連結需要經過加強，才能讓女孩們在午夜到凌晨三點這一段重要的時段待在桌邊，因為那是夜店經理會來巡視、清點人數、評估品質的關鍵時刻。為了確保他們桌邊穩定出現質量並重的女孩，公關會用巧妙而細微的手段管理女孩的時間、身體和動作，也要避免破壞他們苦心打造出的親密關係。

公關首先必須控制他們的桌席空間，管控可以加入的人，有時還得直接阻擋他們認為不受歡迎的人加入，譬如不那麼有吸引力的女孩和那些充場的人。他們必須阻止其他男人——包括其他公關——從他們桌邊把女孩挖走。他們還要避免自己的女孩早早離場，跑去別的夜店，甚至要避免她們跑去其他桌閒晃。

像凱薩琳這樣想早點回家的女孩會被勸退。有些公關會負責寄放女孩的外套，或把她們的手提包藏到沙發的隱密抽屜裡，也就是女孩們晚點會踏上去熱舞的那張沙發。換言之，如果沒有公關的協助，要收拾個人物品走人是很困難的；在凌晨三點之前，公關可能會拖拖拉拉，甚至可能不願意幫女孩拿外套和包包。

外表沒有吸引力的女生朋友，也是公關桌上另一個大威脅。女孩可能會帶朋友一起去參加免費派對，對此公關通常都有所戒備。桑普森會在晚餐時就快速解決這個問題。如果有女孩帶了不漂亮的女生朋友來，他會告訴她：

「抱歉，但你朋友不能進來。她不能吃這頓晚飯。」……我都直球對決，不囉唆。我不浪費時間，因為這會影響我的形象。而且其他女孩會開始說：「嘿，如果她能帶她朋友來，那我也可以帶我朋友來」……然後我的副手就會開始這麼做，結果給我帶一堆侏儒進場。所以在這種事根本還沒起頭之前，我就會說不。

當我想帶我自己的朋友一起去玩時，公關會跟我要朋友的全名，這樣才能找到Facebook和Instagram照片，確保外貌合格。[34]他們經常提醒我，美貌就是和他們開趴時要付的入場費。有天晚上，我傳了簡訊給恩里科，問說我能否帶兩個女生朋友一起去玩，他這樣回覆：

當然！！！就算不可能貌美如你，但還是好看的對吧！ＬＯＬ

公關也會控制女孩的身體，確保她們看起來沒問題。桑托斯的車上準備了他的女孩能穿的高跟鞋，並要她們在走進夜店或餐廳前，把腳上的涼鞋換下來。桑普森的休旅車裡放了件American Apparel的簡單黑色緊身洋裝裙和高跟鞋，隨時準備好要對女孩放話：改穿這套，不然就給我回家。他的妻子就事論事地解釋說，畢竟「有些女孩子真的很不會穿衣服。」

如果女孩打扮得有問題，可能會被當眾羞辱。漢娜就提到，某次桑托斯在邁阿密參加一場遊艇派對，結果其中有位女孩的比基尼區沒有剃毛。桑托斯命令她到廁所去「處理」，就是要她去剃掉。雖然讓那位女孩非常尷尬，但漢娜表示，她覺得此舉沒有問題：「我的意思是，如果你要穿比基尼到遊艇上，那你就應該要除毛。」女孩們必須要為自己的公關打扮亮眼，因為她們的身體就反映了公關的地位。

女孩所從事的上述情緒和體力勞動，正是社會學家所稱的「美感勞動」（aesthetic labor），而這種勞動在服務業中尤其常見。空服員、零售店員、服務生——幾乎所有的服務業工作者都必須要「好看又好聽」，以配合公司的品牌形象。[35]勞工得做好這一點，即便內心未必願意；但那就是工作的一部分。女孩也一樣，她們展演的是極具價值的美感勞動，她們不是只要出現、打扮漂亮而已，還得投入派對的氛圍中。這些勞動會在類工作的安排之下發生，且公關必須悉心管理；一旦它看起來像工作，整個派對就容易變調。

例如，某個初夏夜晚，我和桑托斯約在米蘭的 Dolce 夜店見面，那間夜店是高級時裝界人士的愛店，也是桑托斯在米蘭時固定開工的地方。那間店多是戶外空間，空氣中瀰漫著不合時宜的涼意，不到兩個小時，桑托斯的女孩們全都凍僵了。我的腳因為穿高跟鞋所以很痛，但附近只有立桌，完全沒有地方可以坐下。有些桑托斯的女孩依照和他之間的非正式協議，每週要跟他跑趴五個晚上，才能在嘗試成為模特兒的那段日子，免費住他那間米蘭的公寓。有人已經得了感冒，還開始流鼻水。她們很明顯只是在等自己的值班結束。

當女孩拒絕接受工作中的隱形條件，並且變得很難控制時，公關通常會加以規訓。他們的做法有時尚屬溫和，只是提醒她們有義務和他們待在一起。那看起來會有點像責備或訓斥，就像馬爾科姆發現我和別的公關一起去參加別的派對時，他當下責備我那樣：「你會認識他是因為我。你的忠誠度有夠糟，對我是種侮辱。」

有次在某位夜店老闆舉辦的客戶晚宴上，我吃完主菜就想離開，去參加另一場派對。過去曾擔任公關的夜店老闆把我攔下，並且當著眾人面，斥責我的無禮：

哇、哇、哇！你是在吃霸王餐嗎？……不能就這樣走人吧。你至少要留下來吃完甜點、喝完咖啡，而不是跑出去付帳。你們是女生，當然不用付錢，但你們得要留到最後。而且這裡是紐約，你知道的，所以接著你得下樓（去夜店）喝杯酒，再待一下子。

我尷尬地道歉，坐了下來，又待了一個小時。馬爾科姆認為女孩應該要遵守她身為這場隱形交易另一方的義務，他將其稱為公關的禮數。「我們是花錢買那鬼東西的，你知道我在說什麼嗎？」他在一頓昂貴的晚餐後抱怨道，「要知道公關的禮數。如果你去吃了飯、喝了酒，那至少就得去夜店待上一到兩個小時。」

規訓是相當微妙的行動。不能以對待勞工的方式對待女孩，因為她們不是去工作，而是去玩的。公關不應表現得太像她們老闆，但同時，卻需要她們來完成女孩的工作。一位會在週末接待女孩和公關到他漢普頓家裡開趴的客戶如此解釋：「要我說，公關就像是在養小貓。必須做兩件事：讓牠們發出呼嚕聲，以及用噴水教訓牠們。」支配和親密關係兩者都要得以維繫才行。

這種平衡技巧並不是永遠都會奏效。當某個公關試圖阻止瑞芭離開他那一桌去和另一邊的前男友交談時，她就直接和他斷絕往來。「他們自以為擁有你。在那次之後，我就再也沒跟他出去過，因為那對我來說不好玩。我想跟誰說話，就跟誰說話。」

公關一樣也會解聘太不受控的女孩。「我之前有做過，」馬爾科姆說：「我給那女孩二十元，要她回家，不要她留下來吃晚餐。她是個麻煩精。我說，『你可不能毀了我的晚餐。去叫車。』」此舉有效地終結了他們之間的關係。

當女孩和公關都到了忍受極限時，就可能爆發衝突。有時候公關會對女孩大吼大叫、出言侮辱，或者直接將她從團體中踢出去。妮娜剛抵達紐約時，就曾遭遇類似的事情。那時她還不認識提博爾，且常和布萊恩一起出去，布萊恩是位長相帥氣的非裔美籍公關，且在上層階級的VIP夜店圈頗有地位。他們一起出去了幾次，妮娜和三個女生朋友想換地方玩，要求布萊恩帶她們去脫衣舞孃俱樂部，單純只因為好玩。布萊恩幫她們付了脫衣舞孃俱樂部的酒錢，接著他們前往布萊恩工作的VIP夜店。到了凌晨一點，妮娜想回家了，但就在她要離開的路上，布萊恩抓著她的手臂，一邊搖晃她，一邊還大吼：「『不行，我在賺錢！你不能離開，因為你去了脫衣舞酒吧，而我付了你的酒錢，所以現在你至少得在這裡待到三點。』」

一切都變得清晰可見：布萊恩將她視為利益的來源，而非朋友。金錢才是他們關係的核心。在那個瞬間，他們由平行關係轉變為上對下的關係，由友誼轉變為雇傭關係。妮娜對此感到極為震驚，所以她直接和布萊恩斷絕一切往來。

妮娜剛認識提博爾時，曾告訴他這個故事，並表示她很高興他和菲利普不是這樣的人。[36]確實，對於他的團隊有多麼關心女孩的福祉，菲利普是相當自豪的：「我們和其他的公關不一樣。

我們不會試著控制女孩。如果你想和別的公關出去，當然也可以。」即便如此，菲利普相信女孩們一定會注意到他們團隊所給的關心程度與友誼有多不同，所以都會選擇和他們一起出去玩。

但菲利普會（我認為是刻意地）在關心與控制之間，構建起一種錯誤的二元區分，彷彿這兩者在單一關係中無法同時存在。他們的團隊之所以這麼成功，正是因為他們似乎有辦法將這兩種模式完美地融合在一起。他們正是透過對女孩的照顧，對她們施加控制。

度假

如果跟公關去「度假」，他們對女孩的控制力很快就展露無遺。「基本上是別人付你錢去度假的。」桑普森如此描述他去漢普頓和邁阿密的旅行，也就是當紐約夜店為了迎合他們富豪客戶的習性，到度假勝地開設季節性快閃夜店那種時候。夜店會聘請桑普森、桑托斯和提博爾等人在連假期間或有特殊活動時，帶女孩來玩。公關是按夜收款的，而夜店經理或客戶則會幫忙支付所有人的住宿費用。當桑普森提起這些旅行時，總會說這是他工作中其中一個美好的福利。

於是我便和他、馬爾科姆及崔佛一起去漢普頓度過亡兵紀念日連假，那時正值夏日派對季的第一個週末。我們一行十五人共住，那棟房子有雙臥室、雙衛浴，是由桑普森的其中一位「好朋友」所租的，那位好朋友是名投資銀行家，每年夏天都會在南漢普頓租一棟房子。他會讓公關和女孩免費留宿，對此，桑普森解釋：

這就只是那些有房子的人在旺季時幫的小忙。因為他們想要有漂亮女孩一起開趴。只要是人都想。你知道的，誰不想啊？可以和這些模特兒一起姍姍來遲、走進夜店，每個人都會邊看邊想：「那個混蛋是誰？」他們想要那種氛圍，你知道的，就是那種外表。如果我有很多錢，我也會想要。

那個週末的兩個晚上，我們在夜店待了很長時間，直到打烊，接著又到客戶的豪宅裡續攤，女孩們全都累壞了，其中一人甚至直接坐在廚房桌邊就睡著了。星期天早上七點，我們終於離開了那個週末的最後一場活動。我開著桑普森的休旅車，在清晨的陽光下穿過南漢普頓，車裡擠滿九個醉倒的人——包括桑普森自己、他的妻子，和他的女孩們。在我們抵達南漢普頓的家之後，桑普森吐在浴缸裡。

夜復一夜的出外跑趴，與其說是度假，感覺更像在工作。根據未言明的協議，女孩不能掌控自己的時間；她們的時間屬於公關。在旅行期間，這種情況變得尤其明顯，因為公關無時無刻都能控制女孩的所有行動，原因很簡單——女孩們沒有借住別墅的鑰匙，即便想去其他地方，她們也沒有其他的交通工具。

我在坎城的經驗就是如此。我曾在六月和桑托斯一起到坎城住了五個晚上，我們住在一棟有四間臥房的別墅，除了一位桑托斯的副手外，別墅裡還住了十個女孩，多數是模特兒。桑托斯與他的夥伴和 Club Holla 簽了約，這是一間在坎城相當著名的ＶＩＰ夜店，也是頂級派對圈的常駐據點。在午夜十二點到凌晨四點之間，他們每晚至少需要帶二十五名女孩到店裡來。但在兩週之內，他們帶了五十六個女孩進場，雖然超量供給帶給他們極好的商譽，但卻帶來許多後勤上的問題，譬如，他們得想辦法為這些珍貴玉體找到足夠的床位。

桑托斯和他的夥伴各自住一棟別墅，輪流安置不同女孩。在我待在當地期間，有三名瑞典人在桑托斯的別墅住了一個週末；三名立陶宛女孩住了兩週；五名捷克模特兒住了兩週；還有一個來自布魯克林的俄羅斯模特兒是和桑托斯同床共枕，並自稱是他女友。隨著她在那裡待的時間愈久，她變得愈漸有侵略性，會指責他不忠和找其他女孩調情。桑托斯在米蘭有一棟專門提供給模特兒居住的公寓，他會利用這個他兼差經營的公寓招募東歐模特兒。由於讓女孩們從波蘭、立陶宛和捷克飛去坎城的價格很便宜，而且桑托斯只要認識到一個屬於布拉格等城市的經紀公司的女孩，就可以請她幫忙找更多同經紀公司的女孩參與這類活動。通常這些女孩都很美，而布拉格的模特兒工作畢竟有限，且她們也會有意願加入，因為夏天時她們很可能已經開始放暑假，又很想去海邊度假，但那卻是她們自己負擔不起的行程。從每晚桑托斯的公關桌上出現的各國聯盟，不難看出他在時尚模特兒界的影響力：一邊是立陶宛模特兒；一邊是波蘭和捷克來的女孩們；而瑞典模特兒則聚在另一個角落。

每天晚上八點三十分，女孩們會著裝打扮好，並在十點三十分出發吃晚餐，通常都是吃同一家餐廳（由Club Holla擁有，提供免費招待的餐點）。他們會在Holla夜店從十二點一直待到至少凌晨四點，有時甚至會待到凌晨五點關門的時候。通常來說，別墅裡沒人會在下午一點之前起床。所以大概也只剩下六小時的空檔（也就是從下午兩點到八點）可以在坎城玩。

在那個空檔時段，有時桑托斯會帶女孩們去一家也是夜店所持有的海濱餐廳享用招待餐點，並且免費使用躺椅。女孩們都希望能夠曬曬日光浴，但每次抵達海邊都已經太晚，日照時間總是不夠。她們想去里維埃拉看看，但時間也老是不夠，因為她們無法掌控行程的節奏。雖然有人也會想去新的地方吃飯，但桑托斯不會讓她們脫隊。他們的免費別墅距離市中心大概要十五分鐘車程，但當地的夏季計程車費大約是五十歐元，那對多數女孩來說都太貴了。

簡而言之，這些立陶宛、瑞典、波蘭和捷克的女孩們本來以為來到坎城是來度假的，結果卻發現自己被仔細掌控，並且要為桑托斯和 Club Holla 工作。

這種工作可能極有樂趣，卻也可能非常痛苦。

桑托斯可以說是整場派對的命脈。他有時會和女孩一起在沙發上熱舞，偶爾喝一口加了搖頭丸的雞尾酒，然後徹夜在外一攤續過一攤。但這些樂子對他跟女孩們來說是有代價的。他通常得睡到下午兩點，情緒起伏很大，難以預測，沒事就大發雷霆。但即便很累、心情很差、睡眠不足、宿醉還沒醒，桑托斯和他的女孩隔天還是得出現在夜店裡。

有一天晚上，店裡氣氛意外歡騰刺激。Club Holla 安排了一場知名饒舌歌手的表演，將氣氛炒得很熱。桑托斯和他的生意夥伴盧卡在沙發上跳了好幾個小時的舞，身旁圍繞著四十多位女孩，包括那位突然自稱為桑托斯女友的開朗女孩；每個人都用力跳舞、尖叫、拍照；瓶身有點燃煙火的香檳則一瓶接一瓶地送來。派對在早上七點左右結束，桑托斯喝完了別墅裡的最後一口酒——一杯香草蘇托力伏特加，而女孩則穿著睡衣在清晨的陽光下跳舞。就在這一刻，桑托斯再次向我重申他的成就：他身處 VIP 夜店圈的頂端，成日在度假勝地和百萬富翁與美麗的模特兒同享絢爛無比的派對。

隔天下午兩點左右，我在一張洩了氣的充氣床墊上醒來，床上還有一位二十四歲的捷克模特兒，在這間狹窄的房間中還有另一張床墊，上面躺著三位立陶宛模特兒。

那天所有人都在宿醉，精神不振。當我們抵達海濱夜店時，女孩全都怨聲載道。她們沒趕上有日照的時間，太陽那時幾乎已經落到天線。她們厭倦了天天在同一個地方吃同樣的食物，對這場免費假期也感到疲憊不堪。再過六個小時，他們就要準備再前往夜店。那一晚，夜店幾乎空無一人。浩室音樂響起，但女孩全都雙手抱胸坐在沙發上，有人甚至還睡著。沒有半個人喝酒或跳舞。桑托斯甚至消失了兩個小時，沒有出現在自己的桌席。他跑到自己車上睡了一覺。

夫人

乍看之下，西莉亞就像是個優秀平民。二十八歲的她身材高挑、打扮入時，比模特兒略顯曲線美。她多數晚上都和差不多漂亮的一群女人在米特帕金區跑趴，而每年夏天，她們也都會在漢普頓的同一張桌子上跳舞。不過，只要觀察她一陣子，你就會發現她沒有在喝酒，而是在倒酒。她總是站在桌前晃動著肩膀，彷彿她很喜歡跳舞一樣，但其實她的身體從來沒有和節拍一致過，因為她的注意力總是集中在自己的女孩和桌席上。我第一次遇到西莉亞時，她的客戶是經由 Club Jewel 夜店經理引介認識的兩個富有商業夥伴。他們很喜歡她帶來的有趣優秀平民，且常在她的桌席買酒，這替她賺進了不少佣金，雖然他們在背後總戲稱她為「夫人」，因為「她身邊總是圍繞著各種女孩」。

很少有女性擔任公關。我在紐約幾乎每一晚都會遇到男公關，但我費了一些工夫才知道紐約其實也有十個女性公關。我訪談了其中五位，並和她們一起出去跑趴。

當我問德瑞，為何很少有女性擔任公關時，他這麼說：「這遊戲對女人來說並不容易。」「女人沒辦法處理。」一位夜店老闆曾經這樣說。「夜生活就是男人的俱樂部。」另一名女孩則這樣跟我說。諸如此類的言論，不一而足。

多數男公關一般是靠自己和女孩打情罵俏的魅力吸引女性跟他們一起出外跑趴，而女公關往往是因為她們在有價值的女孩社交網絡中身居要位。我所訪談的五位女性公關身邊的漂亮女孩可說是隨手可得。其中有四人是和模特兒有直接往來。有兩位自己本來就是模特兒，因為時常和女模特兒友人出入夜店，後又受到經理或公關的邀請，就這樣入行了。有一人自己就擁有一間小型的模特兒經紀公司，她會帶新簽約的模特兒去夜店，藉此補貼她開業的成本。有一人過去曾是模特兒經紀人，和許多模特兒都有密切往來。

最後一人則是西莉亞，她之所以被招攬入行，是因為她和朋友合資在蘇活區開了間麵包咖啡店，因此很容易就能遇到一些女孩。那間咖啡店賣的是昂貴的法式甜點和義式咖啡，正是公關恩里科喜歡消磨午後時光的地方。他和西莉亞成了好朋友，兩人都來自歐洲上流社會的家庭，而他一眼就看出她和許多經常光顧這間店的年輕女性都關係密切。這間店也是紐約大學、流行設計學院（Fashion Institute of Technology）的學生以及模特兒很愛出沒的地方。西莉亞的性格活潑外向；而恩里科正是相中她身上那股「正能量」——她能和許多真正有價值的珍貴女孩建立關係，並把他的公關桌坐滿。他邀請她擔任他的副手，最後，她自己闖出了一片天。

西莉亞每晚凌晨十二點到三點從夜店回來後，白天負責麵包店的營運。她法國老家在二〇〇八年受到金融海嘯的衝擊而面臨財務虧損，因此他們不願意繼續投資她的事業。為了證明自己根本不需要家裡的錢，急於自立門戶的西莉亞投入身上每一毛錢，想辦法合資開了這家時尚的咖啡店。雖然她很喜歡這份工作，但工作壓力很大，而且一年過去，她發現咖啡店不但完全沒賺錢，甚至還不斷消耗掉她的積蓄。所以當恩里科接近她，並告訴她只要和他一起工作，每個晚上都能賺進好幾百美金的時候，她欣然答應了。

她很喜歡電音舞曲，對於她在巴黎老家時常光顧的高檔夜店也不陌生。她說，在歐洲根本沒人在乎模特兒，大家都是衝著音樂來的。但她適應了紐約夜店對女孩形象的堅持，而且還成功將動員自己人際網絡中的優秀平民這件事，轉變成自己的工作。她的目標是一週五天，每天晚上都要找十來個女孩出現在她的公關桌。

與其他男性公關相比，西莉亞有兩大不利之處。由於她的女孩絕大多數都是異性戀女性，她無法使用調情的手段引起她們的興趣，且她也無法運用男性的權威感來控制女孩、對付咄咄逼人的競爭對手和夜店經理。為了克服這兩種限制，西莉亞試圖運用一種獨特的陰柔風格來做公關工作，譬如和她的女孩們建立起緊密連的情感連結，以及仰賴男性的協助。

「我沒在睡覺的。」某個週日，當我去參觀她在下東城的地下室單間套房時，西莉亞這麼跟我說。今天她休假，雖然已經是下午，但身上還穿著睡衣。「我以前會失眠，大概有十年都沒在睡覺。但現在我只要看到床就會陷進去。」西莉亞同時兼顧兩份工作——白天在麵包店，晚上在VIP夜店；這搞得她總是很累。但她說，她的第三份工作，也就是為了讓女孩和她出去而須努力培養感情的工作，才是疲憊的真正來源。

在夜店款待女孩的那三個小時其實很輕鬆。雖然確切來說並不好玩——畢竟是一份工作，而且需要一定的情緒勞動才能帶動當晚的團隊氣氛，也就是西莉亞口中的「火花」——但若比起必須持續不斷跟女孩打好關係，那三個小時只是小巫見大巫。西莉亞必須不斷打電話、傳簡訊，想方設法讓女孩信守承諾，出現在她的公關桌邊。

因為她無法調個情就獲得滿桌的女孩，她解釋：「這工作不是給女人做的。性無處不在。女孩跟公關出去是因為覺得可能會發生一些什麼」，譬如性關係，或圍繞著性而生的各種刺激挑逗。

但西莉亞能給的就只有友情。「如果沒有它，我就做不下去了。這些女孩我全都很熟，每個人我都認識。而且我在傳簡訊給她們時，都會先打招呼。」她從不發罐頭訊息給她們，也不發帶有性暗示的簡訊（提博爾反而是兩件事一起做），而且她也不能像德瑞或桑普森那樣和她們發生性關係。我也從來沒聽說有女公關會在街頭搭訕女孩。西莉亞不敢這麼做；她擔心會被誤認為女同志。其他的女公關則認為，不管是異性戀還是同性戀，女公關就是不適合在街上搭訕女孩。

「我不能跟他們做一樣的事情。」瓦娜說。她是和帕布洛合夥的公關，我們相識時，她已入行三年。她認為男公關都是些「詭異的老男人」，會在試鏡場合用盡心機地泡妞。瓦娜自己就是模特兒，所以她每天都會遇到很多其他模特兒，但她從不貿然接近她們。

「我絕對、絕對、絕對不在路上或在試鏡活動上隨便搭訕女孩。我不會隨便說聲『嗨』，然後假裝我很喜歡你。」瓦娜是個友善又活潑的人，她通常都會先看有沒有誰跟自己「很合」；也就是說，除非她真心覺得與這個人可以當朋友，她才會去邀請她「一起玩」。當然，如果瓦娜跟愈多人「合」，她就能賺得愈多，但她說，錢不應該是第一優先考量。

由於無法調情，女公關高度依賴友情關係和互惠關係。就西莉亞來說，女孩們是為了她所以和她出去跑趴。最理想的狀況是，她們不認識也不在乎其他的公關。她們之所以會出現在那裡，是因為她們喜歡她和她的朋友。「我的工作就是要組出一個好的團，然後把它變得有趣，所以當我和我的朋友，或者類似朋友的人在一起時，我們就是去找樂子的。」

我訪談的所有女公關都抱持著這樣的信念：和她們一起出去玩更有意思，因為她們的團體中會有真的是朋友的感覺。女公關都很強調她們帶的團能夠帶給整場派對的樂趣與氛圍，往往是具有性意味的互動無法企及的，必須藉由深刻的人際連結才能產生。

「你有沒有待過那種女孩就只是枯坐著的公關桌？」二十歲的美國黑人公關琪亞（Kia）問道。「喔，我超討厭那種的。如果那麼無聊，我們幹嘛還要跑趴？我們是來享樂的。我喜歡跳舞。我超愛穿各種怪衣服，我只想跟我的朋友一起跳上跳下、一起跳舞、一起享樂。」

西莉亞的公關桌上多半都是優秀平民，她的酬勞是五百美金，大約是她找模特兒來可以拿的金額的一半。她跟恩里科一樣，在和模特兒互動時，也很常被對方踩到地雷，因為模特兒都太清楚自己的美貌多有價值了。她已經為了這些女孩付出許多，但模特兒總是要求得更多。對此，她的哲學：「好啊，反正你這麼漂亮，那就繼續和你的漂亮朋友待在一起就好了。」西莉亞以擁有好看又好玩的女孩而聞名。「西莉亞培養的是一種外表，也是一種態度。」她的一位女孩說。

每天晚上，西莉亞都努力照顧到每一個女孩，她一定會讓所有人都認識彼此，並鼓勵她們一起聊天、跳舞。事實上，在去夜店之前，西莉亞會固定在她的公寓裡請女孩吃飯。在這些晚餐聚會上，通常會有六到八個女孩一起享用她煮的家常菜，許多女孩還會自己帶個一瓶酒或一道甜點登門。然後他們會一起坐計程車去夜店，平分車資，進而增進大家的友誼。

西莉亞在白天也會不斷關心她的女孩，會一直打電話、傳簡訊，聽她們說那些永遠講不完的男友和分手的故事。她都這樣度過她難得的休假日。「公關這麼多，但對我來說最重要的，是要建立友誼。這些女孩我全都認識。」有天晚上我坐在她那桌，她一邊甩著肩膀，一邊這樣跟我說。

確實，西莉亞那桌的女孩很常說自己會來跑趴，最主要就是因為喜歡西莉亞，她們來是為了支持她、為了和她一起玩，或是想認識她身邊的人，她們認為那些人一定也很有趣。今年二十歲、正在讀哲學碩士的女演員珍，過去兩年都是西莉亞桌席的固定班底，她通常都只和西莉亞出去，偶爾會跟恩里科一起，因為她知道恩里科支持西莉亞。她很清楚ＶＩＰ經濟的運作方式：要讓男人「掏出明顯超過一瓶酒應有價值的錢，就要令男人覺得自己身邊美女如雲……如果玩得夠盡興，他們甚至可能會願意再買第二瓶、第三瓶酒。」

珍不是模特兒；她沒有那麼高，也沒有那麼瘦，留著精靈系超短髮的她，外型上並不算是她口中那種「超模等級的美女」。但身為預算有限的研究生，為了能和西莉亞出去免費喝酒吃飯，珍努力展現自己的魅力，也盡可能讓自己變得更有價值：

> 我可以去的其中一個原因是，雖然我沒有模特兒等級的高挑或苗條，但男人真的很喜歡跟我說話。因為我很幽默，而且跟他們互動時，我就像是個真正的朋友。所以，嗯，我很能聊，可以一直讓對話繼續下去，很多女孩沒辦法，然後男人也不會一直和那種不和他們說話的刻

薄女出去玩……所以我的工作就是要讓派對像場派對。喝酒雖然不用錢，但我去可不是顧著喝不做事的。我的工作就是進場然後，如果我那晚打扮得真的很好的話，西莉亞可能就會說「你去站到沙發上跳舞」，或者說「你去站到桌上跳舞」。如果我看起來很糟的話，她就不會想讓我被人看到。有一次我穿了件外套，她一看到我就說：「把外套脫掉。」

簡言之，珍會確保西莉亞那桌的氣氛活絡有趣。她認為自己就像是要代表西莉亞做事，而這令她既像是一種資本，又像是朋友。

確實，西莉亞之所以能對珍這麼直接，可以說是因為她們是關係親近的朋友，在這段友誼中有一個共識，那就是她們會彼此支持，儘管支持的方式不同。被問到為什麼要為西莉亞那桌做這麼多事，卻不求報酬，珍稍為頓了頓，接著說：「嗯，出於友情。其實有很多晚我都不想出門，但我就想，西莉亞是我朋友，她是這樣賺錢的。然後我就會出現了——你知道嗎？我對西莉亞有種很奇怪的忠誠感。我想幫她的忙。在這個地方以外，她也幫了我很多忙。」

不過這種友誼也是有限度的。剛開始時，西莉亞把她列入「檢查名單」——在晚宴前，珍必須要先到西莉亞的公寓讓她檢查當晚的打扮，有時還會要珍換一套衣服。珍有時也被殘酷地提醒自己的體型相對豐腴。兩年前她開始和西莉亞出去跑趴，她瘦到了五十八公斤，那幾乎是她國三時的體重。「其實我很常想這件事情。」她指的是自己的體重。她說：「如果我太胖，我擔心西莉亞就不會再邀請我了。或者她就只會邀我參加一些無聊的活動。」珍接受了兩人關係中的這些條件；珍說，因為那畢竟也是西莉亞的工作。

之前珍曾經和西莉亞的某個客戶短暫交往；兩人分手後，西莉亞繼續邀那個客戶出去，卻沒有邀珍，儘管他很快就要搬離紐約。「我想說，我已經當你朋友兩年了，但他兩個月後就要走人了耶？不過比起我，她更需要他，因為他會付錢。」他們用簡訊吵了一架，珍說西莉亞根本沒當她是朋友，只把她當成一件產品，並揚言以後要跟別的公關出去。西莉亞回她：「你竟敢說我是公關，我們是朋友。」兩人後來雖然和好了，但這場爭端卻暴露了西莉亞商業模式中的根本弱點：她與女孩之間的親密是她們願意和她出去玩的理由，但也正因為如此，她無法輕易甩掉她們。

西莉亞知道，即使擁有女孩的友誼和忠誠感，但和那些風流倜儻的男公關相比，自己依然處於劣勢。為了彌補這一點，她會在身邊安插一位替代性的調情對象。她永遠會讓桌席上有至少一位男性。這些男性是富裕、帥氣的專業工作者，都是女孩們覺得很有魅力的類型，這樣一來西莉亞就能藉此吸引她們出來玩，並待在她這桌。她邀來的男性也會付掉那些招待晚宴的服務費，以及要給酒促小姐的小費，換句話說，西莉亞很少自己買單。她會用女孩引誘這些男性出場，告訴他們來的話就可能遇見她身邊的這些女孩。她的一名客戶曾讓我看西莉亞傳的邀請簡訊：

> 強尼（Johnny）來 Club Jewel 吧，有四個替服裝品牌工作的真正模特兒，都很平易近人……

在這樣的許諾中，西莉亞創造了一個集美貌、事業跟好個性於一身的罕見女孩，以此引誘強尼出來玩，並資助西莉亞這一桌。

同時，西莉亞也會傳簡訊給她的女孩，說當晚會有一些事業成功的黃金單身漢出席。譬如，有一晚她傳了封簡訊給珍，說當晚一名叫麥克斯的客戶會來，上次兩人見面時曾打情罵俏，在那之後，麥克斯就一直很想再見到她。珍說，她赴約了，「然後我看到麥克斯，結果他說：『我不知道你也會來。』你看，西莉亞真的很會，她老是這樣。」

如果西莉亞要控制自己的女孩，不讓她們閒晃到別的男性的桌席，甚至晃到其他夜店，她也會徵召其他男性的協助，以彌補自己所缺乏的男性權威感。為了讓女孩一直待在她身邊，並避免其他男性靠近，西莉亞會向保鑣求助。每當有其他桌的醉漢侵犯到她的領域，或者想和她的女孩搭話時，她就會把手舉起來，彈指示意保鑣過來處理。西莉亞給保鑣的小費都非常大方，服務生與酒促小姐也一樣，這樣她才能保證她那桌永遠不缺酒。「你要好好照顧你的人，他們就會好好照顧你。」她說。為了不冒讓女孩到室外抽煙，結果卻被其他公關搭訕走的風險，她甚至會付小費給保鑣，好讓女孩能在室內非法吸煙。雖然她都會讓客戶結掉晚餐時的小費，但每天晚上西莉亞付掉的小費和計程車費依舊高達三百美金。

即便有男性的幫助，打從要排隊入場的那一刻起，女公關對女孩的控制權就不斷地受到挑戰。埃莉諾曾在十八歲時短暫當過兩位男公關的副手，如果在門口排隊時，有別的公關過來邀請她帶來的十位女生朋友改為跟他入場，她常常很難留住她們。她回憶道：「我自己也是個十八歲的女孩。那些女孩才不會聽我的。她們一心只想去夜店玩得天翻地覆；才不管是誰讓她們進場的。我覺得如果你是個男的，可能就比較容易讓這些女孩聽你的。」聘請埃莉諾當副手的男公關罵她怎麼會把女孩們拱手讓人，當天晚上，她就辭掉了副手的工作。「需要表現得很強勢才行。」她總結道。

雖然西莉亞很努力和女孩建立友誼——女孩們總說，她們會出現在派對現場是因為她們喜歡西莉亞——但在一個高度異性戀取向的地方，女性間的同性情誼終有極限。有位客戶曾略帶不滿地指出，到了凌晨兩點半，西莉亞那桌的女孩似乎全部人間蒸發了，一個個都跟著其他（男性）公關跑去其他夜店。我們一邊站在她空蕩蕩的桌子旁，他一邊說：「她的女孩這樣很不ＯＫ。我覺得她們會離開是因為她是個女的。如果我是公關，我就會要她們留下來。」

西莉亞和其他女性公關還會面臨另一個挑戰，也就是要跟夜店的管理階層打交道。由於公關間會不斷削價競爭，爭奪客戶和他們佣金，公關和夜店經理之間不乏各種高額的佣金爭議，甚至會出現激烈衝突，有時引起爭端的佣金可能高達數千元。男性永遠是直接以暴力脅迫追討款項，但瓦娜說，她沒辦法接受跟夜店經理這樣「硬碰硬」。所以她策略性地和帕布洛合作，由他負責和夜店經理談判、追債。

而且，和提博爾、桑普森和德瑞這些男公關不同，西莉亞和瓦娜這些女性公關似乎完全沒有因為成日與美女相處，而獲得任何地位上的提升。她們就只會被誤認為女孩的一員，而且還被當成遭物化的性對象看待。琪亞解釋：「女生當公關很辛苦，因為夜店裡的女性基本上就只剩下屁股。沒別的了。販賣女孩就是販賣性，女孩在那裡沒別的目的。」

實際上，由於負責帶那些漂亮女孩四處活動，女性從事公關不但不會提升她們的地位，反而還可能貶損名聲，因為她利用朋友謀利、為了金錢仲介女孩，這行徑跟老鴇沒什麼兩樣。在我訪談的五位女公關中，有三位極力避免被旁人知道自己從事公關業；其中有一位晚上出去玩甚至會一直戴著假髮，這樣白天才不會被人發現。

在VIP夜店的女性全都是女孩，而女孩是等待被仲介交易的資產，要自己扮演仲介的角色相當不容易。

一杯免費雞尾酒的代價

由於吃飯、交通，甚至連房租都是由公關支付，女孩並沒有花費太多時間跟金錢，便得以去參加這些免費派對。尤其因為模特兒是公認的美女，就算穿搭裝扮很基本，她們依然會被視為品質優良的女孩。

十九歲的漢娜就說，她只需要五分鐘就能出門，因為她從來不特別弄頭髮，而且她白天穿什麼去試鏡，晚上就穿什麼去夜店。二十八歲的珍出門前會比較認真打扮，因為她知道自己不是模特兒，而且不久前，恩里科還笑她星期四和星期天晚上都穿同一件裙子。她每週大約花七十美金到**Zara**等店買新衣服、二十美金做美甲，然後每晚外出坐計程車往返夜店，車資大概是四十美金。但她所省下的聚餐與娛樂花費，比她實際投入的錢還要多很多。

不過，女孩們在訪談中還提到了其他成本：為了融入這個珍貴女孩的階級制度，她們必須在情緒及外表形象上付出一些代價。舉例來說，瑞芭很快就注意到其他女孩所用的奢華配件：「我剛開始踏進這個圈子的時候感覺很差，因為隨便就會看到有人手上拿著要價五千美元的包包。」一段時間過後，她才發現模特兒和其他時尚工作者因為工作的關係，常常可以獲得免費贈品，「所以其實這些人很多時候並不是真的買得起。一開始我是真的很沒有安全感，後來才發現並不是人人都真的那麼光鮮亮麗。」

保持身材苗條則是另一個挑戰。漢娜和吉兒兩人都是十九歲的模特兒，她們經常和桑普森出去，也會跟著他去漢普頓跑週末派對。當她們和桑普森三十歲的妻子奧莉薇亞（Olivia）一起坐在漢普頓豪宅的泳池邊，看著自己以及周圍其他年輕模特兒的姣好身材時，她們忍不住開始比較。

吉兒說，在那個現場「會讓你覺得自己很胖，沒錯。」

奧莉薇亞表示同意：「那會讓我格外有自覺。」

「對啊，我也是，」漢娜說，「但同時我也會想，欸，沒那麼糟吧，至少我跟她們人一樣都在這裡啊。」她們笑了出來，漢娜則繼續說：「這就好像是會一邊增強你的信心，一邊扼殺它。就是會先想：『幹，超酷的！』然後馬上轉念：『她真的超瘦。』這樣。」她舉起手比著泳池對面另一個模特兒。

奧莉維亞尤其如此，為了要維持公關先生的興趣，她特別感覺到要打扮得漂漂亮亮的壓力。「我身邊所有人都是魔鬼身材。我必須保持在最佳狀態。總不能讓他回家看到一個黃臉婆。」在這個世界裡，永遠不可能只靠內在美的——「把化妝品都吃掉，你就有內在美了。」她最後總結道，逗得大家全笑了。

男性時常對女孩品頭論足，更是雪上加霜。雖然他們的評論多是讚美，但有時也會帶點輕微羞辱的成分，那種殺傷力更強。有一次，某位客戶在公關桌上跟瑞芭說她該減肥了。「真的很傷人，」她說，「基本上他的意思就是他比較喜歡細腰大奶，他真的這麼說。我再也沒有跟他們出去半次。我實在很震驚，他竟然會對我說這種話。」還有一次，在坎城電影節期間的晚宴上，有個男人對當時還是藝術系學生的碧翠絲說她「性格就是用來彌補不是金髮尤物的這個缺點，然後他拿我跟另一個同桌但不會說英文的金髮辣妹做比較。我覺得這對她實在太沒禮貌了，所以我一定要把香檳打翻在他身上。他大概沒意識到我是故意的，但我心情好多了。」或許因為女孩進入這個場域的前提就是她們的美貌，所以男性都覺得他們有權公開討論和批評她們的外貌。[37]

女孩維持體態的難度會隨著時間提高，因為青春往往是美麗女孩的定義，而且長期喝酒和熬夜會讓所有人的身體都變得疲憊不堪。和我聊過的女孩都非常清楚，她們人生中只有很短的一段時間能免費跑趴，這跟模特兒其實是一樣的，因為時尚界對女性青春容貌的標準一向嚴苛且惡劣。為了應對這個挑戰，有些女孩會謊報年齡，但此舉又會帶來更多的煩惱。例如，我曾訪談一名公關桌上的常客，她雖然已經三十三歲，但在夜生活中總說自己才二十八歲。她很擔心自己的真實年齡會曝光，甚至還要我白紙黑紙承諾會將她匿名處理。

除了必須監控自己的身體，以獲得免費派對的入場券，女孩也會質疑自己在VIP場域所建立關係的真實性，尤其是和男性的關係。公關和女孩建立友誼是有經濟動機的，但在這個過程當中，雙方確實會發展出互相照顧的關係，譬如妮娜和提博爾、珍和西莉亞、諾拉和德瑞之間的關係那樣。若要弄清楚這些關係究竟有多真實，可能存在一些挑戰。

「我會不會認為公關是我的朋友？不會。」瑞芭嘆了口氣。在過去十年間，會固定和同一群公關跑趴的瑞芭說：「我覺得真的很難把他們當成朋友。有些事情我完全不能和他們說。」譬如她其實已經二十八歲，以及她的真實姓氏，這兩件事她都選擇不對公關及社群媒體公開。

面對這些關係中潛在的虛偽性，碧翠絲會刻意「裝傻」，假裝不知道自己對托比這類公關的經濟價值有多高：

> 我盡量不要知道太多，因為我不想覺得自己去跑趴是因為——第一，我不想覺得誰當我朋友是因為，我有出現在哪裡，他們就可以賺個二十五塊之類的。想到這樣就覺得真的很怪。第二，我不想要覺得自己是因為誰破產了還怎樣的，所以才得去跑趴。

事實上我發現，即便多數人在訪談中都承認，這層工具性動機確實存在，但女孩和公關在互動時，雙方卻又很少說破這一點。多數女孩都不知道公關到底賺了多少。她們通常不過問公關桌的收支為何，且幾乎每一個我遇到的女孩都遠遠低估了公關的實際收入。

除了公關外，女孩對於在夜店場域遇到的其他男人也都抱著幾分懷疑。瑞芭認為，在紐約被視為有魅力的女性，其實是把「雙面刃。雖然你能因此享有很多特權，譬如可以免費享受夜生活，但也永遠只能遭受特定的對待方式。」像她就懷疑和她交往的男性會利用她的長相，譬如在職業或社交場合上拿她來炫耀。從模特兒轉行為珠寶設計師的蘿拉則語帶厭惡，將那些只追求模特兒的男人稱為「模特兒控」。

二十二歲的時尚實習生埃莉諾對於跑趴時認識的男性與自己的社交關係，也抱持類似的批判態度。她從自己讀帕森設計學院（Parsons School of Design）一年級時開始跑趴，同學帶她進入了公關的世界。雖然不是模特兒，但埃莉諾身材纖細、長得也漂亮，而且身高一百六十七公分也夠高了。「我都會穿高跟鞋。」她說，並指著腳上那雙十公分的 Jeffrey Campbell 厚底高跟鞋。由於埃莉諾幾乎是整個學年中每天晚上都和公關去跑趴，她也開始認識了守門人、夜店和餐廳老闆，以及一些有點年紀的有錢男性——通常是公關的客戶。埃莉諾形容這些男性「人很好，雖然他們不是公關，但都願意請客，願意帶我們的女生朋友去吃四星級的餐廳，全都是他們出錢。」現在埃莉諾已經很少和公關跑趴，因為她已經藉由公關這個墊腳石，踏入了更高檔的夜生活圈。

不過，雖然她是靠自己走進這個圈子，沒有讓仲介從她身上獲利，但埃莉諾也不免會評估自己與有錢男性之間的友誼到底是真是假。譬如她與查克（Zack）就是如此。查克是一位四十二歲的美容牙醫，她起初說查克是自己的「好朋友」。查克多金又帥氣，和紐約高檔夜店和餐廳老闆們關係也都很密切。埃莉諾很喜歡和他一起出去。他經常帶埃莉諾出去吃飯、喝酒，不過有時他們也會一起在他的公寓裡看體育比賽轉播。兩人之間雖然沒有肉體關係，但卻有點交易性，而這點讓她頗為困擾：

> 但你得告訴自己，譬如說，欸，查克已經四十出頭了，但他卻跟年齡只有他一半的人攪和在一起。這當中一定有哪裡不太對，你懂嗎？但我愛他。他是個不錯的朋友，也很照顧我等等的。但我總是會想，假如我沒有，你知道，假如我不是很瘦、長得不是很好看，他真的還會和我當朋友嗎？可能不會吧。然後這種想法就是會一直在你腦中出現。

某次，埃莉諾想邀請幾個她紐澤西老家長相比較普通的女生朋友一起出來，結果查克拒絕了。

這讓她更清楚，她想的確實沒錯。「就好像這些人根本不想讓別人看到自己會和沒那麼好看的人出去一樣，」她說，「這實在……實在太噁心了。」

不過，埃莉諾還是繼續和查克及其他有錢男子出去，因為她自己付不起她喜歡的那些高檔娛樂消費：

如果我自己全都付得起，那就另當別論。但我知道要怎麼弄到這些東西，你懂嗎？我知道——我愛跑趴。

我愛夜生活。我愛紐約，我全都愛。不過，我覺得自己只是比較幸運的人，因為我找到在多數狀況下，一些對我沒什麼其他期待的人。我想，唯一的期待大概就是，我要在場。

為了讓大家持續盼望她在場，這就表示她得要打扮得漂漂亮亮、要穿厚底高跟鞋，還得要節食。她說，女孩永遠都有必須打扮漂亮的壓力，「不然就沒有人要帶她們出去玩了。」

即便如此，埃莉諾依然堅稱：「我不覺得自己有被利用到哪裡去。」她猶豫了一下，又補充道：「我當然是有被利用，你懂嗎？就，反正大家就是互相利用。」

我問：「那你利用了他們什麼？」

「嗯，我的意思是，我沒錢去吃四星級的餐廳，然後我在我最喜歡的夜店裡，甚至付不起一杯雞尾酒的錢。」

利用和濫用

洛可（Rocco）投入很多時間說服女孩和他出去跑趴，包括傳很多封簡訊、請吃午餐，以及在街上走很久的路。當然，這位三十一歲的非洲男性本來就惹人喜歡，但他確實也非常努力要讓漂亮女孩喜歡他。他透過和模特兒經紀公司打交道，慢慢建立起自己的人脈，而他的女友也是個俄羅斯模特兒。雖然洛可更熱愛音樂和當DJ，但身為公關，他就必須把重點放在公關桌的女孩身上，而他覺得，她們期待獲得的關注總是高得很不合理。

某個週五晚上，我成功趕上他在Club M的派對，洛可放了太多注意力在我身上，坐在他身邊的那個女孩覺得很無聊、很受冷落，就直接離席，不告而別。她傳了封簡訊來，洛可嘆了口氣，邊搖頭邊看：

> 我會希望下次能有個擁抱或擊掌，而不是像今天整晚不理不睬。我感覺像個傻子。但沒關係。

「她們都想要被關注，」洛可說，「你看，每個人都要我的注意力，那公關呢？沒人問我的感覺。沒人在乎公關。」

一個負責把他漂亮的女生朋友帶到夜店，且每晚大概可藉此賺取八百元左右的男人，抱怨這個實在有點可笑。但洛可確實點出了我遇到的每個公關都共有的擔憂：女孩們會利用他獲得樂趣和關注，而在這個不對等的關係中，他成為被剝削的那一方。

我們可以把這些由友誼、好處與禮物、親密關係、義務、互惠關係所組成的網絡，視為一種關係上的基礎設施，用來支撐公關與女孩之間情感連結。當基礎設施完備，交換就能順利進行，女孩會提供公關具有高價值的勞動，只是它完全不具備勞動的外表，反而更像是和朋友一起享樂。然而，當女生和公關間的親密關係出現裂痕；當公關被認為太有策略性；雙方友誼背後的那些算計顯得過於冰冷時；整個基礎設施就可能崩潰。我們可稱之為關係失配（relational mismatch），也就是關係中的條件、交換、報酬的形式出現不一致，而這往往會令某方感到猝不及防。[38]公關和女孩都會將這些關係上的破碎稱為濫用的時刻，而這些時刻可能徹底破壞雙方之間的連結。

「所有人都在利用彼此。」公關馬爾科姆曾對我說。女孩會利用公關做很多事，就像他會利用她賺錢一樣。也許她喜歡跑趴，也許她需要朋友，也許她單純只是吃不起一頓好的。桑托斯在米蘭的助手盧卡則認為：「有很多〔女孩〕也會利用我——去度假、跑趴、交朋友。這很爛。我知道。但我其實也是一樣的。我在工作上利用她們，她們就利用我來建立人脈、過免費的假期。」

「但被利用跟被占便宜是不一樣的，」馬爾科姆繼續說道，「夜店利用公關；公關利用朋友；朋友們因為想開趴，所以他們也利用公關。」畢竟，這是一場交易，是公關和女孩之間心照不宣的交易條件。當有一方被認為不僅是在利用，而是濫用了對方時，那才真的會有問題。譬如，如果有女孩吃霸王餐，或者帶一些不受歡迎的男性友人來公關桌，「那就叫占便宜。」根據馬爾科姆的說法，這形同破壞了交易條件。

關係工作並不單純只是用來遮掩意圖的幌子而已。公關也可能真心相信這些關係連結，因此當雙方對關係的意義詮釋有所衝突時，他們也會受傷。恩里科尤其如此——對於任何別有居心的行為，無論是要利用他的錢還是他的時間，恩里科都非常敏感。例如，他覺得女孩明明已經擁有昂貴的包包和名牌衣服，卻還跟他要計程車錢，這讓他非常不解。「這些女孩到底是怎麼回事？」某次晚餐他這樣問我。他邀請的一名脫衣舞孃告訴他，除非他願意幫她付回家的計程車錢，她才會去夜店。「她們手上拿著香奈兒、LV的包包，結果還是說『給我十塊錢坐計程車』。我不懂。」十塊錢對他來說不是什麼大錢，如果有人開口，他其實並不介意幫忙出這筆錢。但此舉會讓他覺得自己正在被那個女孩利用，而這讓他難以忍受。對恩里科來說，利用朋友和濫用朋友之間的分別很小，而這非常不公平。他一邊聲稱要尋求平等的友誼關係、不應該有任何工具性，一邊從她們身上賺取豐厚利潤，而且當她們要求回報時，他還譏諷她們是不真誠的濫用者。

女孩也都承認這條界線的存在，而且她們普遍不太能容忍濫用的行為。她們的酒水、晚餐和假期其實很難說是免費的，因為她們付出的是透過展現身體與情緒上的勞動，包括被理應是朋友的人利用而感受到的疲憊感。作為交換，她們期望能受到一定程度的好好對待。如果她們失去興致，或覺得被利用得太誇張，女孩們通常會直接離開現場。

譬如，萊拉提到和她經常一起出去的公關崔佛和馬爾科姆時，她就說：「我們是朋友，但我知道他們在工作。」這段友誼的核心就是互相的價值交換：他們有收入，她則有樂趣。如果那晚不好玩，她就不會繼續待著。她接著說，某次她曾起身離開崔佛那桌。整個晚餐時間，崔佛一直在用手機，桌席間的每個女孩也是，幾乎沒有人在說話。她等了幾分鐘，接著就跟崔佛說：「嗯，我覺得很無聊。我要走了。」

誰有可能跟一個會從友誼中獲利的人成為「真正的朋友」嗎？是否因為存在利益動機，就不可能建立起真正的關係？

在當代的市場社會中，利益關係跟無利益關係之間彷彿有一條涇渭分明的界線。但所謂「純粹」的友誼其實只是一種理想產物，而且會誤導人，讓我們看不見互惠性和互相的義務其實是所有社會關係的基礎。單純因為這些關係具有潛在的經濟價值，就將其一味統統化約為冷酷的算計，不但太天真，[39]而且也忽略了在晚近資本主義社會中，市場和非市場環境之間的界線往往非常模糊。從銷售人員到性工作者，這些身處商業環境中的人一直都在嘗試賦予這些商業關係各種意義。直銷產業如玫琳凱（Mary Kay）彩妝品公司，就是一種高度依賴友誼的商業價值的商業模式。[40]在你我之中，有許多人都會利用朋友來獲取經濟利益，但重要的是，我們會遵循社會的期待，以眾人可接受的方式去利用與被利用。

無法妥善解釋這類關係的其中一個原因在於，我們被其中的曖昧性蒙蔽了。我們常常認為，關係若不是剝削性的，就是真實純粹的。但其實剝削所發揮的成效最好的時候，正是在它使人愉快、感覺就像一段真正友情的時候。

這就是為什麼關係工作對於公關建立策略性親密感如此重要。藉由禮物、共同經驗、好處、性，以及「我的朋友」這類用語，公關得以賦予這些關係新的意義，並混淆他們的經濟動機。厲害的公關知道如何讓朋友們一起跑趴變得有趣。他們剝削女孩的方式，在馬克思主義下是相當典型的，他們會從女孩的身體中榨取剩餘價值，因為他們享有女孩沒有的結構性優勢——女孩無法擔任自己的仲介，也無法從自己的價值中獲得那麼多的利益。

公關會運用各種管理與控制的手段，以休閒之名，行榨取女孩勞動之實。公關會管理女孩的外貌、時間與行動，但這些手段全都不能帶有管理的外表。實際上，公關管理女孩的策略，跟其他雇主為了讓勞工發揮最大生產力時會採用的管理策略，兩者相當類似。在工業資本主義時期，雇主一點一滴榨乾工人身上的剩餘價值，由於工時長、工作條件艱困，工人往往早逝。殘酷逼迫早已被視為極度沒有效率的手段；即便在工人反抗之前，逼迫就很少奏效，何況現在多數工業化民主國家都設有規範，可管制虐待勞工的行徑。社會學家邁可．布若威（Michael Burawoy）在一九七〇年代研究製造業工廠時發現，榨取勞動的最佳方法，就是要讓工人與管理階層的目標一致，藉由改變工人的主觀認知，讓工人甘願受到剝削。[41]要讓工人勞動，剝削的執行並不需要讓他們感覺很差；實際上，一旦工人相信他們所做的事很有價值時，生產力就會提高。[42]

在大眾認知中，剝削是不正義的，因而必然是痛苦的；但我看到的則是，當女孩與公關的關係愈愉快，她就會為他提供愈多有價值的勞動，而且愈不會有自己在勞動的感覺，反而感受到更多友情、休閒和樂趣。關係工作是公關用來混淆和重新定義不平等市場交換的工具。這不代表公關與女孩的關係全都基於謊言或有一定程度的不真實，儘管這些關係在結構上確實是不對等的。[43]

我認為最大的問題，是整個刻意塑造不對等情況的建構過程——某一方搾取價值的基礎在於刻意讓另一方誤認彼此關係中的真實性。[44]有些公關如馬爾科姆和恩里科，會利用理想化的友誼來要求朋友的忠誠與服從，繼而從他們身上榨取更多價值。其他公關則刻意塑造資訊上的不對稱，因此相較於公關，這些關係對女孩而言的意義來得更重大。

這就是提博爾的操作方式。

提博爾曾多次對我提到，多數人都沒有意識到公關能賺多少錢，也沒有意識到這份工作實際上需要付出多少努力。他說，你必須認真工作、努力幹活，不能像某些年輕人只為了好玩就輕易踏入公關界。那些人喝太多酒，還會吸毒，因此讓他們變得馬虎懶散。「我就不會這樣半調子。當我要做一件事的時候，我會埋頭做下去。」他說。

妮娜生了提博爾的孩子。懷孕後期，她發現他出軌了，她非常、非常年輕，也是和他們一起跑趴的女孩之一。孩子出生後，妮娜就和提博爾分開了。她成了單親媽媽，繼續在紐約當模特兒，但她和提博爾的關係很差，他甚至不承認自己是孩子的生父。經過多年爭訟，妮娜至今未收到任何一毛他給孩子的撫養費。他大部分的注意力都在新女友身上——一位巴西的年輕模特兒。

公關一方面不公地對待自己的女孩，一方面又竭盡所能嘗試打入上流社會男性與他們的商業精英世界。但公關即將發現，自己跟女孩們其實沒有不同，因為他們與那群真正掌權階級之間的關係，也是斷裂的。

第六章

從底層做起

邁阿密
星期日◆早上六時

在邁阿密的夜晚已經過得相當漫長，但桑托斯可還沒玩完。夜店早在幾小時前就已經關門，也沒有其他地方可以續攤，於是桑托斯直接在他賓館房間裡接起隨身音箱，伴著震耳欲聾的嘻哈樂，和馬爾科姆與女孩們熱舞。房間裡衣服與空啤酒罐四散，譚雅最後的古柯鹼藥效也開始消退。但桑托斯的派對還是要繼續開下去。他的嘻哈樂播放清單中有許多熱門金曲，包括里克．羅斯（Rick Ross）和德瑞克合作的〈用力幹活〉（Hustle Hard）和〈從底層做起〉（Start from the Bottom）等等，而每首歌的歌詞他幾乎都倒背如流。放到米克．米爾的〈我是老大〉時，桑托斯帶著感情開始跟著唱：

謝天謝地，看看我喝過多少酒
看看我賺到多少錢、看看我做過多少模特兒

我的專輯才發行就賣了十萬張
而我現在才二十三——

他突然停下來，轉身跟我說：「嗯，我是已經二十六了」，接著又繼續唱：

現在我超大尾，你看看我
你看看我

唱到曲子最後面的時候，桑托斯靠近我，一邊繼續跳舞一邊說：「全世界的人都在聽這些歌。每間夜店的人。而且他們也都是在講這些事——超讚的——這些說的都是我。不是嗎？每個人。這些都是我的人生，我做的事情。大家都想變得跟我一樣。」

他甩了甩肩膀，又轉身開始跳舞，然後突然停了下來，回頭又向我丟下一句：「你應該對我做個心理學研究。」

桑托斯在談他的世界時總會提到這件事。在我們一起去邁阿密的第一個晚上，他就跟我說，我的書應該「不要寫夜生活，而是寫關於我的生活，因為我有最大的客戶跟擁有私人噴射機的朋友！而且你也知道我的出身。」

多數公關入行時身上都沒什麼錢，但最後他們身邊全都圍繞著錢。在我訪談的四十四名公關中，有二十八人沒有讀過、或沒有完成大學學業。有十九人表示自己出身於貧窮或中下階層，只有八人表示來自中上階層或富裕的家庭。[1] 但這個多數來自中下或中產階級背景的群體，收入卻高達六位數，能暢飲高價香檳，還可以與超級富豪共享社交空間。在美國有限的階級流動性下，這可是相當驚人的成就。在美國，出生在所得最低20%階層的孩子，約有7.5%的可能性未來有機會進入收入最高20%的階層。在丹麥，這樣的可能性是14%。[2] 公關身上所展現的階級流動，在多數西方國家已屬罕見，但在美國更是罕見中的罕見。

對於多數公關來說，夜生活意想不到地為他們開闢了一條走向精英網絡的道路。前公關杜克就是藉由他從事公關業十五年間累積的部分人際網，建立起他後來的房地產事業；他指出：「對於教育程度不高的人來說，這個行業很容易進入，沒有大學學歷也可以。」

有鑑於大多數公關都不是出身自上流社會，他們勢必得跨越社會距離的屏障來和客戶建立關係。不同階級間的差異通常會展現在人們自我呈現的方式，如談吐、舉措、風格打扮、品味。用社會學術語來說，公關的「文化資本」遠遠低於他們的客戶，但他們的社會資本（或說人脈）卻可能跟客戶旗鼓相當，而這些人脈跟文憑學歷或教養一樣價值非凡。[3] 綜合來說，文化資本和社會資本正是人們在爭奪社會地位與追求階級流動時，所能調度、使用的資源。布赫迪厄指出，社會資本的積累仰賴「持續不斷的努力」，然而那本身就是件不平等的事情；實際上，對於沒有錢也沒有權的人來說，要累積社會資本勢必更為吃力。[4] 正如某位公關所說，身為「派對的命脈」，公關就像在一個和自己生長環境相對陌生的精英世界中、在美女與富豪之間做交易的仲介。那麼這些圈外人要如何在精英網絡中建立起人際連結？那些社會資本的轉化潛力有多大，又有哪些限制？

多數公關都認為他們已經找到了一條可以進入精英社會的路，而且認為自己在那個社會裡有無限的發展可能。桑托斯愛說的那句「我馬上就要飛黃騰達了」，跟德瑞的想法有異曲同工之妙；德瑞總認為自己距離百萬富翁只剩一步之遙。帕布洛和瓦娜希望可以幫所有和他們一起狂歡的有錢人仲介商業交易；提博爾則渴望開一家高級飯店。桑普森和馬爾科姆也不例外，他們也都相信終有一天，自己會成為能和紐約最大間夜店老闆匹敵的富豪。事實上，二十九歲的馬爾科姆已經入行八年，從大眾公關轉為形象公關。我認識他時，他才剛開始環遊世界，在紐約、漢普頓、邁阿密、倫敦和聖特羅佩等地方舉辦高級派對。他的地位跟找來的女孩品質會雙雙向上攀升。在這個時候，他認為自己也是這個精英網絡中的一員：

> 事實是，那些和我們一起開趴的人，不管是在紐約、邁阿密、聖特羅佩還是伊維薩島，全都是 1％ 的人。永遠都是一樣的面孔。所以你可能跟他們不熟，甚至連認識都說不上，但你會想起他們，你會認得他們，然後你們會互相表示：「嘿，最近怎麼樣啊？」

馬爾科姆的目標不是有錢，而是要超有錢——像那些在聖特羅佩或漢普頓和他一起喝香檳的客戶們一樣有錢。

公關這種渴望向上流動的夢想，某種程度也凸顯了為超有錢客戶從事服務工作的危險性，因為客戶們擁有的荒誕財富會扭曲公關對成功的定義，進而刺激他們想擁有無限財富的欲望。然而，儘管他們全都抱著這種發財夢，真的找到蹊徑成為金字塔尖端 1％ 的公關卻少之又少。更多時候，公關只會繼續飽受挫折地擔任提供高檔服務的角色，長伴於榮華富貴左右。

假錢

公關工作的開銷很大。為了要躍上國際VIP公關的層級，他們往往得做許多投資，而且全都只能自掏腰包。為了鼓勵女孩每晚和他們一起出外跑趴，公關得請客「招待」她們到時髦餐廳用餐，雖然晚餐的帳單多半都是餐廳或夜店直接吸收，但公關還是得支付小費，而每餐的小費可能就高達兩百美元。

在夜店裡，公關桌會送上一瓶又一瓶的免費香檳（或是價格比較低廉的氣泡白葡萄酒）、伏特加和調酒，為此，他們得支付酒促小姐每瓶十到二十美元的小費，確保上酒的速度夠快，並讓女孩繼續留在他的桌席。公關也需要雜工的服務，因為他們會帶來剛冰鎮過的酒杯，所以給他們的小費也不能少。

出了夜店之後，開銷仍在持續增加。公關通常會支付幾個女孩的計程車費（每人大概二十美金），或者他們會開車送她們回家，而他們開的幾乎都是大型又昂貴的休旅車。他們也會替女孩在白天的娛樂活動買單，比如看電影、吃午飯、去遊樂園、打撞球或打保齡球——所有這些免費的小活動，都是為了讓女孩們覺得自己在晚上應有所回報。此外，公關也經常會聘請副手，將部分招攬和招待女孩的工作外包出去。

正如馬爾科姆所說的，這些開銷積少成多。從帳面上看，他每晚的收入是一千元，但在扣掉稅金與相關開銷後，他的實際工資更接近一晚兩百元。他說，公關的收入是一種「假錢」（funny money）*。

「當你看到你的報稅單時，你會想：『我賺了什麼？我收到二十萬的酬勞？在哪裡？』有時候看到我的報稅單，我都會覺得，你他媽是在跟我開玩笑嗎？譬如，我有一輛七萬美元的BMW，好，所以你只能加〔辛烷值〕93的油**，汽油每桶五塊，我每次加滿大概就要一百二十塊，而且是每三天加一次，因為我總是在開車四處跑。積少成多。然後沒有工作的時候，你也還是在花錢，因為必須持續經營這些人脈關係。」

要賺夜店的錢並不是不可能，但有時候會困難重重。夜店頂讓轉手的頻率很高，每次碰上店家易主，業者就可能延遲支付公關工資；而如果夜店是破產倒閉，工資便可能幾乎一毛也拿不到。同時，由於公關是獨立接案工作者，他們也不會有保險，除非是自己另外購買，或者還能納入父母的保險方案中。

有鑒於美國的健康醫療費用高昂，公關的工作其實是沒什麼保障的，而這和其他非典型勞動

* 譯註：funny money有兩種含義，一種是來源不明的假鈔或偽鈔（有時也用來指稱為特定場域發行的代幣）；一種是指帳面數字很大但實際價值很小的貨幣，譬如因人為通貨膨脹而失去其實際價值的貨幣。

**譯註：美國汽油通常分成一般（regular，87）、中級（midgrade或plus，89）、高級（premium，91–93）的類別，此處的數字即為辛烷值，數字愈高表示汽油的抗震爆能力愈好。平常汽車都是加一般汽油，唯有以性能著稱的歐洲車，例如BMW或賓士，才會需要加到高級汽油，以避免引擎損傷。汽油價格雖會因時因地浮動，但高級汽油的價格通常都比一般汽油貴上1.5–2倍。

者，如時尚模特兒，其實並無二致。除非是少數由夜店直接聘雇、拿月薪的 in-house 公關，否則他們就跟一般的非典型勞動者*一樣，沒有退休金，也沒有病假。

公關西莉亞就說：「如果你生病了，你就沒錢賺。如果你不能出來，你就沒錢賺。如果你錯過一個晚上，你就沒錢賺。有沒有賺錢全都是靠你自己，每一天都是這樣。」

這個工作也存在一些比較難以量化的工作成本，譬如即便相當疲憊或宿醉未退，還是得每天晚上外出，這會造成極大的生理與情緒負擔。又比方說，公關似乎也永遠無法在工作與家庭生活之間找到平衡。

喬是三十一歲的非裔美籍公關，入行五年就已陷入深深的職業倦怠。我們初次見面時，他就直言不諱地說：「我已經受不了待在夜店裡了。我要看起來很享受、很開心，我要為了娛樂別人而跳舞，因為我得要是派對的生命。我的人必須看起來很開心。」

他會暗自在酒杯裡摻水，或者假裝乾杯，再把酒藏起來。雖然有些公關似乎真心享受刺激的夜生活，但也有很多人認為這個工作非常累人，他們根本不可能每晚都很享受其中。

不過，即便知道自己賺的是相當不穩定的假錢，多數公關還是認為這是個值得追求的職業。第一，這份工作為他們帶來一筆可觀的「生活風格工資」（lifestyle wage）——賦予他們能夠獲得社會地位的機遇，以及隨之而來的特權，而這些特權通常只有財力相對豐富的人才能取得。公關有機會出席各種炫目的活動、享用昂貴美食，有時還可能搭遊艇或私人飛機旅行——他們可以在這個憑自己實際財力無法負擔的世界裡，盡情地進行炫耀性消費。[6] 第二，公關相信他們這種踏入精英世界的門路是無價的。他們不斷在訪談與日常對話中強調自己擁有的社會資本有多豐富，這個話題掛在嘴上的次數頻繁得令人震驚。他們相信，這些人際連帶關係對於各種職涯願景都有助益，不管是要追尋音樂、影劇事業，還是要開餐廳和夜店。

「也許到年底，我不見得賺到超爆多的錢，」紐約的形象公關伊森解釋道，「但我還是會認識許多厲害人物，你知道嗎？我覺得那才是無價的。你知道這種事情是沒辦法定價的，也就是可以認識很棒的人、可以跟很棒的人打交道這種，你知道的。」

對伊森和其他人來說，結識這些厲害又重要的人物，遠遠不只是有趣的經驗而已。是這樣的際遇，讓他們窺見了一個繁華富足的世界；這些際遇向他們招手，並滋養他們心中那不切實際的期待，幻想著自己也能成為超級富豪。

誰想成為億萬富翁？

被權貴包圍的公關往往也會覺得自己的地位具有巨大潛力。沿著坎城港邊的碼頭走，數十艘超大型遊艇躍入桑托斯的眼簾，船上的旗幟都來自加勒比海——也就是超級富豪們的避稅天堂。

*譯註：台灣社會普遍使用的是「非典型工作」或「非典型勞動」（nonstandard work或atypical work）一詞，來指稱雇傭關係相對彈性的工作安排，工讀、臨時工、定期契約工、勞動派遣、外包承攬、自由接案的soho族等工作類型都屬於此類。西方國家比較常用precarious work這個詞（本書則兩者混用），但這個詞目前在台灣的譯名紛雜，有時譯作「不安定工作」（王佳雯、鄭雅文、徐儆暉，2011）、「不穩定工作」（行政院勞工委員會勞工安全衛生研究所，2011），有些學術著作譯為「風險性工作安排」（柯志哲、張珮青，2014），故此處直接統一為台灣常用譯法。

對他來說，每一艘船都是一個機會：「在這裡，那些就是我的人脈。我只要〔待在這裡〕兩個月，蒐集他們的號碼。然後就可以一路走下去。」他指著那排綿延長串的遊艇，彷彿那些豐富的人脈，全都停靠在岸邊等著他。

對於這個遠景，他有時也會有些飄飄然：「等我五十歲的時候，我將會擁有一切。這裡的有錢人我全都認識，但他們卻可能根本不認識彼此！」

公關的目標是要運用他們的社交網絡，同時從中獲得短期和長期的收益。短期來說，他們的人際連帶關係具有直接的實用價值。他們可能在世界各地的城市裡免費或用折扣價吃飯；他們收到的演唱會或藝術展覽等活動邀請源源不絕。以德瑞為例，因為有一群他永遠都會招待入場的牙醫朋友，因此德瑞看牙從來沒有付過全額。德瑞有一位合作夥伴埃洛（Errol），過去也曾任公關的他就藉由在夜生活所建立的人脈拍了一支超低成本MV，以宣傳自己的音樂事業——他在夜店認識一位保險銷售員，最後拍攝期間的保險費只花了他一百美元。埃洛說，無論是音樂還是房地產，夜生活都是「你所有願望的彈跳床」。

就長程目標來看，幾乎所有公關都認為，他們在夜生活中建立的人脈可以協助他們其他領域的事業更上一層樓。二十三歲的公關布魯克斯（Brooks）同時也是一名積極向上的演員，他就認為擁有人脈能協助自己的演藝事業更進一步：

> 我還在做這份工作有部分原因是要打好人脈關係……我知道在這一行認識的一些朋友，可能會給我更多更多的機會。

沒有任何一位公關覺得自己會做這行做到退休；事實上，多數人的打算都是先做一陣子公關，建立好人脈之後，再轉到其他更好的工作去。在我訪談的公關之中，有九人希望能成為創意或藝術工作者，譬如DJ、夜店室內設計師、演員、電影人或音樂人；有五人未來想轉做品牌行銷或企業公關；另外還有五人計畫要成為房地產仲介。其中有半數，也就是十九人，已經有創業計畫，要開一間自己的夜店、酒廊、酒吧、餐廳或飯店。有七人正在轉型，或者已經成功轉型為夜店或餐廳的老闆或經營者。這是公關力爭上游最常見的路徑。紐約三大夜生活集團——戰略酒店集團、EMM集團、奶油集團（Butter Group）——的擁有者和經營者全都當過公關。

確實有少數公關成功從夜生活轉戰其他位高權重的領域，其中最受人欽羨的應該就是尼可拉斯——這位現年五十六歲的牙買加裔公關，過去曾和提博爾和菲利普合作。幾年之前，尼可拉斯開始運用他過往在公關界所建立起的客戶網絡，為各種政治事務舉辦募款活動。公關不時會提到尼可拉斯的例子來證明，有人確實可以——套句馬爾科姆的說法——從公關工作中取得「黃金入場券」，然後轉戰另一個卓越、重要的領域，並獲得尊重。馬爾科姆繼續說道：「尼可拉斯的所有人脈都是從夜生活來的。他以前認識了一個〔在夜店〕花了一百萬美元的超大咖，現在他成為替大咖與募款活動牽線的人。」

有部分公關，譬如馬爾科姆、桑托斯和德瑞，就是希望能企及這種程度的成功，他們每個人都渴望退出夜生活和飯店產業，並協助他們的有錢客戶仲介商業生易。所有的公關都自認為能夠「串起」各界人士的人。入行二十多年的米歇爾是一位來自加勒比海的四十歲黑人公關，正在轉型成時尚攝影師。我們相識時，他曾向我解釋：「我是攝影師，我可以和客戶合作……有時候他們會說想跟某個廣告商接洽，我就可以說『哦，那個人會去 Club X 玩，我認識他，我可以幫忙介紹』。而我之所以認識那些人，都是因為夜生活。」

這種位置優勢在社會網絡分析*中就稱為「仲介」（brokerage）。根據社會網絡分析的理論，仲介者可以資本化他們的網絡關係，因為透過接洽不同的人認識，他們可從中獲得一些好處，也就是所謂的「租金」（rent）。[7]我訪談的五位公關都希望可以在他們的客戶之間從事這種簡稱為「B2B」（企業對企業，business-to-business）的仲介活動。

他們的目標不只是要有錢，而是要致富，而這兩者之間的差異——前者是賺取高額收入；後者則是藉由和精英之間的長期商業往來，以創造富可敵國的雄厚財力。

桑托斯就解釋，由於他來自哥倫比亞，所以他有辦法累積和拉丁美洲石油公司之間的關係，譬如最近他就認識了許多波斯灣國家元首，因為他們是法國里維埃拉的常客。有朝一日，他打算要介紹這些供應商來認識買家，並從後續的交易中抽取佣金。他的計畫是這樣的：

> 我不是要一、兩百萬而已，我要的是十億。我現在引介人認識從來沒收過費，即便大家能一起做生意是因為我的關係。但在五年、十年後，等到我認識他們夠久了，我就會說，好，「我幫你接洽做石油生意，但我們要來簽個契約。」假設從委內瑞拉到中東的每桶石油裡，我只能抽 1% 或 0.5%，這樣一年下來也能賺個十億美金。

「但我得再等等。」桑托斯深思熟慮地說，因為他現在還沒辦法要求這種商業關係。他還在建立人脈、接洽引介不同的人認識，大家是因為他而做起生意，但不是和他做生意。他首先得要證明，自己在商業上是個值得信賴的合作夥伴。雖然桑托斯想像的情景可能有些誇張，但他說自己確實曾經差點促成客戶之間的商業交易，因此他真心相信確實有可能透過這些人脈而致富。

然而，即便公關確實可能接洽、引介商人們互相認識，但從中抽取仲介佣金或費用這種事卻非常罕見。四十歲的公關米歇爾解釋：

> 譬如，已經有數以十億、百億計的錢都是在夜店談好或促成的。數十億美元的交易。也就是，我們都很習慣引介不同人認識，然後你就會發現，他們開始做一些超誇張的開發案。蓋飯店，蓋這個、蓋那個的……這就是我們得以成功、別人會來找我們的一個理由。

但米歇爾也承認，公關其實無法兌現這些人脈，也很難從中分紅：「我們其實都沒這麼做，雖然應該要的。我們太晚反應過來了。但誰在乎呢？事情都過去了。」

每當我要求他們描述自己的社會關係怎麼樣才能幫助他們促成精英之間的商業交易時，公關多半都含糊以對。首先，公關其實都沒有金融交易的經驗或訓練。舉例來說，某天下午崔佛發了一封簡訊給馬爾科姆說：「嘿，我有一棟房子的買賣，你知道誰會有個兩、三百萬，有誰會想買

＊譯註：原文使用的用語並未固定，前段使用network science，後段使用network theory，由於在台灣社會科學學界普遍使用「社會網絡分析」（social network analysis, SNA）一詞來指稱這個領域的研究，故此處改為此稱呼。

嗎？」

馬爾科姆一邊笑，一邊描述他當時的反應：「我當時就想，『拜託，你還需要利潤率、更多細節，還需要一份完整的公開說明書。你要做很多功課，這些交易才會成。』」

雖然馬爾科姆也很希望能仲介複雜的交易，但他其實也不是這塊料。他曾跟我說：「之前有一次，我有一個朋友，他是銀行業的，在做創投相關工作。他就跟我說：『喲，如果你知道誰有什麼好點子，就告訴我。我認識一些人會出錢贊助好點子……如果想法不錯，我們就去做、去賺錢，然後把它賣掉。因為現在都是這樣的。技術才是一切。』我很喜歡這個主意，也牢牢記住了。我認識很多聰明人，他們未必有資金，但我可以介入，然後呢，我就是、我會變成能促成這件事的共同創辦人之一。」在我認識他的三年間，他這個模糊的計畫都沒有實現。

在他們這些人中，德瑞或許是夢想最為遠大的一位。他每天晚上的故事都會有些不同，有時是說他的音樂事業即將起飛；有時又說他的饒舌專輯即將發行；有時則大談他的轎車公司或他的進口公司。有一天晚上在Downtown，德瑞發現對面坐著兩位知名富商，他和他們點頭致意，對方也向他揮手、打招呼，接著德瑞說：

我知道那些人很有錢，但我不知道到底多有錢。我看到他們時都會去跟他們講話。他們喜歡我，我都會說，我幫你弄張桌子坐、我來幫你。你出來玩的時候，可以找我幫忙。現在如果我有個商業提案，你覺得他們會聽誰的？他們會聽德瑞的，因為他們認識我，他們喜歡我。不是恩里科、不是桑托斯……那些晚上出來只會追著模特兒四處跑、耍白痴、狂喝酒的公關？我可不是這樣。我很清醒。那邊的人是誰、誰出現在這裡，我都很清楚。我會跟他們自我介紹，我會變成他們的朋友，然後我會讓一切成真。

「聽起來好像不太真實欸，」我插嘴，「這種事情真的會發生嗎？」

「會啊，小艾，當然會。小艾，是可能成真的。在這個世界會不會賺錢，全都看你有沒有人脈關係。沒有人脈關係，那就不會成。沒有別的方法。你引介人們認識，然後你就能拿到錢。」德瑞這種說法其實是公關談論自己職涯的典型方法，他們總低估自己過去的失敗，強調自己促成未來交易的巨大潛力。

在德瑞的故事中，最有前景的應該是一樁和塞爾維亞電信公司的交易。該公司的老闆希望能擴大歐洲的市場覆蓋範圍，德瑞的一位合夥人為他安排和潛在的事業夥伴見面，於是公司老闆就來到紐約，參與這場由德瑞負責安排的商業晚餐聚會。德瑞找了六位漂亮的女孩陪同，現場的男人顯然都很滿意。德瑞的合夥人理論上在歐洲時就已經談好要簽契約，以確保雙方的仲介費用，而且德瑞還語帶含糊地說，他馬上就會得到「未來十年十五年二十年的30%。我剛剛才收到簡訊，」他隨即又加上一句，「這只是二十筆交易中的一筆。」乍看之下，就如德瑞所言，因為他帶著女孩出席，讓這場商業晚餐辦得很成功，所以他即將從這筆交易中分紅。

在接下來幾天內，德瑞都會用簡訊讓我及時掌握交易的進展：

我覺得我這一生這麼努力工作，現在終於要有好結果了。

今天要簽約。

但在他被問及究竟電信覆蓋率要如何從巴爾幹半島擴展、又要拓展到歐洲哪些地方的時候，德瑞回說他不知道細節，得跟夥伴確認一下。

這筆交易從未實現。

公關當初入行，是因為他們對跑趴這件事感覺自在且充滿熱情，但成天和富商為伍卻改變了他們的志向，他們開始期待自己也能成為百萬或億萬富翁，甚至可能和他們富裕的客戶平起平坐。公關們在VIP社交圈取得的成功，同時成為了挫折感的來源，因為那些「成功」讓他們的志向變得高不可攀。一般而言，服務關係無法累積成足以帶來社會流動的人脈關係。然而公關不這樣想。他們普遍相信自己能把這些人脈轉化為利潤，部分因為公關們認為自己的工作並不是提供服務，只是在和朋友一起共度休閒時光。

我最好的朋友

當我請公關介紹我認識他們的客戶，以進行訪談時，有些人會不太高興。桑托斯回我：「不要用這個詞叫他們。」基於他們一起在世界各地開趴的共同經驗、狂歡的頻率與時間長短，他們都是朋友，不是什麼客戶。公關幾乎無時無刻都會提到自己與客戶之間的友誼；桑托斯甚至說某些客戶是他「最好的朋友」或「真的很好的朋友」。

公關和客戶來自兩個迥異的世界。多數公關的教育程度和經濟狀況都遠遠不及他們的客戶，繼而造成了明顯的社會距離，任何型態的恩庇—侍從關係大抵都是如此。[8] 公關會透過強化關係強度和親密感，試著縮小這個社會距離，並為這個本質上以服務為基礎的交易賦予別的意義，而這和他們對女孩的方式如出一轍。

打從雙方相遇的那一刻起，公關就開始這麼做了。公關跟客戶之間通常是透過共同認識的人引介，或者因為公關會策略性出現在各種高檔空間。為了結識潛在的客戶，公關通常是藉由他人之口，譬如飯店櫃檯（為此，公關常會贈送他們飲料或活動門票），或者透過自我介紹。他們會確保自己在對的地方出沒，譬如時尚品牌的活動或奢華的飯店中。有位公關就刻意去曼哈頓一間頂級健身房健身，而他也確實在那裡結識了許多客戶。德瑞在夜店認識很多有錢人，知道了他們的名字之後，他一定會去 Google 搜尋，然後就會說：「喔，哇，你看他是誰，明天我會再進一步發個信給他，跟他說：『很高興認識你。我今晚有一場晚餐，會有三個模特兒跟一個名人一起，隨便誰，如果你想來的話，告訴我一聲。』」然後這一餐德瑞一定會選一間會招待餐點的餐廳，這樣他才可以只付小費就款待他邀來的客人。

對於少數含金湯匙出生的公關來說，要認識有潛力的客戶就相對容易。來自西班牙富豪家庭的三十歲公關恩里科主要是透過家族人脈尋找客戶，他連穿著打扮都跟他歐洲的有錢朋友很像——身穿訂製的襯衫與吊帶褲，襯衫上還繡有他名字首字字母。恩里科經常會讓我看他存在手機裡的「好朋友」、「摯友」的照片，大抵都是來自西班牙的知名足球員、商業大亨，以及他們正值大學階段的子女。

缺乏既存人脈的公關要和有錢男子建立友誼，就得藉由彼此之間的共同經歷。說到客戶，來自長島的美國白人公關巴比（Bobby）就說：「你要透過關係認識他們、透過你的人脈。當他們出現時，你得確保你的人有把他顧好，這樣他才會再來」，包括夜店守門人、服務人員，還有團隊裡的副手所提供的服務都要到位。「時間久了，」他繼續說，「就會發展出真正的友誼。」

這種友誼相當曖昧，因為基礎就是建立在經濟交易之上。我們已經知道，只要客戶買酒公關便可從中獲利，夜店那邊最多會支付他們客戶支出的20%，這些林林總總加起來大概會有上千元。此外還要再加上受邀參與私人派對，以及受聘籌辦這些私人派對所得到的收入。不過，公關並不希望自己和客戶之間的友誼太被他人視為有經濟目的存在，他們會努力投注時間賦予這些友誼一些意義感，以淡化經濟動機，而這與他們策略性和女孩建立親密感並無二致。德瑞曾指出，在VIP世界中會撒大錢的客戶通常都是「比較年輕的傢伙」，他們多半在四十歲以下、喜歡派對。德瑞解釋，為了培養關係，他得和這些人一起出去狂歡：「這種人可能願意在夜店花很多錢，但你事前得做很多工作。光是要把他弄進店裡就得費很多工夫了。那會花上你整天的時間。」其中，包括早午餐、午餐、看電影，有時還得提供毒品，或安排他和模特兒約會。

進入夜店後，公關得擔任女孩跟客戶之間互動的潤滑劑，也要在桌上引介大家認識、在晚餐時引導雙方的談話。公關在吃晚餐或在夜店時，通常都會坐在客戶附近，以掌握他獲得的服務品質。當提博爾和菲利普接待他們其中一個俄羅斯大戶時，都會刻意安排至少一名外向活潑的俄羅斯女孩在場。

恩里科很不喜歡靠朋友賺錢，所以他經常拒收他朋友買酒開銷所產生的佣金。他問：「我讓朋友買酒，然後從他們身上賺錢，這樣子不行，對吧？」他接著解釋，「我是和自己喜歡的人一起出去玩，我不想靠他們賺錢，這會玷污我的靈魂。如果我說：『來吧，馬可斯，你買兩瓶酒，然後我要從中抽成』？他們知道我不是這樣的為人，而且如果我真的做這種事，他們一定會知道我就是在賺朋友的錢。」

事實上，恩里科確實透過他的朋友賺取了豐厚的利潤，但都是間接的。他們經常推薦到訪紐約的朋友去找恩里科，請他幫忙預約紐約的頂級餐廳和夜店。而恩里科通常會從這些代訂中抽到消費金額的10%。不過，透過在友誼和金錢關係之間創造出距離，公關就可以重新定義自己和客戶的互動關係，將其視為和有錢朋友的來往——而此舉基本上就是把他們的經濟誘因，包裝成「一起廝混」的平等關係。

客戶偶爾也在訪談時用友誼來形容自己和公關之間的關係，不過他們沒有公關那麼強調這一點。所有客戶都知道，公關的友好多少會受到金錢因素的影響，但這不必然代表雙方之間不存在友誼。

我在提博爾那桌認識的某位四十歲金融業客戶就說：「你擁有的多數友誼其實都是互惠互利的，對吧？當然不一定是……比如非常明確的交易，但我認為通常對雙方都有一定意義……當然若它永遠都是某種交易，那你可能就會需要多考慮一下。」這位客戶表示，當他需要招待金融投資者時，就會透過公關幫忙預約餐廳或夜店。他進一步補充，和公關的女孩們一起出去玩，總是比和其他商人出去更愉快。不過，如果公關沒有得到報酬，他就會比較小心，不要太常請他們幫忙。他說：「如果有一方予取予求，那關係就會變差。因為如果太常利用某個人，久了就會破壞那個情感連結，然後他就會消失。」

對其他客戶來說，公關能讓他們在夜店裡飽受款待，感覺很好。紐約一位六十歲的白人知名律師桑福德就感嘆：「我和那些開夜店的老闆跟夜店公關都是朋友，而且我在那邊會感到很舒服。這是我去夜店消費的主要原因。但現場會有很多漂亮模特兒這點當然也是頗吸引人的。」

儘管努力拉近彼此之間的社會距離，公關和客戶之間往往還是存在一條服務工作者與顧客之間常見的鴻溝。公關雖然熟知各種迷倒女孩的技巧，但卻未必能應用在他們與客戶之間的互動上。我就很常觀察到客戶會忽視或漠視某些自稱跟他們關係超好的公關。

經歷此事的是桑托斯，讓我們把場景拉回停滿遊艇的坎城岸邊。桑托斯曾吹噓，他要帶女孩們去他「真的很好的朋友」遊艇上續攤開趴，而那些朋友是指當晚稍早，我們在夜店裡碰巧看到的一個富有南美金融家族。我們登上遊艇不久後就發現，桑托斯只不過是和家族裡的一個兒子，也就是二十三歲的里卡多（Ricardo）有個幾面之緣。有一度，里卡多的叔叔還困惑地問我桑托斯是不是皮條客，以及登上船的這些女孩有沒有可能是性產業人口販運的受害者。

我後來訪談里卡多，他說他其實只有在一年多前見過桑托斯一次。對他來說，只要不是那種意圖太明顯、好像只要他多買酒好抽成的公關，那兩人就可能成為真正的朋友。實際上，里卡多是這樣說的：「只要他們不打壞我的興致就好。」他進一步解釋，他覺得桑托斯人不錯，因為他從來不會要跟他推銷香檳。

無論桑托斯等人如何誇大自己與這些精英男性之間的關係，公關與客戶的友誼似乎更像是一種論述策略，以及一種用來掩飾經濟交易本質的做法，尤其他們會為了利益而進行女孩交易的這一點。與客戶共享的歡樂時光和虛假的友情，一方面是用來否定關係之所以存在的經濟動機，另一方面也讓公關陷入了相當尷尬的處境。客戶與公關對彼此的期待並不對等：客戶希望得到的是樂趣和短暫接觸，但公關卻希望建立長期情感連結和經濟流動的機會。

有色資本的雙面刃

另一個彰顯出公關其實是局外人的標誌，就是種族。我在夜生活的田野工作中遇到的有色人種，大多數都是公關或夜店工作人員，譬如保鑣。任何一個晚上，在類似Downtown的夜店裡，每一百人之中最多只會有十個黑人，而且其中還會有幾位是公關。守門人會謹慎控管入場的棕色或黑色人種的數量。

公關業本身的族裔和種族相當多樣——我在紐約做田野調查遇見的公關，大約有三分之一是黑人或拉丁裔，而且他們通常都是外來移民。在我訪談的四十四名公關中，有十九名黑人、二十名白人、五名為亞裔、五人屬於拉丁裔（外觀上，有三名屬於黑人、兩名屬於白人）。其中有二十五人是來美國工作的外來移民，只有八人是美國白人。[9]

VIP社交圈是個以白人為主的場域，身為異類的黑人公關深知自己的邊緣性，也很清楚旁人會如何帶著種族刻板印象來看他們。女孩們普遍會性欲化黑色或棕色皮膚的公關，而客戶則很常預設黑人公關會從事性交易或毒品交易。然而，在某些時候，公關反而可以挪用那些關於黑人身體、異國情調和性欲的刻板印象，轉化為自己的利器。社會學家口中的「有色資本」（color capital）指的是有色人種被物化後的相關想像，譬如，透過將黑人與「靈魂」、異國情調所做的刻板印象連結，白人就可以提升自己的社會地位。當白人聲稱自己跟黑人有連結，譬如自己對非洲文化有感或有關聯，那麼白人也就可以運用黑人的有色資本。由於有色資本是由白人定義的，黑人公關通常只能在他們體現符合刻板印象中的黑人形象時，或者在特定的空間中，運用這些有色資本。令人驚訝的是，我發現有些黑人公關在工作時會運用主流的種族刻板印象，以此在一個更大的種族資本主義結構中，開闢出小小的能動性空間。[10]這些男性認為，在VIP世界中，黑人特質是是一種優勢，主要可以透過下列這三種方式帶來好處。

第一，夜店界普遍認為黑人男性很吃苦耐勞，有些黑人公關就會擁抱並挪用這種積極的刻板印象，譬如，用來和夜店經理談判，好拿到他們的工資。來自塞內加爾（Senegal）的黑人穆斯塔法（Mustafa）就說，黑人男性工作比較努力，因為他們生來一無所有，所以「他們會竭力奮鬥、緊抓一切，而這就是要當公關得做的事。」移民黑人男性尤其如此，基於他們的雙重劣勢，往往也被認為是最勤奮工作的人。來自布魯克林的非裔美國人韋恩（Wayne）就說：「很多黑人都來自非洲，法籍非洲人，而他們很清楚錢的價值……他們沒有其他東西，就像，那就是他們的生活。所以他們非常、非常積極。不像其他那些人，通常都是美國人，或者有上大學的那種。」

第二，這些公關認為他們的黑人特質反而讓他們鶴立雞群。雖然身為職場中的樣板（token）必然會有些缺點，但多數黑人男性都表示，VIP夜店中罕見的黑人反而會因為格外醒目而從中獲益。[11]四十歲的米歇爾當初入行的方式跟多數公關差不多：因為他在夜店中閒晃，而且受人喜愛。米歇爾和表弟洛伊克（Loïc）都是來自加勒比海的黑人，還是青少年的他們起初只是邁阿密一間摩托車酒吧的常客，後來就成了店裡固定班底：

大家都愛我們。我們是那裡唯二的黑人。後來店老闆說要跟我們談談，接著就要我們開始當公關。他跟我們說，大概類似「我從來沒有見過這樣的事情。大家都超愛你們。你們兩個很有趣……有沒有想過要當公關？」我們那時甚至不知道公關是什麼。我那時才十九歲，我在法律上甚至根本不應該出現在那裡！實際上，他說要和我們見面時，我還以為他是要叫我們不要再去了，因為他發現我未成年。

米歐爾本來在邁阿密一間觀光咖啡店當清潔工，他後來辭掉了那份工作，但他還是不可置信地問他的新老闆：「等一下，你的意思是說，我繼續做我現在已經無償在做的事情，然後還能拿錢？」由於認識到他們擁有的有色資本的價值，店家提供了這兩個黑人男性相當獨特的機會，最後讓他們成功打入精英圈。米歐爾就說：「聽著，我本來只是來自牙買加的黑人孩子，但現在只要我想，明天午餐就能叫來一間金融公司的執行長。」

第三——也是最明顯的——黑人男性在刻板印象中，普遍被賦予陽剛氣質與超高性欲，那被認為是吸引女孩時可利用的資產。來自布魯克林的馬爾科姆二十九歲，他時常聽到歐洲女性對他說：「我愛美國黑人。」而他對她們的回應是：

我就是你要的男人！畢竟，你知道，我是個男人。由於我大概是目前這間房子裡面，唯一或少數幾個長得不錯的黑人男性，光是這樣，我就已經可以釣到女孩了。你聽懂我的意思嗎？其他人都是一些穿著西裝的矮個子白人之類的，所以我呢，就是，我是有好處拿的。我不騙你。如果不是我，反正也會是別的〔黑〕人。

長期以來，黑人的陽剛氣質一直是白人社會既迷戀又恐懼的對象。將黑人男性視為狂野的性威脅和具異國情調的娛樂者那種舊殖民時代的想像，至今依舊盛行。[12] 儘管那些想像中隱含著暴力成分，但黑人公關發現，在ＶＩＰ夜店空間裡，這種種族化的身分反而讓他們對白人女孩格外有吸引力。德瑞就解釋，公關工作有很大一部分是要滿足女性的需求並維持她們的興趣，而種族刻板印象此時就能派上用場：

> 女人愛我們。女孩們都喜歡我們。這些年輕女孩有些可能來自小地方，或者來自東歐，父母都告訴她們要遠離黑人，因為黑人很危險、黑人都是麻煩人物。然後她們來到了紐約，而年輕女孩總愛違抗父母說的話。她們看到我們，心理會想：哇，他很酷；他聞起來很香；他很會跳舞。她們會認為我們很性感、認為我們很有趣。我們有白人沒有的優勢……我們的風格很酷；她們會覺得我們很好玩，還覺得我們身上都有毒品。

德瑞知道這是刻板印象，但他並不介意借來一用：「我知道有些黑人的床上功夫很糟，有些白人很厲害，但這就是刻板印象……當她們看到我們時，會覺得看到樂趣、看到好砲友、看到一個會跳舞的男人。」實際上，德瑞甚至不得不再三向女孩們解釋，他不是毒販，而且他不願意為她們買毒品。但另一方面，他卻也張開雙臂擁抱黑人男子性技巧了得的刻板印象。

黑人公關在順利吸引到白人女孩這件事上取得的成功，甚至足以蓋過黑人男性在VIP場域這個以白人精英為主的空間中，勢必得面臨的種族主義。以馬爾科姆為例，最近他一直和桑托斯在倫敦一間高級夜店合作。他當時跟桑托斯和一些女孩合租一間倫敦的連棟別墅，每週租金是三千八百英鎊。馬爾科姆身材高大，並喜歡穿嘻哈風格的衣服。他喜歡穿著超垮的垮褲，露出一整截的四角底褲，然後總是穿著超時髦的限量運動球鞋，頭上一頂向後戴的棒球帽。當他首次出現在倫敦的VIP夜店門前時，守門人把他攔了下來，然後跟他說：「球鞋不行、帽子不行。」這是常見的種族隔離手段，隱晦地透過穿著打扮的篩選來排斥黑人，因為他們穿了「錯誤的」鞋子或衣服，而那些鞋子或衣服往往被連結上貧窮、黑人或邊緣人口——也就是那些創造了白人夜店咖最愛的嘻哈樂的人。[13]

講到這裡，馬爾科姆笑了起來。他回答守門人，「『有沒有看到這十幾個模特兒？如果我不進場，他們就不進場！』然後我就大搖大擺走進去了，我褲子幾乎要垮到這裡，」他比著自己屁股下方，又繼續說，「然後有人就對我說：『最近怎麼樣啊，馬爾科姆？進來、進來！』」

但黑人的有色資本是把雙面刃，雖然創造機會，卻也會創造風險。即便他們把種族說成是可以協助他們鶴立雞群以及能吸引到女孩的資產，但公關也承認，屬於非白人種族仍有缺點，無論是在VIP場域之內還是之外。德瑞就解釋：

在精英社會中，你愈往上爬，我們這種人就愈少。真相是，我也很清楚，在Downtown，你覺得如果我沒有帶女孩、沒有人脈，他們會讓我進場嗎？他們不會讓我進來的。他們會把我當成一場玩笑，或者會用很差的態度對我。

公關也都知道，黑人被賦予的那些負面、破壞性的刻板印象永遠如影隨形威脅著他們的形象和安全。德瑞對吸毒或未成年的女孩抱持高度警覺心，因為他認為警察很想逮捕與白人女性有關聯的黑人。馬爾科姆也有類似的恐懼。有一次，某個白人女孩失蹤了，又因為他出現在她的手機通訊錄裡，所以警方把馬爾科姆找去訊問。發現她只是沒告訴任何人就跑去大西洋城之後，馬爾科姆如釋重負：「謝天謝地她出現了！你要知道我是個黑人，這次失蹤的可是一個白人女孩。我當時以為自己完蛋了！」

最後，在VIP空間之外，黑人男性公關每天依然可能碰上仇恨和種族主義相關的事件。「身為一個黑人，你必須是最好的，你的穿著、行為舉止都要是最好的，永遠都是如此。」有天晚上，德瑞出席某個藝術展開幕活動時這麼說。「在我參加這樣的晚宴和活動時，」他繼續說，「很常會有一些笨蛋踩到我的地雷，講一些種族主義的笑話。我都會帶著微笑地說：『哈、哈、哈』。我不會生氣。」

確實如此。某個陽光明媚的下午，我跟德瑞在紐約市中心漫步，那時要去為一位模特兒經紀人選購生日禮物，就碰上了一次極其誇張的種族攻擊事件，德瑞當下依舊保持冷靜的態度。在我們出發前，他戴上一副復古的雷朋墨鏡，接著拉低他的黑色小帽，蓋過雙眉，然後說：「好了，現在我看起來像個大人物了。」語畢，他便勾著我的手臂，身穿低腰藍色設計師品牌牛仔褲，大搖大擺地走著。

每當他這樣走路時，都會讓路人以為他是哪來的名人，也經常有行人會在街上攔住他，想知道他是誰、有什麼來頭。在人行道咖啡館或街角的人都會抬起頭來，目光追隨著他。

但並不是每個人都喜歡德瑞這種造型感十足的黑人陽剛氣質。這個下午我們一起散步時，有人開始跟蹤我們。某個年紀稍長的白人男子尾隨我們走了幾個街區，然後他在下一個紅綠燈追上我們時，咄咄逼人地責備德瑞的褲子太鬆垮了——即便這是嘻哈藝術家之間很流行的造型，在VIP夜店也廣受歡迎。

「在這個社會，在這個白人社會，褲子是穿在屁股上的！」那個男人在人行道上對他大吼。在這次事件中，德瑞依舊態度親和、平靜，似乎不以為意，但他其實耿耿於懷了一陣子。幾週之後，他跟我說：「『這個白人社會』。那很冒犯人吧，不是嗎？」

當人們退到絲絨繩之外後，黑人特質的價值就宛若香檳酒瓶的哄抬價格一般，會急遽下降。就像所有形式的資本一樣，有色資本的價值是場域限定的。在VIP夜店門外，黑人特質可能很快就會成為公關的負擔。VIP社交圈裡黑人特質本身就是一把雙面刃：酷炫但危險；具異國情調但污濁；數量稀少才可取，且很難完全融入精英階層。

社會資本的極限

公關可以動用自己的性吸引力和女孩建立起連結，進而在精英網絡中轉化為社會資本。但即便公關和精英有頻繁且大量的接觸，卻少有公關能像周圍的精英那樣運用、轉化這個網絡的價值。除了受制於他們與客戶間的社會距離之外，公關也必須承認，自己和這群有錢人之間的連結往往非常膚淺：他們只是以休閒活動為基礎的點頭之交，互動大抵不脫在喧鬧的夜店裡酒醉嬉鬧。和精英開趴雖然讓公關得以獲得珍貴的社會資本，但卻也限制了他們「花費」這些資本的方式。取得社會資本的方式會影響資本持有者的正當性。[14] 儘管公關竭力把客戶重新定義為真正的「朋友」，但物理上的接近性永遠不可能彌補公關與客戶之間的社會距離，而這也是空服員、專職司機和其他服務精英階層的客製化服務人員共同面臨的困境。[15] 在以白人為主的空間裡，即便種族可能為黑人公關帶來異國的光環，卻也可能讓他們地位更為低下。

我所訪談的二十位客戶全都這麼認為。如果有位公關成功開了一間自己的夜店或酒吧，客戶們可能會願意出資，確保自己可以繼續無限制進出下一間夜店。但是，沒有任何一個客戶會認真和公關做生意，也沒有一個客戶會讓公關促成商業合作。有一位夜店老闆就眼帶憐憫地看著公關和他們的滿腔夢想：

> 他們都覺得他們做得到。他們這樣覺得，但覺得跟真的做得到之間是有很大差別的。他們確實是有些人脈，他們確實認識這些家庭。但是，譬如，我之前跟唐尼（一個公關）才在講，

他就說：「我有個想法。我有一個計畫，我正在努力，已經跟這個人或那個人談過了，然後我就等他們確認要不要投資……」我說：「唐尼，聽好，他們不會回你電話的。他們只喜歡你辦的派對。他們不要你當他們的商業夥伴。」

正因為意識到這一點，有些公關開始不厭其煩地要降低自己跟夜店之間的連結。他們會避免自稱為公關，因為知道那個稱號帶有輕浮感。譬如，當崔佛遇到一個新的生意人時，他都會說自己是活動顧問。他說：「我避免使用那個P開頭的字。」就連人脈培養達人德瑞也不太喜歡公關這個標籤。我在二〇一一年首次提出要研究他的世界時，他馬上打斷我，並且說他不想被人視為公關，因為他希望以音樂事業打響名號。[16]

公關都有種感覺，知道這個工作不能做太久，因為在夜晚靠年輕女孩謀生的「老男人」——感覺實在很不體面。二十五歲的崔維斯就這樣說：

我不想被困在這個行業裡。我已經二十五歲了，而且我還會變得更老。我不想要結婚生子之後還在夜店工作。你懂嗎？那很丟臉。

四十歲還在當公關的男人，很可能被視為魯蛇、輸家——卡在「派對男孩」的角色裡不上不下也就算了；更慘的是，還會被視為在街上追著女孩子跑的「詭異怪老頭」。其他公關跟女孩們就說過，如果一個人年輕時沒有明智一點，決定從夜店轉型到另一個更受人尊敬的職業，那就可能落得跟提博爾一樣的下場。時間會威脅年輕模特兒的價值，而年長的公關也會感受到類似的不確定性，因為這個職業同樣高度仰賴外表和性吸引力。

然而，一旦公關成功建立起自己的女孩與客戶網絡，就很容易從這個工作中獲利；因此許多人往往也很難離開報酬這麼誘人的工作。舉例來說，在我們最後一次訪談時，恩里科已經三十四歲了。他覺得自己已準備好要開始投入他未來理想的創業計畫：開一間跟蘇活區他很常去的那間店類似的高檔歐式咖啡店。但在當時，他的計畫根本不夠具體，無法讓他放棄手中那些輕鬆流入的現金和有趣的夜晚。雖然過了一定年齡，這份工作似乎就會變得不太適合，但它的報酬確實很優渥——尤其對於沒有考慮太多隱性成本的人來說，更是如此。「我賺了很多錢，」崔維斯就說，「我賺的錢比許多家庭都還多。」

到了二〇一八年，距離公關們首次告訴我自己的事業夢想之後，已經六年了，但德瑞、桑托斯、恩里科和馬爾科姆還是在替別人的夜店當公關。當德瑞年近四十歲時，他那些從事日間工作的朋友都已經結婚生子，事業有成。德瑞也渴求這些東西；他經常說希望找個合適的女人共組家庭，而且他每天晚上都在眾多萍水相逢的女孩中尋找那個對的人。但德瑞認為，在那之前，他得先建立起自己的事業；而他還在等待時機來臨。

同樣地，桑托斯也還在繼續等待他的商業仲介事業起飛，到那個時候他就可以說：他終於成功了。其實很難說桑托斯還沒有「成功」，因為就某種意義而言，夜生活已經將這個來自中美洲貧困家庭、未受教育的混血移民，推到一個無人能夠預料的高度。我們認識一年左右時，桑托斯就曾自豪地告訴我，他在哥倫比亞買了一棟房子給他的母親。我在坎城時，她剛好也來坎城短暫拜訪，她在他的別墅裡幫忙清潔，也順便去米蘭附近訪視桑托斯的哥哥，而他也是一個公關。兩兄弟的母親很為兒子驕傲，因為他們在全世界最富裕的飛地裡和許多VIP一起工作。但在桑托斯的世界裡，想要縮小自己和他有錢「朋友們」之間的差距，路還很長。

「這份工作我還能做多久？」桑托斯送我去坎城火車站的路上，他反問我。他吃吃笑著，邊搖了搖頭：「我可以一直做下去。提博爾已經四十六歲了，你知道嗎？他還在跟我幹一樣的事情，帶著女孩環遊世界、在街上追著女孩跑。你知道我為什麼想做這份工作嗎？我現在才二十七歲，就已經在為〔波斯灣國家的〕國王工作。等我五十歲的時候，我就會大權在握。你等著看好了。」

到了車站，我和桑托斯相擁，分開後我搭上了開往聖特羅佩的火車。那是二〇一三年的夏天，也是我最後一次見到他。

火車上，我望著窗外，坎城的豪華酒店漸漸溜走，眼前轉而出現綠色的田野和簡陋的住宅。過了幾分鐘，坐在我旁邊的先生拍了拍我的手臂，他說自己是住在坎城當地的生意人，實際上他正是桑托斯做公關的 Club Holla 的常客。這位先生看到我在月台上和桑托斯擁別，他立刻想問我一些他好奇已久的問題。那個留著長長雷鬼頭的帥小子，身邊總是圍繞著漂亮的白人女孩——「他是拉皮條的嗎？你知道，有在販賣女人？」

第七章

閉幕

本書的分析將ＶＩＰ派對圈視為一個展示奢侈消費的跨國舞台，全球新興精英可以透過這個舞台累積其地位、人脈和經濟價值。如果要了解這個不平等階級結構中，位居上位者的地位動態變化，就必須要掌握他們消費的社會意義。ＶＩＰ社交圈並不是個小眾議題；相反地，ＶＩＰ社交圈展現的，是在這個具歷史意義的時刻，也就是在二十一世紀資本主義的前提之下，才可能產生的地位獲取形式。

將消費視為有生產價值的生產工具或許有點違背直覺。有史以來，消費都被定義為價值上的損失，甚至是一種浪費。十七世紀的歐洲最早使用「消費」這個詞的時候，其中帶有貶義，用來表示一種要「吞噬」或「用盡」的衝動。[1]在二十世紀初以前，人們通常會使用「消費」一詞來描述肺結核這種持續體弱的疾病。

隨著經濟科學在工業革命時期興起，專家認為生產是創造價值的核心手段。生產和價值創造是男人的事；早期的經濟學家把男性的工資視為資本主義的健康指標。[2]消費是屬於女性從事的輕浮事。在工業化之前，消費甚至被教會宣稱為「瘋狂行徑」。

尤其是在率先進入資本主義的新教主義歐洲地區，由於認為個人需要積累而非消費，因此奢侈消費往往被視為極度病態、鋪張，是只有淫蕩女性跟懦弱男人才會從事的行為。[3]

奢侈消費之所以危險的另一個理由，是因為它具有破壞社會階級制度的潛力。幾世紀以來，在歐洲擁有世襲財富與頭銜的家庭所展現的社會地位是最高的。真正的尊爵氣質必須要在好幾代的富裕生活中培養出來，而擁有精緻、帶著歲月痕跡、在家族世代間傳承留下的陳舊古董，更是能彰顯一個人優越地位的真正標章。[4]邁入現代初期所流通的各式新興奢侈品，無論是家庭用品或服飾，形同帶來一種政治和社會危機：新富階級現在在外觀上可能跟上層階級很像，而這將嚴重混淆社會群體之間的區別。

只要購買奢侈品即可獲得地位這件事情是相當基進的概念。[5]為了回應這個威脅，貴族則透過法律，限制下層階層可穿戴或消費的物品類型。根據十七、十八世紀的反奢侈法，貴族可以擁有水晶，但商人不能，除非商人另外繳稅。反奢侈法尤其針對女性的穿著打扮。女性高跟鞋跟上、項鍊上、袖子上的花邊，全都彰顯著她所屬的社會地位，以及她家中男性的地位。騎士的妻子與女兒的洋裝可以縫上貴重的金絲線；但商人之妻若如此打扮，依法則需罰款。[6]

在消費性資本主義已經蔓延三百年後的今天看來，想藉由法律強制推行階級之間的區別，似乎相當愚蠢。現在只要有足夠的錢，任何人都可以嘗試成為上流社會的一員。范伯倫對於十九世紀末新富階級這種為地位而消費的努力感到相當震驚，並且認為這是一種現代且美國獨有的現象。

隨著蓬勃興盛的工業發展，個體戶的口袋逐漸飽和，也急於展示這些新財富。這點其實體現了資本主義對民主的承諾：任何人無論等級或血統，都可以爭取加入上流社會——當然，種族和性別在當時仍是可被接受的限制。在二十世紀之間，隨著法律上針對性別和種族的排斥規範持續減少，美國愈來愈像是充滿機會的土地，所有出身卑微的人都可以想像自己進入金字塔頂端 1% 的途徑為何。

致富本來就不是成為精英的保證。大家都知道，金錢無法保證帶來地位。有各種案例都可說明試圖將金錢轉化為精英地位有多大的挑戰性，譬如，從億萬富翁變成總統的唐納．川普，就因其鍍金頂層公寓引起紐約上流社會的譏諷聲浪。[7] 錢只是取得地位的手段之一。藉由慈善事業，錢可以買到聲望；[8] 錢也可用來購買藝術品和美酒等品味出眾的物品，讓來訪者感到驚艷。錢可以讓你在富裕社區買到房子，也可以讓你的孩子進入對的學校。所有這些努力加總起來，就可以創造出「文化資本」，也就是法國社會理論學者布赫迪厄所說的，上層社會的文化密碼。精英的舉止和習慣雖然看似「自然」，但在布赫迪厄眼中，那其實是長期社會化過程的產物，是上流社會品味與秀異（distinction）某種心照不宣的規範。布爾迪厄認為，唯有透過經驗，人們才有辦法掌握正確的技能和知識，進而主張其屬於精英社會。[9]

學界積極援引布赫迪厄的文化資本概念，用來細緻分析專業人士、家長、老師、學生和日常消費者等將自己對上流社會文化的熟悉度，轉化為相對社會優勢的群體。學者想知道的是，上流社會的父母、學校和職場如何向他們的孩子、學生和員工傳遞適合上流社會的文化方式？在社會學中，有關文化資本的概念蓬勃發展，也出現許多關於訴求地位正當性所衍生之象徵經濟的細緻分析。

不過，在這些對文化資本的關注中，學者卻忽略了展示經濟力量的重要性——若用范伯倫的話來說，即為「金錢的力量」。文化資本只是獲得地位的一種策略。有些精英只有經濟資本能夠謀求地位。實際上，布赫迪厄自己就曾指出，對於富有階級中的最高階層，也就是「統治階層中最主要的那群人」來說，經濟宰制可能是一種用來爭奪社會認可的策略。[10]對某些人來說，純粹的經濟實力是追求地位的動力，與風雅高尚與否毫無關聯。

范伯倫當時認為，美國資本主義的核心是赤裸裸的金融競爭。但在今天，我們對於文化面的關心，卻反而讓我們忽視了身邊這些不斷提升的金錢力量展示：大型遊艇的尺寸與人氣不斷增加，藝術品的價格創下新高，而生日派對更是日益鋪張浮誇——比如二〇一二年劉特佐那場由戰略酒店集團的諾亞．泰波柏格與傑森．史特勞斯在拉斯維加斯LAVO所舉辦、要價數百萬美元的生日派對。包括李奧納多．狄卡皮歐、肯伊．威斯特、小甜甜布蘭妮（Britney Spears）等名人嘉賓都出席了，據說布蘭妮為他端出生日蛋糕並唱生日快樂歌，就獲得高達六位數的報酬。[11]

經濟學家將這股奢侈品消費的興起稱為「奢侈品熱」（luxury fever），以追求高額價格為主的秀異，將會帶來對地位或地位確認商品的軍備競賽。[12]這些動態成就了一個專門販售藝術品和葡萄酒等高社會地位物件的新興市場。法國理論家呂克．布爾坦斯基（Luc Boltanski）和亞諾．艾斯凱赫（Arnaud Esquerre）將這些物品稱為「特殊物品」（exceptional objects），也就是由富人賣給富人的物品，而其價值主要就在於本身的昂貴。[13]

藝術品和葡萄酒這類奢侈品保存時間愈長，價值就愈高；但最近卻出現了另一種運作前提與藝術品或葡萄酒徹底相反的奢侈品體驗市場：浪費。VIP夜店屬於「體驗經濟」，亦即消費商品所帶來的體驗比擁有商品更重要。自一九九〇年代以來，愈來愈多人建議企業向顧客銷售時，不只要販賣商品和服務，而要販賣那個難忘的時刻。體驗本身，以及體驗的記憶本身，就是你的商品。[14]

日益增長的奢侈品體驗市場是理解VIP夜店出現的必要背景，因為那才有助於讓這場精心編排的浪費展示得以成形。這或許正是經濟宰制的最終表現形式。從聖特羅佩、聖巴斯島到紐約市中心，大手筆客戶會在各式各樣的儀式性揮霍中燒掉大筆現金：酒促小姐、模特兒，以及因應把香檳當水槍搖晃、噴射而生的「香檳列車」，不一而足。這與收藏藝術品以累積價值相異，VIP派對所提供的是體驗和浪費金錢的記憶。就像賭場和奢華音樂節一樣，VIP派對為客戶提供的是一個體驗豪奢的舞台。像這種誇富宴主要會以純粹、毫無轉化的形式來慶祝金錢本身——錢就是經濟的主宰者。

你未必看得到所有為了動員有錢人去炫耀而從事的組織性工作。因為甚至連大戶自己，都會形容那些炫耀行為「可笑」甚至是「噁心」。若放在不同脈絡下，顯眼鋪張的消費所帶來的可能就不是社會地位，而是不屑與輕視；看看新聞媒體對精英生活方式的批判，以及客戶對於自己高額花費的輕蔑評論方式即可見一斑。VIP夜店必須讓誇富宴的刻意感降低，要讓它顯得有自發性、好玩，不那麼為了塑造地位而生。要成就一場誇富宴，必須要付出大量的勞動。正如任何一種有組織性的社會事件，誇富宴其實是集體性的儀式，會在精心編排的情境下展開，由共享的浪費文化以及集體對浪費行為進行的價值增殖所構成。

二十世紀中期的哲學家喬治・巴代伊（Georges Bataille）認為，消費或浪費非但不是輕浮、無足輕重的行為，甚至可說是全球經濟的組織性原則。[15] 巴代伊認為，每個社會都會運用不同的方式，設計出一套儀式以消滅過剩的物資。而一個社會如何消滅過剩物資或它的「非生產性支出」，則會形塑並同時揭露其社會關係。在VIP桌席上朝著空中噴灑一瓶香檳，不僅不是反常行為，反而可謂在這個二十一世紀資本主義明顯不平等社會中的一種禮節。從獻祭、戰爭、角鬥士競賽、紀念碑，到今日的精品零售產業、賭場和夜總會，這些全都是構成社會生活的浪費性表演；它們形塑了我們的夢想和欲望，且值得仔細研究。

香檳誇富宴也顯露了新的全球有閒階級及其在性別、種族上的等級制度。范伯倫在一百年前就曾指出，「女性的所有權」是男性彰顯地位最主要的手段之一，而這種性別化的權力關係至今也成為VIP場域及其他場域的支配性邏輯。[16] 同時，VIP空間會排斥並貶低有色人種，這也顯露了精英空間往往是以白人為主的假設。經濟宰制的表現取決於男性統治和白人至上主義。

同時，香檳誇富宴也彰顯了全球流動精英在生活世界層面的轉型。VIP夜店是在民主化與極端財富全球化的時代下出現的產物。過去幾世紀的富裕階級往往扎根於地方；他們彼此熟識，且共享一套社會空間和規範——譬如波士頓的婆羅門精英（Boston Brahmin），以及芝加哥的「社會登記」（the Social Register）社群。[17] 接著則是歐洲貴族以及他們那些上寄宿學校的後代——所有各自獨立的富裕個人，會受到一套具有內部行為準則和約束力的管理，並藉由精心安排的婚姻進行再製。相較之下，包括網路科技創業家以及俄羅斯寡頭等新興精英階層在內的這些人，他們在世界各地都有人脈，且他們的流動性很強。和這群人共享社交空間、競爭社會重要性的，是沙烏地阿拉伯的王子或對沖基金鉅子。在這個扁平的全球財富場域內，精英們不再固守地方社群內帶有規範性的羈絆。他們的匿名程度也變得更高。凡是持有美國運通百夫長卡（Amex Black Card）的人都可以進入VIP派對，並且在家人、鄰居和地方文化習俗的視線之外盡情狂歡。由於人人都可以追求秀異，誇富宴也逐漸成為用來標誌地位的主要策略之一，即便在過去幾世紀常見的完整地方精英結構中，誇富宴幾乎不具任何意義。

為了滿足這些具有獨特流動性質的新興富人，各個城鎮、島嶼和地方經濟都成了浪費性消費活動的中心。從拉斯維加斯到杜拜，或者從邁阿密到坎城，富豪們會在VIP派對上揮霍無度，在此精心策畫出的國際舞台上，展示自己的經濟實力。

當精英階層逐漸控制愈來愈多的全球界資源時，像紐約這樣的城市也開始迎合這些來去匆匆的超級富豪，對這些富豪來說，紐約已經成為全球商務和休閒圈中的理想目的地。結果就是，紐約客就和其他全球都市居民一樣，生活在富裕的危機中。[18]高級餐廳與娛樂等奢華設施蓬勃發展，但公共性產品與公共服務卻付之闕如。整個城市的房價持續飆升，因為富裕的買家不斷投資房地產，但這些黃金住宅單位卻統統是無人居住的空屋。二〇一六年，《紐約客》報導指出，在曼哈頓中城的多數區域中，幾乎每三間公寓就有一間一年至少閒置十個月的時間，人們甚至將紐約稱為「富裕鬼城」。[19]在此同時，中產階級家庭逐漸被擠出住房市場，而曼哈頓公寓的平均售價來到兩百萬美元。無家者的比例之高，幾乎已經要創下歷史紀錄；而在二〇一六年，每五個紐約人中，就有一人生活在政府公布的貧窮線之下。

然而，在這個魅力四射的城市及其閃爍耀眼的飛地中，派對從未停歇。VIP場域揭示了當代體驗經濟創造價值的動態關係；在這種體驗經濟裡，少數極富裕者得以從女性與邊緣化男性的情緒勞動與美感勞動中獲益，且以此為樂。公關和他們的富裕客戶一致認為，搖晃酒瓶並將數千美元的香檳噴向空中是「荒唐」行徑。不過，對所謂重要的大人物來說，在當下那精心安排的時刻，這麼做感覺是完全沒有問題的。

離開VIP世界

二〇一三年，某個夏日的週二晚上，時間即將來到午夜，德瑞人還在Club X的桌前，在模特兒、銀行家、地產大亨與名人之間穿梭交際。這天晚上相當典型，充滿著飛吻、擊掌，以及永遠喝不完的免費招待香檳。

那時，我已經跟著德瑞大約一年半了，而他的生活一直沒有什麼太大變化，他還是在不斷洽談著各式各樣的商業交易，也依然在利用女孩來培養自己與更有權勢的男性之間的關係。

不過，女孩這端卻產生了不少變化。有許多人已經成為事業有成的女性、成了家、對此場景感到厭倦，或單純因為年紀太大而不再受邀出席這些場合。對德瑞來說，這並不是什麼大問題，因為他隨時都可以找到渴望免費體驗這個花花世界的新人進場。只要是漂亮、纖細、高挑的女孩，都可以成為他的朋友。女孩們前仆後繼地進出這個藉由地位與美貌所推動的奢侈經濟，無休無止。

我們可以想像，在VIP派對現場其實充斥著一連串發生在公關、客戶與美麗女性之間的交換行為。透過這個場域，女孩們得以進入華麗的度假勝地，並與富豪、名人打交道。她們將會受邀進入聖特羅佩和漢普頓這類專屬空間，和世界上最富有、最有成就的人打成一片，無論其自身的社經地位或教育背景為何。而女孩也會協助公關與客戶樹立起陽剛的男子氣概，以作為交換。女孩資本就像是一種貨幣，可供男性用來轉化成地位、社會關係和利潤豐厚的商業交易。客戶也可以利用女孩和其他重要人物建立社會關係，繼而爬入精英階層。仔細想想女孩在金融、時尚、娛樂和都市發展等產業網絡中所扮演的核心地位就可以知道，她們的經濟價值極其龐大。若以她們為男人所創造的資本量來衡量，女孩可說是無價之寶。然而，她們卻在長期感情伴侶的市場中被視為毫無價值，而且她們的工作基本上沒有任何金錢酬勞。

當然，女孩仍是有報酬的，而且報酬還頗豐，只是形式不若VIP場域中男性所預期的那樣資金優厚。我們可以把女孩參與這些安排的動機區分成三種類型，不過核心互有重疊之處：實用型、關係型和感官型。首先，考慮到實際誘因，由於女孩也有基本的日常需求，譬如吃飯、住房及娛樂，而在紐約這樣的城市裡，要滿足這些需求相當昂貴——對於所有生活在富裕都市的年輕不穩定就業者來說，這幾乎是普遍的困境。VIP夜生活以一種「雙贏」的方式滿足了上述需求。在這種安排下，女孩得以透過參與VIP夜店所要的性別化舞台表演，換得她們原本買不起的豪華消費享受。雖然參與條件對她們來說還算不錯，但這些條件全都是由男性所決定。其次，女孩具有關係上的動機，譬如想透過公關在這個陌生的城市認識新朋友，或對工作有助益的聯絡人。當女孩加入這種安排，她們可能經歷到不同程度的情感依附，最少是可以回報公關的款待，最多則可能愛上公關。第三個很有說服力的考量因子，則是女孩在她們自知遭受剝削之際，仍願意每晚與公關外出的原因——也就是感官上的動機。藉此，女孩追求的是「氛圍」所帶來的愉悅感，以及知道自己夠美才得以進場的自我衝動。公關會尋找具有這三種動機的女孩：如果她需要免費餐點；如果她對他的友誼很忠誠；如果她真正喜歡夜生活的樂趣——那麼她就很可能成為公關桌上的常客。若缺乏這三種動機，她就不可能願意出來玩。

作為一個要展示和揮霍金錢的場域，VIP 夜店會利用一連串的精心設計，以掩蓋經濟交換的事實。即便在香檳誇富宴中，錢是赤裸且核心的角色，但在客戶、夜店、公關與女孩的關係之間，錢的角色卻會被謹慎地隱藏起來。在這些群體之中，直接的貨幣往來是大忌。對客戶來說，夜店提供了他一個機會，得以展現對彼此與女孩身體的支配關係，而且還無需面對直接聘用女性的問題，畢竟那跟性工作實在太接近。客戶在支付過度抬價的酒水帳單時，他們同時也買下了把女孩帶到他們面前所付出的隱形勞動；他們付錢是為了不用自己找女孩，也不用直接付錢給仲介讓他們找女孩。他們所購買的，有一部分就是那虛幻的自發性。

對公關來說，關係建立策略有助於定位自己和客戶的連結不只是出於經濟考量，他們甚至會努力積累與商人之間的珍貴社會關係，期待能夠參與他們的事業計畫。人際關係的建立工作時時刻刻都在公關忙碌的行程中上演，因為那是公關用以維持禮物、性和友誼之間的流動關係；用以遮掩女孩的經濟價值；同時用以強調自己不是皮條客的重要工具。公關讓人清楚看見了，過往有許多隱形特權會不成比例地流向美麗女性，以及男性可能從她們的陪伴中獲得多少利益。[20]

環顧 Club X 店內，我們很容易就忽略每晚要在這裡匯集這麼多美貌和金錢，背後所需投注的勞動工作。在德瑞工作過程中，我告訴他，我在書中寫了一節關於他的內容，他點頭表示贊同。

「因為在所有人之中，只有我說出真相。我告訴了你這些都是怎麼一回事。」他坐在沙發椅背上說道，同時也打量著他的桌席和正在啜飲他的香檳的美女們。他一面對經過的客人點頭，一面說：「這是個百萬富翁。那是個千萬富翁。而那些傢伙……」——他指著角落三位衣著體面的男性——「他們擁有塞爾維亞所有的水，至少他們是這麼說的。如果真的如此，那就是十億美元。接下來就是我，在這些人之間，努力賺錢。」

在某種意義上，德瑞是對的。公關確實是連接了兩個相關經濟體的橋樑，全球金融體系與美貌，兩者同時都是紐約繁榮夜生活的中心。公關大多為沒有受過太多教育的男性，其中許多是非白人移民，他們敏銳地意識到，自己不可能在這個富裕的世界有一席之地，因而他們也急於利用女孩為自己打開那條進入精英階層的門。但德瑞假設，自己的社會資本以及與精英商人的關係將能把他推到他們的金融軌道上。而這個假設並不正確；就和女孩一樣，公關雖然同樣也是促成派對的重要因子，但正式成為精英階層的路徑對他們來說並未敞開。當某些群體開始把持機會、不讓外人加入時，就會出現社會壁壘。[21]富裕客戶和夜店老闆一面榨取女孩資本的利益，一邊向像德瑞這樣的男性兜售加入他們陣營的美夢。VIP派對看似外人可以加入精英網絡的地方，然而，性別歧視傳統及社會距離卻讓女孩和公關都被貼上「不適合長期來往」的標籤。德瑞在精英圈的崛起，一方面凸顯了社會資本的侷限，另一方面也展現出財富極度不平等給人的挫折感。在這億萬富翁的美夢中，他自己的成功永遠都顯得不成氣候。

沒過多久，我用手臂夾著香奈兒包包去親吻德瑞的兩頰，和他道別。那是我在 Club X 的最後一晚。它在不久之後就歇業了。

研究附錄

二〇一一年，我透過再次找到以前在時尚模特兒界做田野調查時所認識的公關，開始了這次的研究計畫。我是在二〇〇四至二〇〇五年間認識德瑞、提博爾、菲利普的，那是我還是紐約大學（New York University）研究生的時候，當時也已經把他們的聯絡資訊存了下來。在這幾年之間，他們都會持續傳簡訊來，邀請我去吃飯或參加派對，我也會定期回覆，感謝他們的邀請並問好，即便後來我搬到波士頓開始擔任社會學教授也一樣。二〇一〇年夏天，我重新和公關們接上線，也開始回覆他們的簡訊，甚至跟德瑞約在 Club X 見面，和他們打招呼。二〇一一年，我找上德瑞，並問他能否讓我研究他的 VIP 夜店世界，他邀請我晚上跟他一起出去並觀察他工作，唯一的條件是發表調查結果時，都不能使用他的真名。那一年我跟著德瑞到 Downtown 和 Club X 觀察了幾個晚上，另外也進行幾次深談後，我深感興趣。

通過了波士頓大學研究審查委員會的倫理審查後，我在二〇一二和二〇一三年開始系統性觀察並訪談公關。二〇一二年的冬天與春天，在波士頓大學人文中心研究補助的支持下，我搬回紐約，全心進入田野調查現場。我再次聯絡上提博爾和菲利普，他們邀請我跟著他們做研究；很快地，透過這些初期聯絡人，我又在夜店遇見了其他公關。二〇一二年秋天，我回到波士頓繼續教學工作，但週末會定期回到紐約和公關出去，以確保自己仍舊能部分參與田野的進展狀況。二〇一三年夏天，我再次搬回紐約，繼續進行我的田野觀察與訪談工作。二〇一四年，我回到紐約的次數變得比較少，主要是用簡訊跟 Facebook 訊息來確認德瑞跟其他公關的近況。

在二〇一一到二〇一三年這段約十八個月的時間裡，我大概有一百多個晚上都和公關出去玩，共造訪了紐約十七間不同的夜店。我一共在十五個不同的星期天晚上造訪 Downtown，通常是和德瑞去，但偶爾也會跟其他公關同行。

本研究將焦點放在我最早開始接洽的公關身上，因為他們扮演的角色就像是全球夜店、女性和客戶之間的經紀人。由於德瑞和提博爾執業多年，在公關界的關係良好，因此透過他們，我很容易就會認識其他公關。實際上，在我出去的前幾個星期，幾乎每天晚上都碰得到新的公關；通常我們會直接交換電話號碼，然後隔天我就會傳 Facebook 訊息或簡訊，邀請訪談。Facebook 和 Instagram 是識別「女孩」和「公關」的有用工具。我也辦了 WhatsApp，以跟在國外工作和生活的公關保持聯絡，比如桑托斯。

我曾四次應邀前往 VIP 勝地旅遊，包括我跟桑托斯到邁阿密的五個晚上（二〇一二年三月）、到漢普頓的兩個週末（二〇一二年六月，與馬爾科姆和桑普森；二〇一三年六月，與我透過強納斯認識的客戶），以及我跟著桑托斯到坎城與聖特羅佩的一個星期（二〇一三年七月）。

通常女性參加ＶＩＰ派對時，住宿都是由公關、夜店和客戶安排並支付費用；但我跟多數「女孩」不同，為了確保我可以自主掌控自己的飛行時間，前往上述地點的機票費用我全都用自己的錢。

民族誌非常適合用來研究促成一場誇富宴背後的各種實際操作；在這裡，補充性訪談非常重要，如此才可能了解參與者針對炫耀及其社會意涵，所建構起來的各種矛盾意義詮釋。[1]在研究方法上，我採取瑪格麗特・庫森巴赫（Margarethe Kusenbach）的「隨行」（go-along）法，這種研究方法是一種訪談和參與觀察的混合體，研究者會每天（加上每晚）跟著參與者的行動、記錄他們在空間中的互動，以及他們對現場事件展開時的詮釋，藉此研究一個實體空間周圍的社會結構。[2]經過同意之後，我也會用手機錄下或者打下他們的回應。我總共訪談了四十四位公關，其中，多數人我都有跟著去參加過至少一次的聚會，最多則高達十次。有時出去一個晚上，我們會跑三到四間夜店。這些聚會通常是從晚上十點的免費晚餐開始，直到凌晨三點至四點之間結束，偶爾還會有一些續攤活動，最長會持續到隔天早上八點。公關大多都非常歡迎我，因為他們的工作主要就是要讓女性願意跟他們出來玩。為了讓我白天也可以跟著他們隨行，並且訪談公關，作為交換，我在晚上必須打扮得像個「女孩」，和他們一起出去，繼而運用我的身體資本來克服民族誌中常見的「向上研究」（studying up）困難。[3]

ＶＩＰ空間裡，會有大量的免費酒精與藥物提供給女性。我在派對上一般都會拿著酒杯，偶爾喝一口融入環境，但很少會喝到影響意識思緒的程度。在這樣的田野調查工作中做筆記相對容易，因為夜店裡的人老是不停地滑手機。

我訪談的四十四位公關之中，多數都是我在紐約的夜店或透過其他公關引介認識的，其中有七位正在轉型，或已經成為了夜店或餐廳業者／經營者。我也訪談了三位夜店老闆，他們最早都是從公關這行做起的。訪談有時候會分成好幾日進行；公關們都很習慣在他們說出一些觀察或心得時，看到我拿出手機打筆記。有時我會躲進餐廳或夜店廁所，把談話和觀察的細節寫下來。我總共邀請了四十七位公關讓我隨行，有三位出於隱私考量而拒絕了。

公關部分，我的樣本以男性為主（n=39），女性有五人，這相當程度反映出公關界的人口結構。受訪的四十四位公關中，有一半以上屬於移民（n=25），他們的族裔和種族都相對多元，有超過三分之一的公關是黑人，只有八名為美國白人。多數人都會說多國語言，而且可以跟國際客戶和模特兒正常對話。公關的年齡從二十歲到四十五歲不等，平均年齡是三十歲。在我訪談的四十四名公關中，有二十八人沒有上過大學或沒有完成學位；其中有十九人自我定位為貧窮出身或來自中下階層，只有八人自稱來自中上階層或富裕家庭（見表二）。

我總共採訪了二十位女性，主要是趁著和她們同桌的機會邀請訪談。我對女性訪談的重點主要放在她們與公關和客戶之間的關係，以及她們在現場的工作內容。我的二十名女性樣本之中，平均年齡為二十三歲。在這段期間，身為一個三十一、二歲的女性，我經常是公關桌席間最年長的女性，但因為我外表看起來比實際年齡小，所以得以混在其中。

我也訪談了二十個會買酒的客戶，他們都在紐約。即使我總會在派對中頻繁遇到這些人，但客戶是最難接觸到的群體。在他們面前，我可能只是二、三十位女性中的一個，而且因為夜店裡非常吵雜，我通常少有機會跟他們談到自己的研究。在比較安靜的晚上，或者在客戶也參加了派對前晚餐的時候，我就會有機會和他們解釋這次的研究計畫，並邀請他們參與。我主要透過公關

表二　公關樣本說明

公關	
總人數	44
男性	39
種族	
白人	20
黑人	19
拉丁裔	5
亞裔	5
教育程度	
僅高中學歷	16
未完成大學教育	12
大學學歷	16
社會階級	
貧窮	6
中下	13
中產	17
上層	3
富裕	5
未來目標	
成為餐飲業老闆	19
投入創意產業	9
擔任企業對企業（B2B）仲介者	6
轉入公共關係與行銷業	5
經營房地產生意	5

跟其他客戶的引介找到我的客戶樣本。德瑞和恩里科把我介紹給客戶時，會說我是一名正在寫關於夜生活的書的作家，這招通常效果不錯。我和客戶的訪談重點主要著重於他們在夜店跑趴的生涯史、他們的動機，以及他們在其中建立起來的人際關係。本研究中訪談到的客戶，平均年齡為四十歲，其中有半數從事金融工作；兩人屬於醫美牙醫業者；一人為保險推銷員；剩下的則是企業家。有一半以上的人（十一人）來自美國；其他則包括從南美、亞洲、西歐和東歐各地來紐約訪問或長期居住的人士。

我使用編碼軟體 Nvivo 對我的訪談紀錄和田野筆記進行了多次編碼，以構成這些章節的主題，其中的內容是我反覆閱讀、重讀和重聽我的錄音所歸納出來的。為遵守我當初進入田野做調查工作的約定條件，本書所有的人名、地名皆為化名，我也已經刪除了可能識別身分的資訊，除非對方另有要求。

謝辭

首先，我想要感謝在紐約的男男女女，謝謝他們願意讓我走進他們的世界，並且花時間和我分享他們的故事，成為本書得以出版的基石。

投入長時間寫作有一個好處：有很多機會和非常多的人討論其中的內容。衷心感謝我的朋友、同事和家人在這段時間裡，不厭其煩地與我來回討論書中的眾多概念與想法。感謝我的社會學同儕費時閱讀本書的各個不同版本，還不吝提供寶貴的意見與評論：加布里爾・羅斯曼（Gabriel Rossman）、大衛・格拉齊安（David Grazian）、布魯諾・庫辛（Bruno Cousin）、塞巴斯蒂安・蕭萬（Sébastien Chauvin）、吉塞琳德・庫珀斯（Giselinde Kuipers）、諾亞・麥克萊恩（Noah McClain）、克萊頓・柴爾德瑞斯（Clayton Childress）、妮基・福克斯（Nicky Fox）、薇薇安娜・齊立澤（Viviana Zelizer）、提摩西・道夫（Timothy Dowd）、傑瑞米・舒茲（Jeremy Schulz）、艾莉森・格柏（Alison Gerber）、莎朗・庫普曼（Sharon Koppman）、沙穆斯・汗（Shamus Khan）、弗雷德里克・戈達特（Frédéric Godart）、法蘭切絲卡・塞特費（Francesca Seteffi）、瑞秋・雪曼（Rachel Sherman）、露娜・格呂克斯堡（Luna Glucksburg）、蓋瑞・艾倫・費恩（Gary Allen Fine）、安妮特・拉蘿（Annette Lareau）。感謝我在波士頓大學（Boston University）的同事，特別是才華洋溢的艾蜜莉・巴曼（Emily Barman）、朱利安・高（Julian Go）、凱薩琳・康奈爾（Catherine Connell）、米契爾・安特比（Michel Anteby）、艾莉婭・古塞娃（Alya Guseva）、納茲利・基布里亞（Nazli Kibria）和南希・阿默曼（Nancy Ammerman），謝謝你們在學術的路上引領我前行。感謝我的學生康納・費茲莫里斯（Connor Fitzmaurice）在研究初期所提供的許多珍貴意見。感謝我傑出的研究助理海瑟・慕尼（Heather Mooney）對我的協助。

這個民族誌研究始於二〇一二年，當年我獲得了波士頓大學人文學科中心（Boston University Center for the Humanities）所發的年輕教職員研究補助（Junior Faculty Fellowship）；而我得以獲獎，應該要歸功於近日不幸逝世的詹姆斯・溫恩（James Winn）當時對我的鼓勵與帶領。感謝塞巴斯蒂安・蕭萬的邀請，讓我在研究尚屬資料分析階段時，就能前往「阿姆斯特丹性別和性傾向研究中心」（Amsterdam Research Centre for Gender and Sexuality）進行研究。透過與他多次的交流討論，我才逐漸發展出關於性別與資本的相關論述。在撰寫本書的過程中，我也有幸去到布達佩斯中歐大學（Central European University）的性別研究系、社會學和社會人類學系擔任客座教授。特別感謝亞歷珊卓・科瓦爾斯基（Alexandra Kowalski）、伊萊莎・赫爾姆斯（Elisa Helms）和朵里特・潔瓦（Dorit Geva）的支持。我曾在不少美國的研討會或工作坊上分享、討論本書的研究成果，並精煉我的論點。這些場合包括麻省理工學院的經濟社會學研討會、哈佛大學（Harvard

University）的文化與社會分析工作坊、普林斯頓大學（Princeton University）的社會組織研究中心（Center for the Study of Social Organization at Princeton），以及下列學校的社會系，包括：賓州大學（University of Pennsylvania）、埃默里大學（Emory University）、喬治亞大學（University of Georgia）、南加州大學（University of Southern California）、多倫多大學（University of Toronto）、德州大學奧斯汀分校（University of Texas at Austin）和加州大學柏克萊分校（University of California, Berkeley）。我也曾分別到歐洲的下列機構報告、討論本書的研究成果：德國科隆的馬克斯－普朗克研究所（Max Planck Institute in Cologne）、瑞士的洛桑大學（University of Lausanne）、義大利的帕多瓦大學（University of Padua）、維洛納大學（University of Verona）、波隆納大學（University of Bologna）、巴黎的社會科學高等學院（L'école des hautes études en sciences sociales）以及塞爾維亞的貝爾格勒大學哲學和社會理論研究所（Institute of Philosophy and Social Theory at the University of Belgrade）。

本書第四章的研究素材曾出現在我二〇一五年發表於《詩學：文化、媒體與藝術實證研究期刊》（*Poetics: Journal of Empirical Research on Culture, the Media, and the Arts*）的〈以女孩作為精英秀異：占有身體資本〉（Girls as Elite Distinction: The Appropriation of Bodily Capital）一文中。第五章的研究素材曾出現在我二〇一五年發表於《美國社會學評論》（*American Sociological Review*）期刊上的〈在VIP世界中無酬工作：關係性勞動與生產同意〉（Working for Free in the VIP: Relational Work and the Production of Consent）一文中。第六章的研究素材則曾用於書寫〈超專屬派對：VIP派對公關，以及中間人的野心矛盾〉（Des fêtes très exclusives: Les promoteurs de soirées VIP, des intermédiaires aux ambitions contraries）一文，並收錄於二〇一九年五月的《社會科學研究論文集》（*Actes de la Recherche en Sciences Sociales*）。感謝上述期刊的審稿人與編輯對本研究提出的深刻批評與意見。

感謝普林斯頓大學出版社（Princeton University Press）的編輯梅根・萊文森（Meagan Levinson），她心思縝密且相當有耐心。本研究獲得最嚴厲但也最有助益的兩個評論，就是梅根協助取得的。在此也感謝這些匿名評論人。在寫作上，我想感謝大衛・羅賓斯坦恩（David Lobenstein）在我寫作早期所提供的重要意見回饋；我也要謝謝萊諾・里赫特（Reynolds Richter），自始至終都是本書重要且效率超高的批判讀者。感謝史蒂芬・特維利（Stephen Twilley）出色的文字編輯工作。

感謝持續支持我完成本研究的朋友們：奧莉雅・祖瓦（Olya Zueva）、艾琳・蘭儂（Eileen Lannon）、尤莉婭・瓦西爾佐娃（Yulia Vasiltsova）、恩里科・科尼亞尼（Enrico Corniani）、瑪麗・瓦茲（Marie Vaz）、阿爾瓦羅・塞維利亞・布伊特拉戈（Álvaro Sevilla Buitrago），以及我的導師茱蒂絲・斯泰西（Judith Stacey）。

最後，致我的家人：感謝我的父母凱西（Kathy）、麥克（Mike）、艾德溫（Edwin）與凱西一直以來對我的支持。感謝我的婆婆斯拉薇卡・彼得羅維奇（Slavica Petrović）的鼎力相助，讓我有時間得以寫作。感謝我的姊姊珍妮佛・米爾斯（Jennifer Mears）替我設計圖表，偶爾甚至陪我去參加派對。最後要感謝弗拉基米爾・彼得羅維奇（Vladimir Petrović）。謝謝你在這場橫跨大西洋的學術冒險，以及撫養諾拉（Nola）和盧卡（Luka）的旅程中，一直與我相伴。

註釋

第一章：我們就是很酷的那些人

1 Niemietz（1999）。

2 例如：Primetime Nightline, "A Model Life," ABC電視台，二〇一一年九月十四日播出。

3 在不同情境下，這點可能有所不同。舉例來說，在哥本哈根，一間名為邪教（Cult）的公司會聘用年輕女性（稱為「邪教女孩」）去夜店，好讓場面看起來熱鬧好看（Johnsen and Baharlooie 2013）。在美國，女性會以公關或「模特兒」的身分受聘任，在夜店或酒吧內陪伴客人抽煙喝酒。在賽爾維亞，從事這類工作的女性會被稱為promoterke，直譯的意思是「公關女孩」。VIP夜店的特殊之處在於，進夜店的女性不會獲得報酬，但陪她們入場的公關們卻會。

4 有些學者將「精英」概念化為舉有影響力的人（例如Khan 2012），也有學者認為精英是指享有極大財務資源的人，也就是所謂的「經濟精英」或者「富裕精英」（例如Savage 2015）。由於「VIP」是個金錢買得到的地位，此處我採納Savage對富裕精英的概念，來描繪這些手中握有龐大經濟資本，卻不必然具有社會或政治影響力的人。這個對階級位置的概念化格外強調經濟資源的力量，與馬克斯・韋伯（Max Weber）意義下的「地位」並不相同（見Savage 2015）。

5 Jacobs（1999）。
6 Halle and Tiso（2014）。
7 關於持續高漲的商業零售地租，請見Siwolop（2001）。
8 如同托瑪．皮凱提（Thomas Piketty，2014）在其著作《二十一世紀資本論》（*Capital in the Twenty-First Century*）一書中所示，近幾十年來，最大的貧富差距並不是前百分之一和其餘百分九十九的家庭之間的差距，而是百分之一與百分之〇．一之間的差距。針對英國前百分之一家戶的經濟不平等現象，學者麥克．薩維居（Mike Savage，2015）也曾做出類似的觀察。關於精英之間的差異與歧異程度，可見Cousin、Khan與Mears（2018）的回顧；亦可見Freeland 2012。
9 關於Studio 54，可見Blum 1978。關於財富不平等的趨勢，見Saez and Zucman（2016）；亦可見Saez（2009）。
10 根據瑞士信貸（Credit Suisse）二〇一七年所發布的報告；亦可見Neate（2017）。
11 Saez and Zucman（2016）。針對財富分配不均，見Inequality.org, n.d. 251。
12 有錢人也逐漸發展出各種守財、避稅的創新方法；見Harrington 2016。多數處理歷史性量化數據的學者都曾指出，經濟不平等的成長與鉅額收入暴增、資產金融化，以及政府較寬鬆的財富再分配政策密不可分。見Lin and Tomaskovic-Devey（2013）。
13 Godechot（2016）；Piketty and Saez（2003）。關於收入成長，見Saez（2009）。
14 Story（2008）。
15 紐約州主計處，二〇一八年。
16 Story（2008）。
17 Currid（2007，頁3）。
18 關於米特帕金區的蛻變與轉型，見Halle and Tiso（2014，頁11）。
19 Elberse（2013）。
20 儀式性的香檳浪費幾乎可以說是誕生自嘻哈夜店文化。在嘻哈樂尚未成為主流的一九九〇年代早期，知名週日晚間嘻哈派對「Mecca」就是在夜店Tunnel成軍，並且成為開始讓客戶得以展現香檳購買之闊綽的先驅。包括吹牛老爹（Puff Daddy）、傑梅因．杜普里（Jermaine Dupri）等知名饒舌歌手，以及其他有錢男性都會在吧台消費，有時候是整瓶買，連杯子都不用，有時甚至會直接送酒給店裡不認識的客人。即便Tunnel沒有桌席，但客戶們依舊找到可以炫耀空瓶的方法。Tunnel的老闆彼得．蓋提恩（Peter Gatien）回憶道：「有些晚上可能還會有幾群人互尬，看誰能點最多水晶香檳。」見Scarano（2012）。

21 最早開始在Tunnel的VIP區展開這種昂貴桌邊服務的，是Jeffrey Jah與Mark Baker。那時每瓶就要價九十美金。Tunnel本來的桌邊服務相對划算，一杯飲料客人們大概只需要付六美金。Jah和Baker聲稱，他們第一次看到這種桌邊服務，是在一九八〇年代時巴黎一間名為Les Bain Douches的夜店。見Niemietz（2006）；Urken（2011）。Pink Elephant的老闆David Sarner指出，二〇〇六年時，他買進一瓶灰鵝只要二十九元，但卻可以用三百五十元的高價賣出——超過成本價的十一倍。見Milzoff（2006）。

22 Wallace（2013）。

23 Willett（2013）。

24 Eells（2013）；亦可見Elberse（2013）。

25 Goffman（1967）。根據他對「熱鬧」的觀察，高夫曼寫道，在都市的商業化的熱鬧空間中，譬如賭場、保齡球館、遊樂園、舞廳等等，有很大量機會能令人體驗到轉瞬即逝的尊爵感（Goffman，1967，頁199），精準地描繪了當代夜店的特色。

26 Cressey（1952，頁11）。

27 Veblen（1899）。

28 從工作與休閒時數之間的比例歷史變化，亦可以看出這種「休閒不平等」，也就是休閒娛樂時間上的不平等。1985年，低教育程度男性的休閒娛樂時間是每週三六．六小時，二〇〇三年則上升到每週三九．一小時。高教育程度男性的休閒娛樂時間則是從每週三四．四小時，下降為每週三三．二小時。不過，相較於薪貧族（working poor），高教育程度、高收入的專業人士對自身時間的掌控程度比較高，工作的成就感也比較大（Attanasio, Hurst, and Pistaferri，2015）。

29 如范伯倫所述，唯有在一個允許社會流動的開放社會，炫耀性消費才可能存在。然而，這種社會條件同時也允許人透過購買他們實際上付不起的東西（譬如透過信用制度），來「偽裝」他們的社會地位。在VIP夜店中，為了避免當晚真的付到錢，客戶可能會刻意做出過度奢侈的消費，然後，譬如用一張額度較低的信用卡付賬，或者事後爭執消費金額。有時候，這類帳單金額的糾紛也可能進入法院，成為矚目案件。舉例來說，二〇一六年，有一名巴西的金融執行專員曾在米特帕金區的Provocateur中連續兩晚刻意消費了高達三十四萬元的香檳與酒，因為這樣他的信用卡就會直接拒絕這筆高額交易；在夜店對他提出告訴的六個月之後，雙方便私下和解，結束這場紛爭（Bekeimpis，2017）。

30 針對都市青年文化以及對嘻哈樂的擁戴，請見Warikoo（2011）。針對黑人的陽剛氣質，以及象牙海岸對於非裔美國人嘻哈文化的熱愛，可參見Matlon（2016，頁1029）。

31 根據美國聯邦準備系統（United States Federal Reserve），二〇〇八年的金融風暴幾乎摧毀了中位數美國家庭手中財富的百分之三八．八，且這些家庭的經濟復甦速度依然緩慢。相較之下，有錢家庭的經濟損失沒那麼慘重，且他們財務狀況與財富都很快就恢復了。見Harrington（2016，頁213）。

32 Roose（2014）。

33 根據她對高級夜店門口篩選過程的研究，Lauren Rivera指出，為了風險管理，並降低顧客之間發生衝突的可能性，夜店工作人員傾向放行女性，男性則較難進入。見Rovera（2010）。

34 「女孩」一詞，主要是自一八八〇年代開始在英國流行，當時這個詞彙被用來形容那些年齡介於童年和成年之間，且開始逐漸占據新興社會空間的工人階級未婚婦女。在一九二〇年代到一九三〇年代間，這種對女孩的想像開始跨越國界，譬如美國的潮流女孩「飛來波女子」，也逐漸開始和追求「輕挑膚淺」的消費享受、浪漫愛、時尚等特質相互連結（Weinbaum et al.，2008）。

35 Webster and Driskell（1983）。

36 Bourdieu（1986，頁27，註腳3）。

37 許多場所會聘雇漂亮女性也是這個邏輯，無論是美式餐廳Hooters，還是飯店業、航空業，皆不例外。高夫曼（1967，頁198）也觀察，從賭場到商用航空公司的消費性空間，其營運都是「基於展示女性的氛圍」之上，包括聘請「衣不蔽體的女服務生」。

38 Wacquant（2004）；Mears（2014）。

39 BlackBook（2010）。關於莫斯科的臉蛋控管研究，可見Yaffa 2009。在她於美國東北某都市夜店對守門人篩選實作所做的研究中，Lauren Rivera（2010）指出，守門人花費很大心思要辨認出各種維安威脅，甚至會依據種族與階級的象徵意義區分不同的潛在威脅程度。他們對黑人男性是看危險程度；對拉丁裔男性則看地區，端視對方來自南美州還是來自歐洲。Rivera發現，女孩永遠都歡迎入場，因為她們帶來的維安威脅比較少。在紐約，愈高檔的VIP夜店，對維安議題就愈重視，但守門人對於不同地位女性的差異也更敏銳，會看她們的身材、打扮，以及美貌程度。這顯示，在以服務男性客戶為主的高級行業中，女性的姿色更顯重要，而這點和過往針對精英休閒的歷史研究（如Veblen，1899），以及當代針對「美貌經濟」的研究（Osburg，2013）發現皆屬一致。

40 May（2018）。曾有幾個聯邦層級的案件主張，酒吧與餐廳會對客人種族歧視。譬如，Balsamini（2016）。

41 由於我對於地位生產過程的分析是立基於這個特定的全球社交圈中，所以必然會遺漏其他類型的社交圈，譬如亞洲或阿拉伯世界，這兩地雖逐漸吸納愈來愈多的龐大資本，但其種族排除機制卻可能不同。關於亞洲對於白人的種族偏見，可見Farrer與Field（2015）對上海夜生活的研究；亦可見Hoang（2015）對胡志明市夜生活的研究。紐約其實也同時存在許多不同的派對社交圈，各自服務不同的客群，譬如黑人、亞裔，或者風格獨特的年輕「文青」們，每個圈子都有他們自己的階層制度和資本。舉例來說，或可參考Thornton（1995）針對倫敦地下夜店年輕人的夜店動態。

42 Wright and Hope（2018）。

43 Wright and Hope（2018，頁253、267）。

44 PageSix.com Staff（2009）。

45 Battan（2016）。

46 針對免錢商品的多重意義，見McClain and Mears（2012）。

47 文化資本指的是一種象徵上的地位配置，與階級有關，主要透過個人的生活風格顯現，譬如穿著打扮、身體姿態、體型、禮儀舉止。可見Bourdieu（1986）。

48 Goffman（1959），頁151-153。

49 Giuffre and Williams（1994）；Spradley and Mann（1974）。

50 夜店Marquee的老闆傑森·史特勞斯曾說：「我們努力培養自己的公關，但他們愈成功，卻會花夜店愈多錢……我們養出了怪物。」（Elberse，2013，頁258）。

51 Elberse（2013，頁255）：「剛開幕的幾年間，紐約Marquee的收入甚至持續上升，二〇〇四年才不到一千萬美元，三年之後就來到一千五百多萬美元，淨收入約兩百五十萬美元。」亦可見S. Evans（2010）；

McIntyre（2015）；以及Nightclub & Bar Staff, n.d.。

52 Elberse, Barlow, and Wong（2009）。

53 見Tao Group（無日期）。亦可見 Elberse, Barlow, and Wong（2009）。

54 Elberse（2013）。

55 此外，電音夜店在拉斯維加斯的崛起，也為飯店業者帶來了比賭場更龐大的利潤，進而改變了拉斯維加斯的娛樂和獲利程度（Eells，2013）。關於拉斯維加斯如何成為奢華娛樂消費的重鎮，請見Al（2017）。

56 Nightclub & Bar Staff, n.d. 2015；McIntyre（2015）。

57 Eells（2013）。

58 Sky（2014）。

59 Harrington（2016，頁114–117）。

60 關於漢普頓的民族誌研究，可見Dolgon（2005）；關於阿斯本，可見Park and Pellow（2011）；Elias（2008）。

61 Cousin and Chauvin（2013）。

62 舉例來說，從莫斯科到南法的蔚藍海岸就是個廣受歡迎的私人飛機旅遊航線（Fox ，2015）。關於精英在「高速」場域間的流動與穿梭，見Beaverstock, Hubbard, and Short（2004，頁402-406）。藝術界及富有的藝術贊助者也是一例，從邁阿密的巴塞爾藝術節到威尼斯雙年展的各式活動，都具體展現了這個全球社交圈的樣貌。這種「場域」具體展現了根植於地方性社會互動而產生的次文化（Silver and Clark，2016）。

63 隨著全球化以及國家與公民身分間逐漸脫鉤，有錢人的全球離散程度、流動性以及社會隔離程度都變得極高（Hay and Muller，2012）。關於精英流動性，詳情可參Birtchnell and Caletrío（2013）。

64 Elliott（2017）。

65 Wallace（2013）。

66 全球性的流動派對場域是Mimi Sheller和John Urry（2006年，頁200）筆下所謂晚近資本主義下觀光流動性的部分特徵，觀光客群的移動開始往具有「好的海灘、夜店、風景、步道、山脈、獨特歷史、衝浪、音樂場景、歷史遺跡、好工作來源、食物、地標性建築、同性戀場景、派對氛圍、大學等地方」流動。

這並不是假設我所研究的ＶＩＰ派對場景可代表全球所有的夜店經驗。我不打算將夜生活場域的觀察概化推及全世界。儘管這個國際性的派對社交圈跨愈許多不同地點，其參與者卻有極高比例是在紐約生活及工作，我的發現是美國中心且西方中心的。長期以來，美國社會學家一直未經反思地書寫各種美國脈絡的文章，彷彿美國不是個地方性或特定的國家。我研究的空間高度重視白人並問題化黑人，這展現的其實是個重要、可能是美國特有的文化邏輯，在其他脈絡中的運作就可能有所不同。舉例來說，James Farrer和Andrew Field（2015）針對上海夜店的研究就點出，當上海ＶＩＰ夜店出現，並以亞洲精英為主要服務對象時，白人的價值便急劇下降。關於愈南種族化陽剛氣質的地位變化，可見Hoang（2015）。

即使有上述限制，國際性的ＶＩＰ派對圈仍然是個有研究價值的案例。與其說是對全球夜生活的研究，這個案例更適合以范伯倫（1899）的經典分析為基礎，對浪費和財富間動態進行實證研究。其他關於非美國和非西方背景下夜店與休閒娛樂的深度質性研究，其結果與討論都和我的研究相似，特別是就炫耀性消費的舞台性格、女體被用來展現男性地位，以及男性之間的地位鬥爭這三個層面。例如，可見 Osburg（2013）。

67 Urry（2010，頁2016）；關於新自由主義世界各地的夢幻世界，亦可見Davis and Monk（2007）。

68 關於如何在研究精英時融入種族與性別的分析視角，可見Cousin, Khan, and Mears（2018）。

69 Hay and Miller（2012，頁77-78）。關於上層階級的度假勝地如何強化了美國商業精英之間的社會凝聚力，可見Domhoff（1975）的深度分析。

70 不過也有一些例外，可見Bruno and Salle（2018）在聖特羅佩、Cousin and Chauvin（2013）在聖巴斯島、Domhoff（1975）在北加州的私人俱樂部露營區Bohemian Grove以及Elias（2008）在阿斯本所做的研究。

71 韋伯認為，當出現生計上的競爭，而團體企圖減少此競爭時，社會壁壘就會發生（〔1922〕1978年，第43-46頁、339-348頁、926-055頁）。這種壁壘可能基於任何直觀或可見的特徵，包括種族、社會背景、語言、宗教和性別（第342頁），即便二十世紀通過了一些保護性法案，因此基於先天性標準而設的壁壘已經被基於教育文憑、知識或財產所有權等「個人主義」式的標準取代（Collins，1979）。

第二章：白天

1 Jacobs（〔1962〕1992，頁68）。雅各進一步主張，人行道生活的社會結構部分仰賴這種自我指派的公眾人物的參與。

2 我訪談的五位女公關也都是夜店跑趴的常客，或者本來就很能接觸到漂亮女孩。見第五章。

3 見第一章，註腳21。

4 用勞動學者的話來說，公關無時無刻都在進行美感與情緒勞動；即便他們人不在夜店裡工作，或明顯是在下班時間，他們卻「永遠都在工作」（Entwistle and Wissinger，2006）。

5 Shamus Khan（2011）認為，精英共有的這種稀鬆平常感，正是彰顯其特權的標的。相較於桑普森這類的公關，像恩里科這種公關更容易和上層階級客戶相處，因為他們享有類似的文化背景。不過，由於他和桑普森的工作對象都是新富階級，且多為年輕客戶，所以這種優勢似乎並未讓兩人在夜店中的機會帶來很大的差別。

第三章：誇富宴

1 見Bourdieu（〔1998〕2001）。

2 見Boas（1921）。亦可見Graeber（2001），頁203-204。

3 Mauss（〔1954〕1990），頁74；亦可見Graeber（2001），頁260。

4 Boas（1921）當初的詮釋是誇富宴將帶來地位，提升貴族的社會階級；亦可見Graeber（2001），頁188-210。人類學界對於誇富宴存在的理由，有幾種不同觀點，但對於Boas當時那個強調地位的見解來說，最強力的挑戰莫過於生態人類學家的論點。他們主張，誇富宴主要是為了進行再分配：贈禮儀式是一種社會保險，目的為因應地方性的困頓，譬如當部落遭遇鮭魚洄游失敗、食物可能不足的時候（Suttles 1960）。不過，這個生態性論點的實證驗證結果並不一致（Wolf 1999，頁117-118）。目前學界大致的共識是，誇富宴主要是——即便不完全是——一種產生地位的儀式。關於犧牲奴隸作為誇富宴的展現，可見Bataille（〔1949〕1988），頁45-61。關於大人物，見Sahlins（1963）。

5 Mauss（〔1954〕1990）。牟斯其實是把鮑亞士的觀察詮釋為證明他的一般交換理論的證據，但人類學家後來已經指出，由於不同地區的脈絡與內部邏輯差異很大，誇富宴的展現變異度也極大，因此牟斯其實過度推論了（見Wolf 1999）。

6 Sahlins（1963），頁289-291。

7 Graeber（2001），頁203。

8 加拿大政府一直都反對誇富宴的實作，自十九世紀至一九五一年，甚至還立法明文禁止誇富宴，試圖遏止這種在他們眼中屬於經濟非理性的土著行為。

9 見Quinones（2015）；亦可見Rossman（2017）。

10 Quinones（2015），頁261。

11 例如，可見Hoang（2015）。

12 Osburg（2013）。

13 「Instagram有錢小孩」（簡稱RKOI）是個Tumblr部落格，收錄了各種展現富人消費習慣的公用圖片，主要都是來自世界各地年輕人的自拍。網址：therkoi.com。

14 關於荷蘭，請參Schama（［1987］1997）；關於矽谷，請參Sengupta（2012）；關於紐約富豪，請參Sherman（2017）。

15 所有譬喻都有其極限，誇富宴一詞也不例外，而且香檳誇富宴跟西北太平洋沿岸部落的誇富宴，當然也存在顯著差異。飽亞士所觀察到的十九世紀誇富宴大多很肅穆，且飲食消費相當克制。另一個不同之處在於，長期來看，VIP派對的跑趴者在社會地位上幾乎沒有任何政治後果，即便他們在派對中的社會展現時常會因為社群媒體，而被更多觀眾看到。儘管有上述差異，由於VIP的浪費儀式跟誇富宴的相似性，我們因而注意到浪費的戲劇性，以及透過浪費產生地位的互動儀式。關於互動性儀式的概要介紹，可見R. Collins（2004）。

16 例如，紐約Marquee光是翻新，就花了將近三百五十萬美元（Elberse，2013，頁254）。位於紐約市中心的Provocateur，當初重金斥資五百萬美金，希望能成為紐約「最奢華」的VIP夜店（Gray，2010）。

17 根據Anita Elberse（2013，257頁），像艾維奇（Avicii）這種頂級轉盤手DJ，要到高級拉斯維加斯夜店駐場的費用，可能就高達一千萬美元。亦可見LeDonne（2014）。

18 抬高的座位是一種常見的地位象徵，譬如，根據Wesley Shrum和John Kilburn（1996）對紐奧良嘉年華會的空間分析，他們發現遊行花車上的蒙面者只會對下方群眾撒串珠，他們將其稱為「指揮典範」，具體展現了階級地位上的關係。

19 Restaurant & Bar Design Staff（2015）。

20 Guy（2003），頁10–18。

21 專業品酒師都同意，香檳酒的泡泡會帶來歡樂，而且很「神奇」。（Bell，2015）。

22 Cousin and Chauvin（2013），頁198，註腳8。

23「沒有競爭的鬥牛毫無意義可言」一句，來自Goffman（1967，頁207）對海明威的引文。

24 關於競爭與一對一單挑的角色，已有許多人類學研究的先例，其中最顯著的莫過於利福德．格爾茨（Clifford Geertz）的峇里島鬥雞文化研究（1973，第15章）。

25 關於誇富宴以火焰為終結的討論，見Mauss（〔1954〕1990），頁114。

26 Vankin and Donnelly（2011）。

27 嘻哈樂在這些空間中扮演重要角色，電子音樂跟明星DJ甚至推動了夜店文化的擴張。女孩、公關、客戶應該都很熟悉這個曲風，以及其背後那個鼓吹力爭上游、脫離貧窮、「閃亮」或浮誇消費幻想的論述（見Watson，2016，頁190）。

28 見Buckley（2012）。

29 劉特佐和他哥哥於二〇一〇年七月，在聖特羅佩的Les Caves夜店的實際花費大約為兩百萬歐元（也就是兩百六十萬美元），兩人在那場酒瓶消費戰中擊敗了紐約著名的房地產家族成員溫斯頓．費雪（Winston Fischer）。大戰告終時，DJ對全場公告了劉特佐帳單上的金額（PageSix.com，2010）。

30 Stuyvesant（2009）。

31 MDMA，台灣稱搖頭丸，美國取其音暱稱為「茉莉」（Molly），是一種神經中樞化合藥物，具有興奮刺激、引起幻想的效果。搖頭丸一般是藥丸形式，有時也會磨成粉末混入飲料中，使人有活力滿滿、精神亢奮的興奮感。

32 許多文化消費研究也已經指出，和公關在夜店狂歡可能帶來極度的刺激與快感（Benzecry and Collins，2014）。

33 Tutenges（2013）。

34 見Durkeim（〔1912〕2001），頁283-285。

35 Tutenges（2013）。

36 Claudio Benzecry（2011，頁39-62）研究歌劇消費，並發現歌劇迷同樣也表示，自己會因音樂起伏而受到情緒刺激，彷彿陷入愛河，或者迷失在共同愛好歌劇的群眾之中。

37 Tutenges（2013）。

38 Shrum and Kilburn（1996）。這點也會造成夜店組織管理上的困難，一方面，夜店希望能有更多特定的造反行徑，譬如跳舞、尖叫、揮霍無度，另一方面，又希望能夠維持一定秩序，避免人們刻意搞破壞或打架互毆。夜店除了會安排強壯的保鑣在店裡走動巡視，抑制危險的情緒能量過高，同時也會提供各種象徵性的服務，以帶給群眾更多正面的能量。

39 Mauss（[1954]，1990）。

40 Murray（1984）。

41 韋伯（1930）曾廣為人知地將基督新教重自持克制的宗教倫理、經濟再投資行為，以及世俗禁欲主義，跟現代資本主義的發展加以連結。關於對平等的信仰和社會階級制度的不適感，見Khan（2011）；Sherman（2017）。Shamus Khan（2011）從針對精英寄宿學校的研究中發現，來自特權背景的學生真心相信，自己的地位純粹來自他們個人的努力。關於紐約上層階級屋主對於權利和經濟不平等的不適感，見Sherman（2017）。

42 Rossman（2014），頁53。

43 Sherman（2017），頁92–122。

44 關於金錢的社會意義變遷，請見Zelizer（1994）；關於勞動所得的意義變遷，請見Delaney（2012）。關於價格以及出價高低的人所帶有的社會性意涵特徵，請見Wherry（2008）。

45 舉例來說，James Farrer與Andrew Field（2015，頁76–83）就指出，在一九九〇年代，上海的夜店從過往崇尚具有經濟優越性的白人顧客，轉變為主要服務亞洲富豪的型態。雖然在某些亞洲夜店中，白人女性依然享有某些新穎性，但她們並未如同本研究中所展現的那樣，具有性意涵上的主宰地位。Hoang（2015，頁131-138）也曾指出西方白人女性的身體在胡志明市的高級夜店中明顯減值了。

46 過往的社會學家已經指出，夜生活是低收入族群的一種資源，他們得以透過這些「夜夜笙歌」，從中建立社會關係、獲得工作機會，甚至尋找育兒的聯繫管道（Hunter 2010）。我的田野研究顯示則顯示，夜生活也是經濟精英與彼此建立連帶的重要管道，不過對於也穿梭於夜生活的女孩們來說，效果卻沒這麼好。

47 *The Star*（2010）。

48 地位的功能在於展現一個人和其他行動者之間的關係，包括他身邊有多少人、享有多少聲望。見 Podolny（2005）。

49 我在時尚模特兒產業做我的碩論研究時，就很常聽到這句話，也很常看到據此而酬勞付給男模較少、付給女模較多的做法。經紀公司老闆跟設計師推論女性酬勞較高的理由很簡單：「性無不銷」。見 Mears（2011），頁226。

50 承繼法國女性主義理論家Luce Irigaray（〔1977〕1985）的論點，歷史學家Abigail Solomon-Godeau（1986）指出，隨著視覺文化在十九世紀歐洲崛起，女性特質才開始逐漸與商品融合在一起，成為可欲之物的樣貌。第一批廣泛流傳的相片是一批石版雕刻畫，其中有一大部分的畫像是公眾眼中的色情女子，像是巴黎街頭的風情女郎；接著則是各種美女海報、裸體插照、交際花的畫像、時裝樣板插畫，以及地下非法色情圖片。女性色情畫像的蓬勃發展隨之取代了幾個世紀以來，總以男性身體為視覺對象的主流做法。畫作與芭蕾舞台上的男性身體愈來愈少引起人們的注意，反成為襯托女體的背景與道具。與此同時，在新興工業資金的投入之下，歐美各大都市逐漸發展出拱廊、商店街，最後以公開展示商品為特色的百貨公司也終於問世。隨著新浮現的廣告產業持續刺激人們對新產品的欲望，這些新興的休閒與消費公共空間也跟著蓬勃了起來。上述這些歷史發展逐漸強化了一種以外觀、展示、曝光和奇觀為前提的視覺文化。公開展示女性跟公開展示商品的現象同步出現，鞏固並結構化了同一件事：商品拜物教。Irigaray（〔1977〕1985）認為，女性氣質同時是商品的象徵與誘惑來源，就像是女性圖像同時反映了欲望，也成為欲望的管道。女性情欲與商品在歷史上的這種密切關聯，解釋了為何不管是要賣什麼東西，從香煙到起司漢堡，全都是透過女體的展現來吸引人們消費。夜店裡的女性氣質則更進一步，除了能轉化同性之間的欲望，更強化了異性戀男人會渴望女性氣質的假設。

51 Mulvey（1989）。

52 Lise Sanders（2006）指出，銷售女郎是在十九世紀成為重要文化形象，而當時勞動型態正在從過往的粗重體力勞動者轉型為零售業中的文雅員工，且後者的地位是高於勞動階級的。銷售女孩舉手投足間的柔美氣息，與百貨公司的展示文化完美地整合再一起。作為一個新興的消費空間，百貨公司一方面打開了大眾對商品的渴望，另一方面也讓女體公開成為男性視角下的觀賞對象。然而，正如Annie Marion MacLean在一八九九年的《美國社會學期刊》（*American Journal of Sociology*）上發表的一篇民族誌文獻所說，她進入一間百貨公司玩具部擔任銷售女郎後，發現百貨公司的工作條件在身體或情緒上都是非常辛苦的。MacLean（1899，頁736）寫道：「女孩們都心知肚明，為了這些微薄收入，自己得經歷多少羞辱……好色的登徒子總是伺機而動，他們雖聲稱自己是來購物的，但他們真正想要的，並不是店裡的商品。年輕漂亮的女孩們最容易認輸，她們會哭著說：「有錢人家看不起我們。但他們不懂——他們不懂。我們必須賺錢養活自己。」

53 Bailey（1998，頁151）。

54 見第一章，註37。在這種社會學家現在稱為美感勞動的工作中，服務行業的公司會聘請具有合適的個性與外表的人，來為他們的品牌銷售。美感勞動是性別化且性化的，企業尤其會運用女性身體來銷售公司服務，最明顯的例子就是像美式餐廳Hooters這樣聘請衣著暴露的女服務生為顧客送上炸雞，以吸引男性顧客。除了制服之外，公司也會在辦公室安排可以吸引男性目光的女性（Gottfried 2003），或者如觀光部門會鼓勵女性散發出人盡可追的印象（Adkins 1995），以這些方式商品化性化的女體。對女性來說，美感勞動與性化勞動之間的區別其實是很模糊的（Warhurst and Nickson 2009）。雇主會尋找特定類型的女體，因為那能表現出秀異的一面；舉例來說，在豪華飯店中，高挑纖細的女性可以帶提升價值，即所謂的「陰柔資本」（feminine capital；Otis，2011）。

55 Salmon（2015）。

56 類似地，高夫曼（1969）認為各種都市夜生活空間，就是在提供會刺激人類幻想的各種替代性挑逗服務，譬如女性的超級迷你裙就奠定了幾乎不可能成真的性行為的基礎。某程度上來說，夜店同樣也提供這種「替代性挑逗」（vicarious tease，頁269）的服務。

57 我後來才知道，桑托斯的壓力在於他在經濟上會有潛在損失。他被告知，如果未依約出現在客戶的餘興派對上，他就拿不到那筆大約兩千美元的報酬。「我當時說自己會帶十個女孩去，現在卻只有五個，然後我手邊的女孩還跑去跟其他公關鬼混，所以我就失去了這個客戶。我拿不到報酬。但加上門票和各種花費，為了籌備這場活動我已經付了四千美元……因為這樣，這件事情在之後對我來說也是很傷。」

接下來在邁阿密的幾日中，桑托斯的手頭顯得愈來愈緊。他一直習慣把銀行賬戶中所有多餘的錢都轉給他在哥倫比亞的家人。（「我要那三千美金幹嘛？」他曾反問。例如，當他母親打電話跟他要錢，或者當他知道祖母有醫療需求時：「我不會為了自尊就要把那三千塊留在我帳上。」）邁阿密行程才跑一半，他手頭已經沒有現金，又還在等夜店付錢給他，由於他沒有信用卡，譚雅開始幫忙為我們的午餐付錢，就連我們必須離開明星島、無處可去，在最後一刻住進飯店的錢，都是譚雅幫忙付的。

第四章：模特兒營區裡的女孩販運

1 Dolgon（2005），頁1–13。

2 儘管漢普頓往往被認為是經濟精英的聚集地，但這個由多個鄉里村莊所組成的地區，實際混雜了工人階級居民和移民勞動階級，而且在歷史上，這塊土地就一直陷於印第安人和白人新移民之間的階級和種族鬥爭中。然而，上層階級的遊客和短期居住的居民鮮少看見社會學家Corey Dolgon（2005）筆下所描述的這種階級、移民和種族多樣性。

3 男性宰制已滲透VIP夜店文化極深，也包括男人談論女人的口吻。她們永遠都像是等著征服的獵物、等著人來蒐集的對象，而這種論調和惡名昭彰的搭訕藝術家（pick-up artists，簡稱PUA）幾乎如出一轍。實際上，有兩位客戶曾經推薦我閱讀尼爾．斯特勞斯（Neil Strauss）的《把妹達人》（*The Game: Penetrating the Secret Society of Pickup Artists*）。這本二〇〇五年出版、主要解釋如何把妹的書，因其內容對女性的侵略性與書中主張的非人性手段而廣受批評。有一位客戶認為作者和女性說話的方式就像使用了「絕地武士的讀心術」。另一位客戶則推薦他讀《女孩們：我的後宮生活》（*Some Girls: My Life in a Harem*）一書中所學到的技巧。這本二〇一〇年出版，由吉利安．勞倫（Jillian Lauren）所寫的回憶錄，主要講述他住在汶萊王子後宮期間，就爭取注意與拒絕他人方面所玩的心理遊戲。接著則是德瑞，他聲稱會忽視特定女孩，讓她的信心「崩潰」，這樣對方就容易屈服並和他發生性行為。這些談話多半只是儀式性的，就像是「看女孩」這種一起稱讚女性外表的男性集體儀式（Quinn，2002），或者像是「獵女孩」（Grazian，2007a）這種集體出外搭訕女性的活動。但就我在Downtown對德瑞的觀察，他確實會在實踐上忽視特定女性，以激起她們對自己的興趣。

不過，談話跟儀式對於社會秩序依然帶來深遠影響。社會學家大衛．格拉齊安（David Grazian）曾觀察他的學生在費城夜生活中的經歷，他指出，雖然「獵女孩」乍看是男人為了獲得性而做出的努力，但那實際上是一種男大學生為了要提升自己陽剛氣質的展現，而彼此玩鬧所表現出的同性間的社會儀式（2007a，頁

224）。社會學家Beth Quinn（2002）也認為，看女孩其實是一種男人之間的性別劇碼，對於形塑陽剛性別認同很有效，同時還以刻意無法同理陰柔他者的這種心態為前提。

在VIP世界中，女孩可以讓男人用來宣示自身的霸權陽剛氣質——換言之，男人可以透過女孩，變得更強、更有宰制力，也更符合異性戀標準下對成功的定義。亦可見Spradley and Mann（1974）關於雞尾酒服務生的經典研究。陽剛氣質並不是靜態不變的，而是一種必須要不斷持續彰顯的狀態（Connell 1995）。女孩提供了男人一個舞台，使其展現他們的異性戀傾向，並強調他們的陽剛氣質與宰制地位。男人不需要跟女孩發生性關係、甚至不需要跟她們說話，也可以藉此展現他們對女人的支配力。在這場追求性名聲、同儕間地位，以及公開展示情境式宰制力的競爭性遊戲中，其他的男性同儕是絕佳的觀眾，同時也可以用來產生特定類型的陽剛氣質、展示特定類型的異性戀欲望（Bird，1996）。

4 Goffman（1967），頁149–280。夜店與酒吧是高度性欲化的場所，社會學家甚至會用「性市場」一詞作為代稱（譬如Grazian，2007b，頁142；Laumann等人，2004）。

5 在亞洲市場中，性工作跟談生意是緊密相連的。酒店小姐和卡拉OK都能協助男性建立關係、象徵性的信用與債務、名聲，最後，則可能促成商業交易（Osburg 2013）。社會學家Kimberly Hoang（2015）在胡志明市酒店的研究就指出，越南男人要吸引投資者最核心的關鍵就是酒店小姐的美貌。人類學家Anne Allison（1994）的研究也顯示，酒店在一九八〇年代的日本，不僅能抬升企業中上班族男性的身分與士氣，對於維護此男性宰制的資本主義制度更是至關重要。關於紳士俱樂部對促成商業交易的正面效果，可見Llewellyn-Smith（2006）；相關的學術討論則可見Mobley and Humphreys（2006）。

6 美國記者和雜誌編輯H. L. Mencken（199，頁72）曾經在一篇以范伯倫的《有閒階級論》為題的文章中，問道：「我之所以偏好親吻漂亮女孩而非女清潔工，是因為我覺得漂亮女孩比較美、比較香、比較好親，還是因為我覺得搞不好男清潔工也可以親她？」但Mencken的批評指出了試圖從行為中拆解出動機與意義何其困難：我們的喜好背後往往有太多太難懂的理由了。

7 在Brooke Harrington（2016，頁92-105）對富裕管理階層的研究中，她發現精英社交世界裡也存在著這種投射歸屬感的焦慮。

8 Bogardus（1933）。

9 Elberse（2014）。

10 Weinbaum等人（2008），頁9。

11 Gebhart（1929）。

12 雖然史上第一位聘請模特兒到個人沙龍走台步、展示披肩的人，是一名叫做Gagelin的裁縫，不過，是查爾斯．弗雷德里克．沃斯開始增加聘僱模特兒的數量，好讓她們試穿給客戶們看（C. Evans，2001）。

13 Latham（2000）；Sanders（2006）。

14 一九二三年，當約翰．羅伯特．鮑爾斯（John Robert Powers）創立紐約第一間模特兒經紀公司時，他就巧妙地運用了這種隱約的衝突感作為行銷手段。他的模特兒被稱為「鮑爾斯女孩」，必須遵守嚴格的工作規範，譬如不能在公共場合飲酒，且一律使用同一款小圓帽提袋，攜帶他們的隨身化妝品和飾品，展現她們高雅的女性氣質（De Marly，1980；Entwistle and Wissinger，2012，頁140）。

15 在大學校園裡，女性也會在「好女孩」跟「騷貨」之間畫出這種象徵界線。儘管聲稱這兩類女孩的差異在於性開放程度，但其實主要還是由女性的階級位置及相關的地位團體來界定。在一個針對美國中西部公立大學的女大學生所進行的五年期研究中，社會學家發現，儘管上層女性的性伴侶更多，但勞工階級和貧窮的女大學生比較會被認為「很騷」，因為她們缺乏比如合適的衣服和化妝品，可以展現上層女性的陰柔氣質（Armstrong等人，2014）。

16 在我訪談的二十名女孩中，有十二人屬於專業工作者或是大學生；有八人是模特兒，或是還在找經紀公司的兼職零售業店員。

17 雖然一般人往往覺得漂亮女性可以「上嫁」，但其實正好相反，上層階級男性其實更傾向和階級特權位置相近的女性結婚。自一九八〇年代開始，夫妻之間的收入便漸趨一致，而且高收入男性和高收入女性結婚的比例持續升高（Graf and Schwartz，2010；Schwartz，2010）。關於同質性婚配的人口學研究，見Mare（2016）。

18 在我所訪談的二十名客戶中，高達十六人都表示，他們不覺得自己會和在VIP場域中遇到的女孩建立長期關係，儘管有一半的受訪者都曾有和夜店中認識的女孩交往過。

19 Horowitz（2016）。二〇一一年，當保羅．贊波利（經指派，現為多明尼加的聯合國大使）在高檔夜店Provocateur舉辦高調的生日派對時，政商名流、甚至阿拉伯的皇室成員都曾出席。見Zampolli（2011）。

20 引自Lee（2015）。

21 不管她實際的階級位置為何，女性的階級位置表現永遠都和她的品德與潛力有關。社會對女性階級位置的認知，主要根據她所展現的禮儀舉止與文化資本，男性會利用這些來判斷她的品德、禮教與擁有資源的多寡。關於階級與女性德行的緊密關聯，見Bettie（2003）。

22 Bruno and Salle（2018）。關於聖特羅佩如何轉變成全球精英間季節性的遊樂場，可見Bruno and Salle（2018）。

23 夜店經理瑞秋・烏琪泰兒（Rachel Uchitel）因曾在紐約服務老虎伍茲（Tiger Woods）而廣受人知，大眾也藉由她的經驗得知，在高檔夜店工作的女性時常會遇到高度性欲化的要求。見Taddeo（2010）。

24 關於雞尾酒女服務生如何被性化，可見Spradley and Mann（1974）。此外，非白人的身體、豐滿的身體以及性開放程度之間也存在象徵性的連結，例如，非白人女性長期以來都被賦予性感、具異國情調的形象（Mears 2010）。

25 Conti（2014）。

26 綜觀世界歷史，多數時期男女結婚完全是出於經濟考量，且這個結盟往往是建立在男性能夠明確展現他能供養妻子的能力上。這層契約義務有時相當明確，譬如，男性會付嫁妝給女方的父系家庭，以保留他的妻子。婚姻永遠都是一種經濟安排。即便婚姻後來可能帶來愛情，但愛情很難說是婚姻的前提（Coontz，2005；頁15–23）。這種女人主要基於經濟考量才結婚的想法，和近代興起對「純粹」關係的理想有所扞格，所謂純粹，是指關係全然不受經濟利益的污染（Illouz 2007）。在二十世紀的發展下，展現平等、開放溝通和性歡愉的關係才是理想的親密關係，目的性的交往被認為是不真實的關係，妻子也會被貶為拜金女或花瓶。

27 當「款待」女性的做法開始在美國都市中出現、但尚未成為我們熟知的現代約會文化前，記者、倡議者和警察一直很努力區分街上的「工作女孩」（也就是妓女）和招待女孩之間的差異——以親密關係換取男性的款待。由於招待女孩不拿錢，她們在道德意義上和性工作者是完全不同的，但她們仍會遭批評，認為其性行為不道德、不檢點，因為她們會藉由親密關係或潛在的親密關係來獲利。有一則紐約市掃黃緝毒行動隊一九一三年的紀錄，記述了某次對一間受歡迎的工人階級夜總會的調查過程，其中因其親密關係而獲得各種不同形式報酬的女性，被稱為「準妓女」、「生成中的妓女」或「職業妓女」（Clemens，2006，頁1）。學者現在會用「報酬性交往」描述這種「款待」或「包養」，也就是基於親密關係換取特定物質報酬的做法

（Swader等人，2013）。由於性交易有很多種不同的理解方式，且高度受限於當地的文化背景和女性所遭受的結構性限制。在許多社會中，性交易是求愛和女性在經濟場域謀生常見的做法；例如，在今天的馬拉威，以禮物換取性行為依舊相當普遍（Poulin，2007）。

28 Parreñas（2011）

29 這種為女性貼上「好女孩」或「派對女孩」標籤的做法，反映出一種社會地位的等級制度。正如伊莉莎白·阿姆斯壯（Elizabeth Armstrong）與蘿拉·漢彌頓（Laura Hamilton）對女大學生的研究中所述（2015年），在建立起女性等級制度的過程中，男性扮演關鍵的角色，因為男性會鼓勵特定的陰柔氣質。不過研究也顯示，女性自己也會評估彼此在性方面的排名，換言之，陰柔特質並不全然是衍生自陽剛氣質，且女性也不是被動接受男性所制定的標準。亦可見Waller（1937）的基本說法。

30 Hakim（2010）。

31 Bourdieu（1984，頁193）。即便這種婚姻帶有交換意義，且其通常是以男性的金錢換取女性的美貌——但實際上婚姻中也可能存在其他交易邏輯，例如，過去研究往往忽略了男性外貌和女性成功程度所發揮的重要性（McClintock，2014）。在二十世紀中期之前的社會規範，一般人傾向橫向結婚——也就是和所屬天生階級和所處地理區位都相同的人結婚。在此規範內，優先考量的是經濟因素，而非浪漫愛。（Coontz，2005，頁15–23）。

32 Mare（2016）；Schwartz（2010）。

33 Paula England和Elizabeth McClintock（2009，頁814）發現，男性結婚時年齡愈大，他們和新娘年齡的差距就愈大，無論他們是第一次還是再婚。研究者認為，由於現行的美貌標準偏向肯定年輕女性，所以男性在結婚時年齡愈大，相對於年輕女性，他們就愈不覺得同齡女性有吸引力。從三十五歲開始，女性的單身比例就明顯高於男性（頁807），且逐年上升。

34 Sontag（1972）。

35 這顯示出，即便夜店是機會的來源，但對於男性（公關或客戶）來說，夜店並不是進入商業網絡的途徑。這一點成立的前提在於，已經有眾多證據顯示金融商業圈長期以來極其排斥女性（及有色人種）。（例如可見Ho，2009；Roth，2006）。對沖基金尤其強調世襲網絡下的社交與忠誠度，而該網絡明顯排斥女性和非白人（Tobias，2018）。

36 以女孩身分參與ＶＩＰ場景好玩歸好玩，但相對於類似戰略酒店集團這樣的夜店企業在此產業中創造的龐大、可替代性利潤，前述這種刺激有趣其實很廉價。

37 用赫迪厄（1984，頁328）的話來說，夜生活提供了一種獲取文化資本的「異端模式」（heretical mode of acquisition）——它讓來自低層階級背景的人可接觸到上層階級生活的某些面向。不過，這些在精英休閒空間所獲得的體驗，屬於「非認證的文化資本」（non-certified cultural capital），並不是在精英機構所提供的真正教養中所獲得的，因此可能會使人獲得不連貫或難以預測的品味，進而可能總被真正的精英認為不合格。關於非認證的文化資本，可見Lise Bernard（2012）對房地產仲介的研究；房產仲介同樣也來自不同社會背景，但對上層階級買家及其品味有一定的了解。

38 自從Bourdieu（1986）將資本的概念擴展到人力資本之外，以說明階級不平等的文化基礎開始，文化資本的新概念就層出不窮。有些是為了應對世界的變化，比如不斷變化的階級結構，因此發展出文化資本的新興形式（如Prieur and Savage，2013）；有些則是為了理解特定領域（譬如性資本，Martin and George，2006），或者身體在承載資本形式中的作用，譬如美感資本（Anderson等人，2010）、身體資本（Wacquant 1995）和生理資本（Shilling，2012）。馬克思對資本積累的關注主要聚焦於有產者和對價值的不平等榨取議題，不過在社會學界對資本形式的積累中（Neveu 2013），卻相對缺乏對於汲取價值或所有權的討論。ＶＩＰ場域的案例說明了，汲取價值在資本研究中其實極其重要：在這裡，男性和女性得以從女性體現的符號資本（或簡稱為女孩資本）中獲得的利益存在著高度不平等情形。男性可以運用女孩資本，在這個排外的商業世界中創造地位和社會關係，但女孩卻很難在同等程度上利用她們自己的身體資本。

39 實際上，利用性吸引力和「情欲資本」可能進一步使得女性被排斥在陽剛領域之外，而這些陽剛領域往往更具權威性、地位更高，且收入也更好。例如，Heidi Gottfried對臨時工公司所做的研究就發現，女性身體的優先地位使得她們格外適合擔任一線工人，但這層體現性的關係卻會阻礙她們擔任管理職位的機會（2013）。我在本書的發現則顯示，對性道德的認定是另一種用來關閉擁有情欲資本的女性發展機會的方式。此外，像凱瑟琳·哈基姆（Catherine Hakim）（2011）那樣將美視為一種資本形式，雖展現了新自由主義哲學下對個人自我投資的必要性，但卻忽視了系統性的權力關係，會在人口之間不平等地分配身體資本（對哈基姆研究的評論，可參Green，2013）。繼續把資本視為個人資產的觀點會接受自我投資的必要性，並且認為自我投資將能帶來更好的「婚姻市場」結果，這是新古典學派經濟學家的經典人力資本理論。但此論點高度依賴以下這個假設：某人特定資本的主要價值在於資本持有者自己。在VIP夜店中，因為會對有策略和目標性的女性施以懲罰，所以實際上女性的美貌在男性手中，遠比在女性自己手中更有價值。要思及榨取利潤和所有權的問題，社會學家才可能從這種把資本視為個人優勢的分析中走出來，並且思考權力關係體系是如何從不屬於自己的身體資源中，實現價值的積累（見Mears，2015b）。

40 馬克思主義女性主義者認為，女性從事無償家務勞動是資本主義制度下，為了讓工人再生產而必然出現的剝削性安排（Federici〔1975〕2012）。

41 關於展示工作及其在勞動市場中的擴散與增生（尤其對女性勞動者來說），可見Mears和Connell（2016）。

42 用社會學的術語來說，我們可以將此稱為女孩制定的「性別策略」，也就是女性同意自己的身體資本被榨取以便進入男性控制的世界，因為她們相信進入且成為這些世界的一部分有其價值和樂趣，比如卡悌亞就是如此。關於希臘生活和女大生同意被兄弟會男性利用的相似做法，可見Hamilton（2007）。

43 Rubin（〔1975〕1997）。

44 在這裡，魯賓（〔1975〕1997，頁34–39）主要汲取了李維史陀（Lévi-Strauss）的人類學觀點。

45 關於脫衣舞孃俱樂部在美國金融業中扮演的角色，見Mobley and Humphreys（2006）。關於亞洲市場的交易，見Allison（1994）；Hoang（2015）；Osburg（2013）。

46 Blair（2010）。

47 Hanser（2008，頁106）；亦可見Otis（2011）；Warhurst and Nickson（2001，2009）。

48 Beverley Skeggs（2004，頁22）認為，身為「有標誌的」（sign-bearing）資本，女性是一種男人可以汲取利潤的性別和階級資源。由於男性是服務業和性產業公司的最大股東和所有者，這些利潤不成比例地積累到男性手中（另見Mears and Connell，2016）。關於脫衣舞孃行業中結構性不平等的實證案例，可見Sanders and Hardy（2012）。

49 關於「小姐妹」，可見Martin and Hummer（1989，頁466-469）。這種藉由兄弟會販賣女性的制度，對女性來說並非沒有風險。在對一間「派對學校」的女大生所進行五年研究中，社會學家伊莉莎白·阿姆斯壯與蘿拉·漢彌頓就觀察到，兄弟會的男性每週五晚上會安排大型休旅車到女生宿舍載女孩們去參加派對（Hamilton 2007，頁153）。漢彌頓與阿姆斯壯（2015）接著發現，加入兄弟會的勞工階級女性會遭遇比較大的性羞辱與學術表現脫序的風險。她們在兄弟會派對上愈受歡迎，她們的經濟和教育前景就愈差。

50 Rubin（〔1975〕1997）。

51 選擇成為一個客體，必然會帶來主體性（subjecthood）和能動性（agency）。後結構主義女權理論重新檢視了那些過往被概念化為壓迫女性的地方，例如性工作場域，並且將其轉為可協商且可能為女性賦權的空間。關於女性性工作者成為精明行動者的分析，見Hoang（2015）。

52 Odell（2013）。

53 在這裡，我參考了Eva Illouz（2017）就流行文化論述中對異性戀交易的分析。

54 在她對上層階級婦女的訪談研究中，社會學家Susan Ostrander（1984）描述了一種類似的父權交易。這些女性嫁給有錢男性，為了照顧家庭和支持丈夫的事業，她們會擱置自己的事業。她們接受自己從屬的性別地位，以獲得相對於其他女性和男性的階級特權。

第五章：誰管理這些女孩？

1 Barrionuevo（2010）。

2 社會學家薇薇安娜・Viviana Zelizer（2012）將「關係工作」概括定義為，人們為了讓帶有經濟交易的人際關係的變得和諧所做的努力。

3 關於性工作，可見Bernstein（2007）對女友體驗的討論，以及Hoang（2011）對階級制度下不同性工作（從高級酒店小姐到阻街女郎）所發展出的多元關係類型。

4 關於策略性親密關係的理論性討論，可見Mears（2015b）。除了性工作和浪漫親密關係外，在嘗試藉由親密伴侶營利的領域，也可以看見策略性親密關係的蹤跡，「包養」或「報酬性交往」關係就是明顯例子（Swader等人，2013）。不過，這種動態也會出現在電子業公司之間，賣家會送禮給潛在買家，構建其購買的義務。（見Darr，2003）。

5 Ellis and Hicken（2016a）。

6 Ellis and Hicken（2016b）。

7 Mears（2011），頁64–69。

8 Ziff（2014）。

9 Barrionuevo（2010）。

10 Darr and Mears（2017），頁4–5。

11 Mauss（〔1954〕1990）。關於誇富宴，人類學家Georges Bataille（〔1949〕1988，頁70–71）指出，贈禮行為雖然看似是損失，其實卻會為贈禮者帶來一股對收禮者的權力：「他現在是富有的，因為他炫耀性地消費了，而財富唯有在被消費時才會成為財富。」換言之，贈禮賦予了擁有最後決定權者的地位。慷慨揮霍帶來社會威望。

12 Mauss（〔1954〕1990）。

13 正如Michel Callon（1998，頁13–15）所說，給予的物品究竟是被理解為等值交換還是禮物，取決於交換的定位以及交換發生的時間點——後者尤其關鍵。如果贈與之後過了一段時間，即便回禮的義務依舊真實，但卻很容易會被遺忘，而這種「健忘」將會使此交換被定義為沒有其他計算或利益考量的行為。Bourdieu（1984，頁253）指出，社會資本積累的前提預設了一種特定勞動的存在，通常是花費看似無償的時間、注意力、關心等等，因為這些人使人把交換本質的經濟特性理解、感受為一種有意義的關係。

14 McGoey（2016），頁19。

15 Clemens（2006）。

16 歷史學家潔西卡．希威爾（Jessica Sewell，2010，頁3–6）所著的《女性與都市日常》（*Women and the Everyday City*）就書寫了舊金山所經歷的歷史變遷。過往女性在公共場合會引來一種危險的男性凝視，通常會認為其為性工作者，而非有「教養」的中產階級女性；到了二十世紀，由於新興消費主義的都市開始擁有更多容許性別混雜的場所，女性也就開始大規模進入公共空間（另見Bernstein，2007；頁24）。由於白天就會以勞動者身分進出公共場所，女孩們的膽子變大了，在晚上也開始會以男女混合的方式外出。Kathy Peiss（2004）的研究也進一步說明了「招待女孩」是如何顛覆了維多利亞時代的性規範。

17 Clemens（2006，頁1）。

18 Clemens（2006，頁70）。

19 在包養交往關係中，也很常出現這種區別策略的實際做法（Rowe，2018）。

20 奧爾加其實不覺得公關招待晚餐跟公關自掏腰包所付的晚餐在意義上有什麼差別。作為恩里科的女友，她覺得兩者其實都是工作。她抱怨道，在他們交往的七個月中，兩人獨處一起吃飯的次數只有十次。「每次都會有別人一起，每次都是跟其他女孩一起的公關晚餐，每次他都在傳簡訊、工作。我受不了。」在這次之後，兩人很快就分手了。

21 除了德瑞之外。有幾次訪談我想繼續追問，那幾次他讓我付我們的午餐錢。

22 不過，曾有兩個女孩向我駁斥了菲利普的說法。有一名模特兒告訴我，某次提博爾跟菲利普在漢普頓一間餐廳，不小心忘記她還在廁所就先離開了，而且一直要到一個半小時後才想起來應該要和她聯絡（她後來找到另一個剛好要去同一間夜店的公關，搭了他的便車）。她說：「他們根本不在意女孩。」另一名模特兒則說，某次她和尼可拉斯與提博爾去邁阿密參加二月的派對，因為公關的疏忽而無處可住，飽受折磨。

23 Mikelberg（2016）。

24 關於金錢的社會意義變遷，請見Zelizer（1994）。

25 性感女性和其他商品搭售的做法並非紐約獨有，世界各地有許多狀況都是如此。舉例來說，二〇一〇年，冰島政府基於物化及非人化女性的理由，下令禁止脫衣舞孃俱樂部，此舉廣受讚揚，被視為是女性主義的勝利，同時也展現了冰島的進步價值。但有些冰島男人還是想看脫衣舞，於是上有政策，下就有對策。他們現在會去「香檳俱樂部」，只要付了對的價格，香檳就會由衣著暴露的舞孃送上桌。利用這種「搭售」（bundling）的交換形式販賣香檳（Rossman 2014，第47–49頁），香檳俱樂部就得以合法營運，即便脫衣舞孃俱樂部依舊是非法的（冰島評論，2015）。搭售經常被用來掩護惹人非議的交換行為，讓可疑的交易變得比較正當。關於夜店經理瑞秋．烏琪泰兒所進行的著名搭售案例，可參Taddeo（2010）。

26 加布里爾．羅斯曼（2014，第47–49頁）根據其對有桌邊服務的夜店中的經濟交換指出，客戶將自己付給仲介的錢理解為購買酒水的支出，就是個搭售的案例；用齊立澤的話來說，這種分化連帶（differentiated ties）有助於人們重構不光彩的交易，降低其爭議性。藉此，即便他們買了一瓶又一瓶明顯過於昂貴的香檳，但這些消費仍然得以和聘仲介找小姐的交易無涉。

27 皮條客必須將他管理的性工作者保持在興致高昂的狀態，如此才能確保自己擁有她們的正當性（Bernstein，2007；頁53–57）。例如，荷蘭會用「美男子」（lover boy）一詞來指涉負責拉攏處於社會弱勢的年輕女性下海為娼的非白人成年男子，而這些女性往往都是白人；他們會透過贈禮或給予好處發展關係，誘使她們與其他男人進行性交易，而他們再從中獲利（Al Jazeera，2012）。

28 根據性工作的寬鬆定義：「任何具商業性質、為換取物質報酬而提供的性服務、表演或產品」，女孩在

VIP場域中的流轉確實和性工作有相似之處，而公關總刻意挑選模特兒作為性對象的行為，更彰顯這點。（Weitzer，2000，第3頁）。

公關所做的性工作，是藉由和女孩調情、發生性關係來獲得經濟利益。雖然其酬勞的形式是從夜店獲得的工資與客戶買酒開銷的佣金，但他實則是運用自己的性能力換取金錢。女性主義學者一直主張，其實有許多工作和性交易的形質都很相似。如果大膽一點想，男主外女主內的婚姻跟性工作相當類似，因為那其實是男性用其經濟支持換取女性的家務勞動與性。真正讓這兩者——婚姻與性交易——變得不同的，在於對不同關係的意義和詮釋。薇薇安娜・齊立澤（2006，頁308）曾舉出經濟關係與親密關係混合時的不同類型，並指出關係會隨著深度與持續時間而有所變化。淺薄且短暫的社會關係，例如性工作，跟深刻恆久的關係，例如婚姻，被視為是徹底相反的兩種關係。公關和女孩之間似乎只有淺薄、短暫的交換關係，女孩們似乎也自認如此，不過，公關們對這些社會連帶關係的描述，總是遠比女孩們所說的來得更深刻。之所以會有這種論述上的差異，部分原因在於公關本身的立場——身為一名高度仰賴社會資本的仲介，本來就有誇大其價值的動機。實際上，公關、女孩與客戶之間的關係淺薄與否根本無關緊要。只要彼此之間的連帶反覆出現，讓他們能夠在VIP場域中產生一種共同歸屬感，就已足夠。

29 這種情緒勞動很類似於高級性工作者，她們為了帶來「女友體驗」，工作上必須展現親密感（Bernstein，2007；頁126）。

30 與女孩發生性關係既是公關的資源，同時也是其弱點。性關係的可能性會激起女孩彼此競爭，雖然可能有益，但卻有其風險。公關必須要管理多個性伴侶，這會對他帶來不少情緒上與實踐上的挑戰，尤其當她們全都在同一場派對中，且全都期待能得到他所有注意力的時候。就算公關桌上只有一名性伴侶，也可能因為他跟其他女孩說太多話，而氣氛丕變，醋意四起。公關甚至可以藉此機會作亂，告訴競爭對手的女友說她男友劈腿了。當提博爾發現德瑞同時和三名模特兒發生關係，但她們彼此都不知情時，提博爾跑去跟她們說，促成了一場在夜店內的戲劇性爭吵，也從而斷絕了德瑞跟幾個模特兒之間的關係。「這違反常規。」德瑞說。兩人再也沒有說過話。利用性來攻擊競爭對手的最極端案例非杜克莫屬，他的全盛時期是在一九九〇年代末，他說，當時要成為城裡最好的公關的方法，就是和其他公關的女友發生關係。

31 關於「一夜情文化」的風氣在年輕世代之間的傳播，可見England, Shafer, and Fogarty（2012）。

32 不過，這位公關最後還是拒絕了這本關於公關的書的訪談，因為他不想進一步惡化這個行業的惡劣形象。

關於公關的回應比例與訪談樣本的蒐集，請參研究附錄。

33 如果是夜店跟酒吧直接動用「向上銷售」行為時，也就是所謂的勒索罪。邁阿密某個女性犯罪集團會對毫無戒備之心的男人下藥，然後帶他們去購買價格哄抬的酒，即為一例。這些女性所獲得的佣金高達20%（Conti，2014）。

34 公關西莉亞跟我說，她必須在餐廳支付額外的小費以接待平民女性：「如果我找她，夜店會跟我收更多的錢。小費一般是兩百塊，但若我讓她出場，小費可能會漲到五百塊美金。」
「就因為這一個女孩？」我問。
「重點不是這一個女孩，」她解釋說，「重點是整個原則。這張桌子是門面，而他們有特定的想像，你懂嗎？」

35 Warhurst and Nickson 2001; Williams and Connell 2010。

36 對於我會跟其他公關出去這件事，提博爾是沒有意見，但唯一只提醒我，千萬不要告訴其他人他記下來的那一串模特兒公寓電話號碼。

37 即便對我來說，夜生活會頻繁地評論女性的身體，但其實在其他場合，無論是消費性空間還是專業工作場所，男性也很常公開評論女性的外表（Quinn 2002）。

38 關於關係工作的負面後果，可見Bandelj（2012，頁189）的簡要討論。

39 經濟學家阿爾伯特·赫希曼（Albert O. Hirschman，1986）在〈市場社會的對立觀點〉（Rival Views of Market Society）一文中稱此為市場社會的「破壞」觀點，在這種觀點之下，親密生活全都是基於冷酷的理性計算邏輯而出現的，而且如愛、性與友誼這種難以轉讓的特質也可以像商品一樣被交易。

40 關於直銷組織，可見Biggart（1990）。此外，在電子業，企業之間在進行電子元件交易時，也會藉由禮物和好處交換，以維持關係（Darr 2003）。在高級的性產業中，女性收費不只是因為提供性服務，也因為提供了真實關係的感覺，只不過這種關係會妥善地受到經濟交換的規範。（Bernstein，2007）。

41 在邁可·布若威（1979，頁77–95）研究的工廠中，他發現工人們在車間會玩一種稱為「趕工」（making out）的遊戲，試圖趕上或超越彼此的產量以及管理者的期待，這使工人們能夠自主選擇要何時付出，以及要多努力付出。趕工遊戲會帶來社交上與心理上的成就感，且由於整個車間文化都受其主導，這個遊戲也使得工人不僅同意自身受到剝削，甚至還熱衷於此。換言之，當剝削藉由其同意而被正當化，資本主義生產中的勞動過程不但遮掩了，同時也確保了其對剩餘勞動的榨取。對於工業社會學家及馬克思主義社會學界來說，布若威的著作都是個重要突破，因為它將分析轉移到生產當下的勞動過程——將原料轉化為剩餘價值的瞬間——從而解釋工廠如何在不借助學校、家庭、國家等外部組織，即能透過工作現場的活動打造甘願的心態。這個分析上的轉變——從結構到象徵性互動，從意識形態到情境——解釋了工人的動機如何在勞動過程中產生。

42 關於此論點的延伸分析，可見Mears（2015a）。

43 關係工作確實是維持勞動剝削的重要工具。無論是器官交易（Healy，2006）、生殖性材料交易（Almeling，2007）還是大體交易（Anteby，2010），都是明顯的例子。從事這些產業的人都會運用關係工作，來販賣這些「無價的」人類商品。企業主一面賺進龐大利潤，同時也會運用利他主義、珍貴無價等文化性論述，一面獲得無償捐贈者所贈送的禮物。在親密服務市場中，關係工作也同樣能強化勞動剝削，譬如，護理人員往往基於工作的利他性質而被給予不符市場邏輯的低廉薪水。（Folbre and Nelson，2000，頁129-133）。在這類案例中，關係工作會建構起一組象徵性邊界，將其工作活動定義為禮物、捐贈和親密關係，並重新定義勞動過程。

44 如果各個行動者對其經濟效用的理解程度相當，策略性親密關係其實未必是壞事。當交換中的兩方對於彼此的關係出現不同理解——譬如，一方認為是真愛，另一方卻認為是有償的性服務——就可能造成感情與法律上的爭議。薇薇安娜・齊立澤（2005）的研究就記錄了此類因不同的理解而對簿公堂的關係。

第六章：從底層做起

1 關於我所訪談的公關完整資訊，請見研究附錄。

2 Chetty et al. 2014; Jäntti et al. 2006.

3 關於社會資本價值的綱要性說明，見Burt（1992）。

4 Bourdieu（1986），頁257。

5 關於夜店頂讓轉手的極高頻率及其短暫的保質期——根據估計，大約介於十八至二十四個月——可見Elberse, Barlow, and Wong（2009）。

6 社會學家Taylor Laemmli提出了「生活風格工資」的概念，用來說明高級服務業人員會在懸殊的階級與社會地位中勞動，就跟公關一樣。對於多數人來說，階級與社會地位這兩種社會分類基本上是重疊的。這種職業會出現一種「洗階級」（class laundering）的過程，這些人有機會消費一種更高階級的生活方式，而他們實際上的物質能力是負擔不起這種生活方式的。見Laemmli（2019）。

7 在網絡研究中，「仲介」（brokers）是負責將交換夥伴給串起來，以獲得象徵與實質性報酬的人（Burt，1992）。

8 互動服務的典型特徵在於勞動者與客戶之間存在著明顯的不對等關係，其中，奢侈服務尤其被認為是一種從屬關係的展現，勞動者被要求表現出恭敬、專業和禮貌的樣子，好讓客戶得以從中產生一種被服務的優越感（譬如：Sherman，2007，頁44－48）。但為了要打造出一種「真實」的消費體驗，公關會試圖培養、表現出和客戶之間的關係是平等的。公關的工作更像社會學家Eli Wilson（2016）所說的「接近服務」（proximal service），也就是在高級商業環境中開始成為主流的平等型態服務特徵。在接近服務中，工作人員試圖構建的是親近且平等，而非有距離且恭敬的關係，比方說，會讓服務者與客戶之間使用較少的正式稱號，而是有較多的客製化、個人化交流。這種試圖縮小社會距離的做法，對於教育與富裕程度不若其客戶的公關來說相當重要。關於社會距離的概要介紹，見Bogardus（1933）。

9 完整資訊請見研究附錄。

10 「有色資本」一詞中的「資本」指的是價值。這個概念不是來自布爾迪厄的理論框架，也不表示有色人種可以通過他們的象徵資本減輕制度性種族主義的影響。見Hughey（2012）。「種族資本主義」是指透過他者的種族身分而產生利潤的經濟體系。

11 根據Rosabeth Moss Kanter（1977）對職場樣板主義的負面效果所發展的理論，任何的少數族群，不管是女性還是少數種族，由於會遭到更嚴格的審查，在職場上往往處於劣勢，以及受到較大的情緒壓力，因為他們的工作表現不被視為是其個人表現，而被認為可代表整個群體。後續的研究則顯示，工作的脈絡及其類型對於樣板在職場上的體驗有很大的影響。例如，在一般認為屬於女性工作的護理工作中，白人男性可以從中獲益並向上流動至管理職（Williams，1995），但同樣背景下，黑人男性卻難以從自身的陽剛氣質獲益（Wingfield 2009）。

12 可參考Patricia Hill Collins（2004，頁151-164）關於種族與代表性的討論，尤其是黑人男性的性欲、異國情調及殖民主義危險遺緒之間的關聯。

13 May and Chaplin（2008，頁60–68）。

14 Cousin and Chauvin（2012）。

15 見Mears（2019）。

16 有三名我接洽的公關拒絕接受參加本書的訪談（關於尋找訪談者的相關資訊，請參研究附錄）。其中兩位解釋，他們不想和公關或任何與公關相關的書有關聯，因為那會帶來跟他們創業事業目標不相容的形象，譬如行為或生活方式放蕩不羈。另一位公關甚至不願意收下我的名片，並且告訴我說他跟「那些人」——指其他公關——沒有任何相似之處，以及他打算要妥善運用自己的金融背景，並不像其他公關那樣「都沒在想」，也不知道如何運用他們在夜生活取得的人際連結。

第七章：閉幕

1 de Grazia（1996），頁12–13。

2 de Grazia（1996），頁12–13。歷史學家通常也會強調工業革命的重要性，卻排除了「消費革命」的意涵，即便後者在十八世紀的歐洲同樣具有變革性，且對於刺激工業發展的變化來說至關重要（McCracken，1988，頁3–4）。亦可見Sombart（〔1913〕1967）。

3 從希臘和羅馬社會到反奢侈法，關於藉由消費來表達秀異的歷史變遷可見Daloz（2009）。

4 McCracken（1988，頁31–43。）

5 經濟學家維爾納·桑巴特（Werner Sombart，〔1913〕1967）在《奢侈品與資本主義》（*Luxury and Capitalism*）一書中指出，奢侈品是最早獲得社會地位的手段之一，而且對奢侈品的渴望是刺激資本主義的重要力量。

6 Muzzarelli（2009）。在制定法律之前，宗教就已經透過服飾穿著來進行地位的管理了。

7 例如，Michael Kruse（2017）曾在《政客》寫：「對於眾所皆知極其膚淺、熱愛交易的川普來說，這個城市不是個需要體驗，而是個需要利用的地方。這種興趣並不是雙向的：即便川普尋求他們的支持，但對於多數的紐約精英來說，川普太過粗魯、低俗了。他就是個曼哈頓區的外人，他的資金是他政治關係複雜的父親所提供的。即便川普希望被認真對待，但卻很少如他所願。」

8 關於富人藉由慈善事業尋求地位，可見Ostrower（1997，頁36-47）。Elisabeth Schimpfossl（2014，頁38–64）

針對俄羅斯的新興鉅富階層的書寫中，也記錄了寡頭們如何透過參與藝術活動和捐贈文化推廣計畫，在表面上逐漸取得資產階級的正當性。

9 雖然已有大量圍繞中上層和中產階級文化資本的文獻討論文化和象徵資本之間的轉換性（例如，Khan，2011；Lareau，2003；Rivera，2010），但對於金錢展示與地位間的動態卻少有著墨（但仍可參Schulz 2006的實證研究）。即便重視階級秀異，學者卻鮮少討論炫耀的議題。或許是因為社會學界自己在文化資本的概念中找到了正當性，這是個學界若投身其中就會贏的遊戲；相較之下，若投身於經濟宰制的遊戲中，社會學界肯定慘敗。

10 然而，布赫迪厄（1984，頁31）將藉由財富展示來爭奪地位的努力描述為「『顯性消費』的天真暴露主義，會透過粗糙的奢侈品展現來尋求秀異。」他進一步補充說，這種經濟宰制的策略「若跟純粹凝視的獨特能力相比，完全不算什麼」（頁31），所謂的純粹凝視是指，資產階級的美感稟性（disposition），因為其品味看似不費吹灰之力地展現出來，因此他也對此進行了詳細研究。

11 關於劉特佐的生日派對和其他奢侈行徑的豐富細節，可見Wright and Hope（2018）。儘管他擁有驚人的不義之財，就奢華慶生派對這點來說，劉特佐並非異類。二〇〇七年，黑石集團創始人史蒂芬・施瓦茨曼（Stephen Schwarzman）六十歲生日時，他就舉辦了一場要價五百萬美元的派對，請來了幾十個朋友和金融鉅子共同慶祝；根據報導統計，他七十歲慶生派對的花費甚至翻了一倍（Holson，2017）。

12 Frank（1999）。奢侈品熱刺激了范伯倫所述的「金錢的競爭」——即刻意競爭、超越，並恫嚇上層階級的同儕（Veblen，1899，第二章）。金錢之爭、赤裸的經濟實力展現，現在是、也一直是新富階級嘗試取得地位的重要工具。社會學家Jean-Pascal Daloz（2009，頁61－80）就認為，炫耀行為是一種飽受忽視、但在世界各地都力量強大的秀異形式。基於比較和歷史案例研究，Daloz認為，除了Bourdieu所指出的秀異形式之外，精英們也經常會透過赤裸裸的炫耀行為來標誌他們的優越性。

13 Boltanski and Esquerre（2017）。在富集經濟（enrichment economy）中，少數商品會以極高價格賣給非常富有的人，這和旨在以低利潤率將大量東西賣給大量原本不太富有的消費者的大眾消費主義不同。這是一種富人對富人的剝削，而且其財富的產生與整個社會其他部分幾乎完全無涉。在這種經濟中，策略性將商品和遺產或傳統等敘事加以連結，就可以為其賦予價值，進而創造出天價般的昂貴物品。如果沒有這些歷史遺產的敘事框架，這些物品本身可能絲毫不值一提。

14 Pine and Gilmore（1999）。

15 Batille（〔1949〕1988）。

16 Veblen（1899），第四章。

17 譬如，可見Zorbaugh（1929）對芝加哥精英及其社交規範的研究。

18 Baker（2018）。

19 Keefe（2016）；關於紐約「鬼城」，可見Thompson（2018）。

20 經濟學家已經指出，外貌好看的人確實會獲得不少社會優勢，包括在勞動市場上獲得較高工資、配偶的收入會較高，且晉升到領導職位的機也比較大（Hamermesh 2011）。

21 Weber（〔1922〕1978），頁43–46。

研究附錄

1 瑞秋．雪曼（2017）也使用訪談來記錄紐約上層階級和富有屋主之間的衝突性消費，他們會非常努力淡化自己享有的特權，尤其是在與社會學家的訪談中，被迫要正當化他們消費行為的時候。

2 Kusenbach（2003）。

3 Nader（〔1969〕1974）。

參考文獻

Al, Stefan. 2017. *The Strip*. Cambridge, MA: MIT Press.

Adkins, Lisa. 1995. *Gendered Work: Sexuality, Family and the Labour Market*. Buckingham: Open University Press.

Al Jazeera. 2012. "Lover Boys." Witness, May 15. http://www.aljazeera.com/programmes/witness/2012/05/201251115345899123.html.

Allison, Anne. 1994. *Nightwork: Sexuality, Pleasure, and Corporate Masculinity in a Tokyo Hostess Club*. Chicago: University of Chicago Press.

Almeling, Rene. 2007. "Selling Genes, Selling Gender: Egg Agencies, Sperm Banks,

and the Medical Market in Genetic Material." *American Sociological Review 72* (3): 319–40.

Anderson, Tammy L., Catherine Grunert, Arielle Katz, and Samantha Lovascio. 2010. "Aesthetic Capital: A Research Review on Beauty Perks and Penalties." *Sociology Compass* 4 (8): 564–75.

Anteby, Michel. 2010. "Markets, Morals, and Practices of Trade: Jurisdictional Disputes in the U.S. Commerce in Cadavers." *Administrative Science Quarterly* 55 (4): 606–38.

Armstrong, Elizabeth A., and Laura T. Hamilton. 2015. *Paying for the Party: How College Maintains Inequality. Cambridge*, MA: Harvard University Press.

Armstrong, Elizabeth A., Laura T. Hamilton, Elizabeth M. Armstrong, and J. Lotus Sweeney. 2014. "'Good Girls:' Gender, Social Class, and Slut Discourse on Cam- pus." *Social Psychology Quarterly* 77 (2): 100–122.

Attanasio, Orazio, Erik Hurst, and Luigi Pistaferri. 2015. "The Evolution of Income, Consumption, and Leisure Inequality in the United States, 1980–2010." In *Improving the Measurement of Consumer Expenditures*, edited by Christopher D. Carroll, Thomas F. Crossley, and and John Sabelhaus, 100–140. Chicago: University of Chicago Press.

Bailey, Peter. 1998. "Parasexuality and Glamour: The Victorian Barmaid as Cultural Prototype." In *Popular Culture and Performance in the Victorian City*, 151–74. Cambridge: Cambridge University Press.

Baker, Kevin. 2018. "The Death of a Once Great City: The Fall of New York and the Urban Crisis of Affluence." *Harper's*, July. https://harpers.org/archive/2018/07 /the-death-of-new-york-city-gentrification/?src=longreads.

Balsamini, Dean. 2016. "'We Don't Want Them Here': Suit Claims Eatery Used Race to Seat Patrons." *New York Post*, December 25. https://nypost.com/2016/12/25/we-dont-want-them-here-suit-claims-eatery-used-race-to-seat-patrons/.

Bandelj, Nina. 2012. "Relational Work and Economic Sociology." *Politics & Society* 40 (2): 175–201.

Barrionuevo, Alexei. 2010. "Off Runway, Brazilian Beauty Goes beyond Blonde." *New York Times*, June 8. https://www.nytimes.com/2010/06/08/world /americas/08models.html.

Bataille, Georges. (1949). 1988. *The Accursed Share*. Vol. 1. Translated by Robert Hurley. New York: Zone Books.

Battan, Carrie. 2016. "Money for Nothing: The Lucrative World of Club Appearances." GQ, April 4. https://www.gq.com/story/how-celebs-get-paid-for-club -appearances.

Beaverstock, Jonathon, Philip Hubbard, and John Rennie Short. 2004. "Getting Away with It? Exposing the Geographies of the Super-rich." *Geoforum* 35 (4): 401–7.

Bekiempis, Victoria. 2017. "Brazilian Banker Finally Settles Suit over Unpaid $340G Bar Tab at Club Provocateur." *New York Daily News*, February 2. https://www .nydailynews.com/new-york/brazilian-banker-finally-settles-suit-unpaid-340g-bar-tab-article-1.2962814.

Bell, Emily. 2015. "The Total and Profound Illogic of Relegating Champagne to

'Occasions.'" *Vine Pair, October* 5. https://vinepair.com/wine-blog/the-total -and-profound-illogic-of-relegating-champagne-to-occasions/.

Benzecry, Claudio. 2011. *The Opera Fanatic: Ethnography of an Obsession*. Chicago: University of Chicago Press.

Benzecry, Claudio, and Randall Collins. 2014. "The High of Cultural Experience: Toward a Microsociology of Cultural Consumption." *Sociological Theory* 32 (4): 307–26.

Bernard, Lise. 2012. "Le capital culturel non certifié comme mode d'accès aux classes moyennes: L'entregent des agents immobiliers." *Actes de la recherche en sciences sociales*, no. 191–92, 68–85.

Bernstein, Elizabeth. 2007. *Temporarily Yours: Intimacy, Authenticity, and the Commerce of Sex*. Chicago: University of Chicago Press.

Bettie, Julie. 2003. *Women without Class: Girls, Race, and Identity*. Berkeley: University of California Press.

Biggart, Nicole Woolsey. 1990. *Charismatic Capitalism: Direct Selling Organizations in America*. Chicago: University of Chicago Press.

Bird, Sharon R. 1996. "Welcome to the Men's Club: Homosociality and the Maintenance of Hegemonic Masculinity." *Gender & Society* 10 (2): 120–32.

Birtchnell, Thomas, and Javier Caletrío, eds. 2013. *Elite Mobilities*. London: Routledge.

BlackBook. 2010. "Industry Insiders: Michael Satsky, Agent Provocateur." January 7. https://bbook.com/nightlife/industry-insiders-michael-satsky-agent-provocateur/.

Blair, Elizabeth. 2010. "Strip Clubs: Launch Pad for Hits in Atlanta." NPR, December 23. https://www.npr.org/sections/therecord/2010/12/23/132287578/strip-clubs-launch-pads-for-hits-in-atlanta.

Blum, David. 1978. "Drawing the Line at Studio 54." *New York Times*, June 14.

Boas, Franz. 1921. "Ethnology of the Kwakiutl, Based on Data Collected by George Hunt." *Thirty-Fifth Annual Report of the Bureau of American Ethnology*. 2 parts. Washington, DC: Government Publishing Office.

Bogardus, Emory S. 1933. "A Social Distance Scale." *Sociology & Social Research* 17: 265–71.

Boltanski, Luc, and Arnaud Esquerre. 2017. *Enrichissement: Une critique de la marchandise*. Paris: Gallimard.

Borris, Eileen, and Rhacel Salazar Parreñas. 2010. *Intimate Labors: Cultures, Technologies, and the Politics of Care*. Stanford, CA: Stanford University Press.

Bourdieu, Pierre. 1984. *Distinction: A Social Critique in the Judgement of Taste*. Translated by Richard Nice. London: Routledge.

———. 1986. "The Forms of Capital." In *Handbook of Theory and Research for the Sociology of Education*, edited by John G. Richardson, 241–58. New York: Greenwood Press.

———. (1998) 2001. *Masculine Domination*. Translated by Richard Nice. Cambridge: Polity.

Bruno, Isabelle, and Grégory Salle. 2018. "'Before Long There Will Be Nothing but Billionaires!' The Power of Elites over Space on the Saint-Tropez Peninsula." *Socio-Economic Review* 16 (2): 435–58.

Buckley, Cara. 2012. "In Celebrity Brawl at Club, a Scene of Flying Bottles and Ice Cubes." *New York Times*, June 16. https://www.nytimes.com/2012/06/16/nyregion/in-brawl-involving-drake-and-chris-brown-flying-bottles-and-ice.html.

Burawoy, Michael. 1979. *Manufacturing Consent: Changes in the Labor Process under Monopoly Capitalism*. Chicago: University of Chicago Press.

Burt, Ronald S. 1992. *Structural Holes: The Social Structure of Competition*. Cambridge, MA: Harvard University Press.

Callon, Michel. 1998. "Introduction: The Embeddedness of Economic Markets in Economics." In *The Laws of the Markets,* edited by Michel Callon, 1–56. Oxford: Blackwell.

Chetty, Raj, Nathaniel Hendren, Patrick Kline, and Emmanuel Saez. 2014. "Where Is the Land of Opportunity? The Geography of Intergenerational Mobility in the United States." *Quarterly Journal of Economics* 129 (4): 1553–1623.

Clemens, Elizabeth Alice. 2006. *Love for Sale: Courting, Treating, and Prostitution in New York City, 1900–1945*. Chapel Hill: University of North Carolina Press.

Collins, Patricia Hill. 2004. *Black Sexual Politics: African Americans, Gender, and the New Racism*. New York: Routledge.

Collins, Randall. 1979. *The Credential Society: A Historical Sociology of Education and Stratification*. Cambridge, MA: Academic Press.

———. 2004. *Interaction Ritual Chains. Princeton*, NJ: Princeton University Press.

Connell, R. W. 1995. *Masculinities: Knowledge*, Power and Social Change. Berkeley: University of California Press.

Conti, Alie. 2014. "Prostitutes Steal Millions and Walk Free." *Miami New Times*, January 23. https://www.miaminewtimes.com/news/prostitutes-steal-millions -and-walk-free-6394610.

Coontz, Stephanie. 2005. *Marriage, a History: From Obedience to Intimacy*, or How Love Conquered Marriage. New York: Viking.

Cousin, Bruno, and Sébastien Chauvin. 2012. "The Symbolic Economy of Social Capital." *Actes de la recherche en sciences sociales* 193: 96–103.

———. 2013. "Islanders, Immigrants and Millionaires: The Dynamics of Upper- Class Segregation in St Barts, French West Indies." In *Geographies of the Super- Rich*, edited by Iain Hay, 186–200. Chelthenham: Edward Elgar.

———. 2014. "Globalizing Forms of Elite Sociability: Varieties of Cosmopolitanism in Paris Social Clubs." *Ethnic and Racial Studies* 37 (12): 2209–25.

Cousin, Bruno, Shamus Khan, and Ashley Mears. 2018. "Theoretical and Methodological Pathways for Research on Elites." *Socio-Economic Review* 16 (2): 225–49.

Cressey, Paul Goalby. 1952. *The Taxi-Dance Hall: A Sociological Study in Commercialized Recreation and City Life*. Chicago: University of Chicago Press. Currid, Elizabeth. 2007. *The Warhol Economy*. Princeton, NJ: Princeton University Press.

Daloz, Jean-Pascal. 2009. *The Sociology of Elite Distinction: From Theoretical to Comparative Perspectives*. Basingstoke: Palgrave Macmillan.

Darr, Asaf. 2003. "Gifting Practices and Interorganizational Relations: Construct- ing Obligation Networks in the Electronics Sector." *Sociological Forum* 18 (1): 31–51.

Darr, Asaf, and Ashley Mears. 2017. "Local Knowledge, Global Networks: Scouting for Fashion Models and Football Players." *Poetics* 62: 1–14.

Davis, Mike, and Daniel Monk, eds. 2008. *Evil Paradises: Dreamworlds of Neoliberalism*. New York: New Press.

Davis, Natalie Zemon. 2006. "Women on Top." In *Early Modern Europe: Issues and Interpretations*, edited by James B. Collins and Karen L. Taylor, 398–411. Oxford: Blackwell.

Delaney, Kevin. 2012. *Money at Work: On the Job with Priests, Poker Players, and Hedge Fund Traders*. New York: NYU Press.

de Grazia, Victoria, 1996. Introduction to part 1, "Changing Consumption Regimes." In *The Sex of Things: Gender and Consumption in Historical Perspective*, edited by Victoria de Grazia, with Ellen Furlough, 11–24. Berkeley: University of California Press

De Marly, Diana. 1980. *The History of Haute Couture, 1850–1950*. Ann Arbor: University of Michigan Press.

Dolgon, Corey. 2005. *The End of the Hamptons: Scenes from the Class Struggle in America's Paradise*. New York: NYU Press.

Domhoff, G. William. 1975. *Bohemian Grove and Other Retreats: A Study in Ruling-Class Cohesiveness*. New York: Harper and Row.

Durkheim, Émile. (1912) 2001. *The Elementary Forms of Religious Life*. Translated by Karen E. Fields. Oxford: Oxford University Press.

Eells, Josh. 2013. "Night Club Royale." *New Yorker*, September 30. https://www .newyorker.com/magazine/2013/09/30/night-club-royale.

Elberse, Anita. 2013. *Blockbusters: Hit-making, Risk-taking, and the Big Business of Entertainment.* New York: Henry Holt.

———. 2014. "Marquee: Reinventing the Business of Nightlife." Harvard Business School Multimedia/Video Case 515-702, September 2014.

Elberse, Anita, Ryan Barlow, and Sheldon Wong. 2009. "Marquee: The Business of Night Life." Harvard Business School Case 509-019, February.

Elias, Sean. 2008. "Investigating the Aspen Elite." *Contexts* 7 (4): 62–64.

Ellis, Blake, and Melanie Hicken. 2016a. "The 'Model Apartment' Trap." CNN Money, May 12. https://money.cnn.com/2016/05/11/news/runway-injustice -model-apartments/index.html.

———. 2016b. "The Outrageous Cost of Being a Model." CNN Money, May 12. https://money.cnn.com/2016/05/09/news/runway-injustice-model-expenses /index.html.

Elliott, Hannah. 2017. "How One Nightclub Defied the Odds to Last a Decade—and Make $250 Million." Bloomberg.com, February 21. https://www.bloomberg.com/news/articles/2017-02-21/secrets-of-success-from-1oak-the-250-million-nightclub.

England, Paula, and Nancy Folbre. 1999. "The Cost of Caring." *ANNALS of the American Academy of Political and Social Science* 561 (1): 39–51.

England, Paula, and Elizabeth Aura McClintock. 2009. "The Gendered Double Standard of Aging in US Marriage Markets." *Population and Development Review* 35 (4): 797–816.

England, Paula, Emily Fitzgibbons Shafer, and Alison C. K. Fogarty. 2012. "Hook- ing Up and Forming Romantic Relationships on Today's College Campuses." In *The Gendered Society Reader*, 5th ed., edited by Michael Kimmel and Amy Aronson, 559–72. New York: Oxford University Press.

Entwistle, Joanne, and Elizabeth Wissinger. 2006. "Keeping up Appearances: Aesthetic Labour in the Fashion Modelling Industries of London and New York." *Sociological Review* 54 (4): 774–94.

———. 2012. *Fashioning Models: Image, Text and Industry*. London: Berg.

Evans, Caroline. 2001. "The Enchanted Spectacle." *Fashion Theory* 5 (3): 271–310.

Evans, Sean. 2010. "Marquee NYC: Still Hip After Seven Years." *Nightclub & Bar*, September 2. https://www.nightclub.com/operations/marquee-nyc-still-hip-after-seven-years.

Farrer, James, and Andrew David Field. 2015. *Shanghai Nights-capes: A Nocturnal Biography of a Global City*. Chicago: University of Chicago Press.

Federici, Silvia. (1975) 2012. "Wages Against Housework." In *Revolution at Point Zero: Housework, Reproduction, and Feminist Struggle*, 15–22. Oakland: PM Press.

Folbre, Nancy, and Julie A. Nelson. 2000. "For Love or Money—Or Both?" *Journal of Economic Perspectives* 14 (4): 123–40.

Fox, Emily Jane. 2015. "Here's Where People Are Flying Private Jets." CNN Business, March 5, 2015. http://money.cnn.com/2015/03/04/luxury/top-ten-private-jet-routes/index.html.

Frank, Robert H. 1999. *Luxury Fever: Why Money Fails to Satisfy in an Era of Excess*. New York: Free Press.

Freeland, Chrystia. 2012. *Plutocrats: The Rise of the New Global Super-Rich and the Fall of Everyone Else*. New York: Penguin Press.

Gebhart, Harriet. 1929. "Woodside Girl Scores High as Kicker in Galaxy of Ziegfeld Beauties." *Daily Star Queens Borough*, January 3.

Geertz, Clifford. 1973. *The Interpretation of Cultures*. New York: Basic Books.

Godechot, Olivier. 2016. *Wages, Bonuses and Appropriation of Profit in the Financial Industry: The Working Rich*. London: Routledge.

Goffman, Erving. 1959. *The Presentation of Self in Everyday Life*. New York: Doubleday.

———. 1967. *Interaction Ritual: Essays in Face to Face Behavior*. New York:Pantheon.

Gottfried, Heidi. 2003. "Temp(t)ing Bodies: Shaping Gender at Work in Japan." *Sociology* 37 (2): 257–76.

Graeber, David. 2001. *Toward an Anthropological Theory of Value*. New York: Pal-grave Macmillan.

Graf, Nikki L., and Christine R. Schwartz. 2010. "The Uneven Pace of Change in Heterosexual Romantic Relationships." *Gender & Society* 25 (1): 101–7.

Gray, Billy. 2010. "Provocateur Is So Crowded That Nobody Goes There Anymore." *Guest of a Guest*, May 10. http://guestofaguest.com/nightlife/provocateur-is-so-crowded-that-nobody-goes-there-anymore.

Grazian, David. 2007a. "The Girl Hunt: Urban Nightlife and the Performance of Masculinity." *Symbolic Interaction* 30 (2): 221–43.

———. 2007b. *On the Make: The Hustle of Urban Nightlife*. Chicago: University of Chicago Press.

Green, Adam Isaiah. 2013. "'Erotic Capital' and the Power of Desirability: Why 'Honey Money' Is a Bad Collective Strategy for Remedying Gender Inequality." *Sexualities* 16 (1–2):137–58.

Gusterson, Hugh. 1997. "Studying Up Revisited." *Political and Legal Anthropology Review* 20 (1): 114–19.

Guy, Kolleen M. 2003. *When Champagne Became French: Wine and the Making of a National Identity*. Baltimore: Johns Hopkins University Press.

Hakim, Catherine. 2010. "Erotic Capital." *European Sociological Review* 26 (5): 499–518.

Halle, David, and Elizabeth Tiso. 2014. *New York's New Edge: Contemporary Art, the*

High Line, and Urban Megaprojects on the Far West Side. Chicago: University of Chicago Press.

Halttunen, Karen. 1982. *Confidence Men and Painted Women: A Study of Middle- Class Culture in America*, 1830–1870. New Haven, CT: Yale University Press. Hamermesh, Daniel S. 2011. *Beauty Pays: Why Attractive People Are More Successful. Princeton*, NJ: Princeton University Press.

Hamilton, Laura. 2007. "Trading on Heterosexuality: College Women's Gender Strategies and Homophobia." *Gender & Society* 21 (2): 145–72.

Hanser, Amy. 2008. *Service Encounters: Class, Gender, and the Market for Social Distinction in Urban China*. Stanford, CA: Stanford University Press.

Harrington, Brooke. 2016. *Capital without Borders: Wealth Managers and the One Percent. Cambridge*, MA: Harvard University Press.

Hay, Iain, and Samantha Muller. 2012. "'That Tiny, Stratospheric Apex That Owns Most of the World': Exploring Geographies of the Super-Rich." *Geographical Research* 50 (1): 75–88.

Healy, Kieran. 2006. *Last Best Gifts: Altruism and the Market for Human Blood and Organs*. Chicago: University of Chicago Press.

Hirschman, Albert. O. 1986. *Rival Views of Market Society and Other Recent Essays*. Cambridge, MA: Harvard University Press.

Ho, Karen. 2009. *Liquidated: An Ethnography of Wall Street*. Durham, NC: Duke University Press.

Hoang, Kimberly Kay. 2011. "'She's Not a Low-Class Dirty Girl!': Sex Work in Ho Chi Minh City, Vietnam." *Journal of Contemporary Ethnography* 40 (4): 367–96.

———. 2015. *Dealing in Desire: Asian Ascendancy, Western Decline, and the Hidden Currencies of Global Sex Work*. Oakland, CA: University of California Press.

Holson, Laura. M. 2017. "Camels, Acrobats and Team Trump at a Billionaire's Gala."*New York Times*, February 14. https://www.nytimes.com/2017/02/14/fashion/stephen-schwarzman-billionaires-birthday-draws-team-trump.html.

Horowitz, Jason. 2016. "When Donald Met Melania, Paolo Was There." *New York Times*, September 1. https://www.nytimes.com/2016/09/01/fashion/donald-trump-melania-modeling-agent-paolo-zampolli-daily-mail.html.

Hunter, Marcus Anthony. 2010. "The Nightly Round: Space, Social Capital, and Urban Black Nightlife." *City & Community* 9 (2): 165–86.

Hughey, Matthew W. 2012. "Color Capital, White Debt, and the Paradox of Strong White Racial Identities." *Du Bois Review: Social Science Research on Race* 9 (1): 169–200.

Illouz, Eva. 2007. *Cold Intimacies: The Making of Emotional Capitalism*. London: Polity.

———. 2017. "From Donald Trump to Christian Grey: Are Women Secretly Drawn to Beasts?" *Haaretz, March* 2.

Inequality.org. n.d. "Wealth Inequality in the United States." Accessed October 24, 2019. https://inequality.org/facts/wealth-inequality/.

Irigaray, Luce. (1977) 1985. *This Sex Which Is Not One*. Ithaca, NY: Cornell University Press.

Jacobs, Andrew, 1999. "Dance Clubs Heeding Call to Tame Wild Life." *New York Times*, August 31. http://www.nytimes.com/1999/08/31/nyregion/dance-clubs -heeding-call-to-tame-wild-life.html.

Jacobs, Jane. (1961) 1992. *The Death and Life of Great American Cities*. New York: Vintage.

Jäntti, Markus, Bernt Bratsberg, Knut Røed, Oddbjørn Raaum, Robin Naylor, Eva Österbacka, Anders Björklund, and Tor Eriksson. 2006. "American Exceptionalism in a New Light: A Comparison of Intergenerational Earnings Mobility in the Nordic Countries, the United Kingdom and the United States." IZA Discussion Paper no. 1938 (January).

Johnsen, Rasmus, and Navid Baharlooie. 2013. "Cult Girl: Responsible Management and Self-management of Subjectivity at Work." Case 713-070-1. Case Centre, Copenhagen Business School.

Kanter, Rosabeth Moss. 1977. *Men and Women of the Corporation*. New York: BasicBooks.

Keefe, Patrick Radden. 2016. "The Kleptocrat in Apartment B." *New Yorker*, January 21. https://www.newyorker.com/news/daily-comment/the-kleptocrat-in -apartment-b.

Khan, Shamus Rahman. 2011. *Privilege: The Making of an Adolescent Elite at St. Paul's School*. Princeton, NJ: Princeton University Press.

Kruse, Michael. 2017. "How Gotham Gave Us Trump." *Politico*, July/August. https://www.politico.com/magazine/story/2017/06/30/donald-trump-new-york-city -crime-1970s-1980s-215316.

Kusenbach, Margarethe. 2003. "Street Phenomenology: The Go-Along Method."*Ethnography* 4 (3): 455–85.

Laemmli, Taylor. 2019. "Class Laundering: Perks and the Lifestyle Wage." Presentation at the annual meeting of SASE (Society for the Advancement of Socio- Economics), New York, NY, June.

Lareau, Annette. 2003. *Unequal Childhoods: Class, Race, and Family Life*. Berkeley:University of California Press.

Latham, Angela J. 2000. *Posing a Threat: Flappers, Chorus Girls, and Other Bra- zen Performers of the American 1920s*. Hanover, NH: University Press of New England.

Laumann, Edward O., Stephen Ellingson, Jenna Mahay, Anthony Paik, and Yoosik Youm. 2004. *The Sexual Organization of the City*. Chicago: University of Chicago Press.

Lauren, Jillian. 2010. *Some Girls: My Life in a Harem*. New York: Plume.

Lee, Adrian. 2015. "Could the THIRD Mrs. Trump move into the White House?" *Express*, September 8. http://www.express.co.uk/life-style/life/603772/Third -Mrs-Trump-Melania-Donald-Trump-president-White-House.

LeDonne, Rob. 2014. "Opening a Dance Club in the Era of the $100,000-a-Night DJ." *Observer*, November 10. https://observer.com/2014/11/opening-a-dance-club-in-theera-of-the-100000-a-night-dj/.

Lévi-Strauss, Claude. 1969. *The Elementary Structures of Kinship*. Translated by James Harle Bell, John Richard von Sturmer, and Rodney Needham. Boston: Beacon Press.

Lin, Ken-Hou, and Donald Tomaskovic-Devey. 2013. "Financialization and US Income Inequality, 1970–2008." *American Journal of Sociology* 118 (5): 1284–1329.

Llewellyn Smith, Julia. 2006. "No More Sex and the City." *Telegraph, January* 15. https://www.telegraph.co.uk/news/uknews/1507860/No-more-sex-and-the -City.html.

MacLean Annie Marion. 1988. "Two Weeks in Department Stores." *American Journal of Sociology* 4 (6): 721–41.

Mare, Rob. 2016. "Educational Homogamy in Two Gilded Ages: Evidence from Inter-generational Social Mobility Data." *Annals of the American Academy of Political and Social Science* 663 (1): 117–39.

Martin, John Levi, and Matt George. 2006. "Theories of Sexual Stratification: Toward an Analytics of the Sexual Field and a Theory of Sexual Capital." *Socio- logical Theory* 24 (2): 107–32.

Martin, Patricia Yancey, and Robert A. Hummer. 1989. "Fraternities and Rape on College Campuses." *Gender & Society* 3 (4): 457–73.

Matlon, Jordanna. 2016. "Racial Capitalism and the Crisis of Black Masculinity." *American Sociological Review* 81 (5): 1014–38.

Mauss, Marcel. (1954) 1990. *The Gift: Forms and Functions of Exchange in Archaic Societies*. Translated by W. D. Halls. New York: Norton.

May, Reuben A. Buford. 2018. "Velvet Rope Racism, Racial Paranoia, and Cultural Scripts: Alleged Dress Code Discrimination in Urban Nightlife, 2000–2014." *City and Community* 17 (1): 44–64.

May, Reuben A. Buford, and Kenneth Sean Chaplin. 2008. "Cracking the Code: Race, Class, and Access to Nightclubs in Urban America." *Qualitative Sociology* 31 (1): 57–72.

McClain, Noah, and Ashley Mears. 2012. "Free to Those Who Can Afford It: The Everyday Affordance of Privilege." *Poetics* 40 (2): 133–149.

McClintock, Elizabeth Aura. 2014. "Beauty and Status: The Illusion of Exchange in Partner Selection?" *American Sociological Review* 79 (4): 575–604.

McCracken, Grant. 1988. *Culture and Consumption: New Approaches to the Symbolic Character of Consumer Goods and Activities*. Bloomington: Indiana University Press.

McGoey, Linsey. 2016. *No Such Thing as a Free Gift: The Gates Foundation and the Price of Philanthropy*. New York: Verso.

McIntyre, Hugh. 2015. "American's 10 Biggest Nightclubs Earned over $550 Mil- lion in Revenue Last Year." *Forbes*, May 26. https://www.forbes.com/sites /hughmcintyre/2015/05/26/americas-10-biggest-nightclubs-earned-over-550-million-in-revenue-last-year/#ba2418a4514e.

McKendrick, Neil, John Brewer, and J. H. Plumb. 1982. *The Birth of a Consumer Society:*

The Commercialization of Eighteenth-Century England. New York: HarperCollins.

Mears, Ashley. 2010. "Size Zero High-End Ethnic: Cultural Production and the Reproduction of Culture in Fashion Modeling." *Poetics* 38 (1): 21–46.

———. 2011. *Pricing Beauty: The Making of a Fashion Model*. Berkeley: University of California Press.

———. 2014. "Aesthetic Labor for the Sociologies of Work, Gender, and Beauty." *Sociology Compass* 8 (12): 1330–43.

———. 2015a. "Working for Free in the VIP: Relational Work and the Production of Consent." *American Sociological Review* 80 (6): 1099–122.

———. 2015b. "Girls as Elite Distinction: The Appropriation of Bodily Capital." *Poetics* 53: 22–37.

———. 2019. "Des Fêtes très Exclusives. Les Organisateurs de Soirées VIP, des Intermédiaires à la Mobilité Contrariée." *Actes de la recherche en sciences sociales* 230 (December).

Mears, Ashley, and Catherine Connell. 2016. "The Paradoxical Value of Deviant Cases: Toward a Gendered Theory of Display Work." *Signs* 41 (2): 333–59. Mencken, H. L. 1919. "Professor Veblen." In *Prejudices: First Series*, 59–82. New York: Knopf.

Mikelberg, Amanda. 2016. "NYC's Nightclubs Filled with Imported Models Who Live for Free, Insiders Reveal." *Metro*, October 13. https://www.metro.us/new-york/nyc-s-nightclubs-filled-with-imported-models-who-live-for-free-insiders-reveal/zsJpjl---r8xia58wgFOHM.

Milzoff, Rebecca. 2006. "Taking the Fifth: Can Clubland Survive without Bottle Service?" *New York Magazine*, October 13. http://nymag.com/news/intelligencer /22834/.

Mobley, Mary Edie, and John Humphreys. 2006. "How Low Will You Go?" Harvard Business Review (April). https://hbr.org/2006/04/how-low-will-you-go.

Mulvey, Laura. 1989. "Visual Pleasure and Narrative Cinema." In *Visual and Other Pleasures*, 14–26. London: Macmillan.

Murray, Charles A. 1984. Losing Ground: American Social Policy, 1950–1980. New York: Basic Books.

Muzzarelli, Maria Giuseppina. 2009. "Reconciling the Privilege of a Few with the Common Good: Sumptuary Laws in Medieval and Early Modern Europe." *Journal of Medieval and Early Modern Studies* 39 (3): 597–617.

Nader, Laura (1969) 1974. "Up the Anthropologist: Perspectives Gained from Study- ing Up." In Reinventing Anthropology, edited by Dell H. Hymes, 284–311. New York: Random House.

Neate, Rupert. 2017. "Richest 1% Own Half the World's Wealth, Study Finds." Guardian, November 17. https://www.theguardian.com/inequality/2017/nov/14/worlds-richest-wealth-credit-suisse.

Neveu, Érik. 2013. "Les sciences sociales doivent-elles accumuler les capitaux?"*Revue française de science politique* 63 (2): 337–58.

Niemietz, Brian. 1999. "Model Mayhem." *New York Post*, November 30. https://nypost.com/1999/11/30/model-mayhem/.

———. 2006. "Bottle Service: A Brief History." *New York Magazine*, June 15. http://nymag.com/nightlife/features/17308/.

Nightclub & Bar Staff. n.d. "2015 Top 100 List." *Nightclub & Bar. Accessed October* 24, 2019. https://www.nightclub.com/industry-news/2015-top-100-list.

Odell, Amy. 2013. "10 Ways to Get Into New York's 'Hottest' Nightclub." *Buzzfeed*, March 21. https://www.buzzfeed.com/amyodell/10-ways-to-get-into-new-yorks -hottest-nightclub?utm_term=.lrQ3MmP66A#.kdQZnDadd9.

Office of the New York State Comptroller. 2018. "New York City Securities Industry Bonus Pool." March 26. https://www.osc.state.ny.us/press/releases/mar18/wall-st-bonuses-2018-sec-industry-bonus-pool.pdf.

Osburg, John. 2013. *Anxious Wealth: Money and Morality among China's New Rich.*Stanford, CA: Stanford University Press.

Ostrander, Susan A. 1984. *Women of the Upper Class*. Philadelphia: Temple University Press.

Ostrower, Francie. 1997. *Why the Wealthy Give: The Culture of Elite Philanthropy*. Princeton, NJ: Princeton University Press.

Otis, Eileen. 2011. *Markets and Bodies: Women, Service Work, and the Making of Inequality in China*. Stanford, CA: Stanford University Press.

PageSix.com Staff. 2009. "Clubs Court Low-Key Mr. Low." *Page Six*, November 10. https://pagesix.com/2009/11/10/clubs-court-low-key-mr-low/.

PageSix.com Staff. 2010. "Billionaires Vie to See Who Can Order More Champagne in Saint Tropez." *New York Post*, July 24. https://pagesix.com/2010/07/24/billionaires-vie-to-see-who-can-order-more-champagne-in-saint-tropez/.

Park, Lisa Sun-Hee, and David N. Pellow. 2011. *The Slums of Aspen: Immigrants vs*. the Environment in America's Eden. New York: NYU Press.

Parreñas, Rhacel Salazar. 2011. *Illicit Flirtations: Labor, Migration, and Sex Trafficking in Tokyo*. Stanford, CA: Stanford University Press.

Peiss, Kathy. 2004. "Charity Girls and City Pleasures." *Magazine of History* 18 (4): 14–16.

Piketty, Thomas. 2014. *Capital in the Twenty-First Century*. Translated by Arthur Goldhammer. Cambridge, MA: Belknap Press of Harvard University Press.

Piketty, Thomas, and Emmanuel Saez. 2003. "Income Inequality in the United States: 1913–1998." *Quarterly Journal of Economics* 118 (1): 1–39.

Pine, B. Joseph II, and James H. Gilmore. 1999. *The Experience Economy: Work Is Theatre and Every Business a Stage*. Boston: Harvard Business School Press.

Podolny, Joel. 2005. *Status Signals: A Sociological Study of Market Competition*. Princeton, NJ: Princeton University Press.

Poulin, Michelle J. 2007. "Sex, Money, and Premarital Relationships in Southern Malawi." *Social Science Medicine* 65 (11): 2382–93.

Prieur, Annick, and Mike Savage. 2013. "Emerging Forms of Cultural Capital." *European Societies* 15 (2): 246–67.

Quinn, Beth A. 2002. "Sexual Harassment and Masculinity: The Power and Meaning of 'Girl Watching.'" *Gender & Society* 16 (3): 386–402.

Quinones, Sam. 2015. *Dreamland: The True Tale of America's Opioid Epidemic*. London: Bloomberg.

Restaurant & Bar Design Staff. 2015. "Restaurant & Bar Design Award Shortlist 2015:Nightclub." *Restaurant & Bar Design*, July 29. https://restaurantandbardesign.com/2015/07/29/restaurant-bar-design-awards-shortlist-2015-nightclub/.

Rivera, Lauren. 2010. "Status Distinctions in Interaction: Social Selection and Exclusion at an Elite Nightclub." *Qualitative Sociology* 33 (3): 229–55.

Roose, Kevin. 2012. "A Raucous Hazing at a Wall St. Fraternity." *New York Times*, January 20. https://dealbook.nytimes.com/2012/01/20/raucous-hazing-at-a -wall-st-fraternity/.

Rossman, Gabriel. 2014. "Obfuscatory Relational Work and Disreputable Exchange." *Sociological Theory* 32 (1): 43–63.

———. 2017. "They Meant Us No Harm, But Only Gave Us the Lotus." *Code and Culture, January* 27. https://codeandculture.wordpress.com/2017/01/27/they-meant-us-no-harm-but-only-gave-us-the-lotus/.

Roth, Louise Marie. 2006. *Selling Women Short: Gender and Money on Wall Street*. Princeton, NJ: Princeton University Press.

Rowe, Carmen. 2018. "Girls Just Wanna Have Funds." Paper presented at the Annual American Sociological Association Conference, Philadelphia, August. Rubin, Gayle. (1975) 1997. "The Traffic in Women: Notes on the 'Political Economy' of Sex." In *The Second Wave: A Reader in Feminist Theory*, edited by Linda Nicholson, 27–62. New York: Routledge.

Saez, Emmanuel. 2009. "Striking it Richer: The Evolution of Top Incomes in the United States (Update with 2007 Estimates)." August 5, update of "Striking it Richer: The Evolution of Top Incomes in the United States." *Pathways Magazine* (Winter 2008): 6–7. https://eml.berkeley.edu/~saez/saez-UStopincomes-2007. pdf.

Saez, Emmanuel, and Gabriel Zucman. 2016. "Wealth Inequality in the United States since 1913: Evidence from Capitalized Income Tax Data." *Quarterly Journal of Economics* 131 (2): 519–78.

Sahlins, Marshall D. 1963. "Poor Man, Rich Man, Big-Man, Chief: Political Types in Melanesia and Polynesia." *Comparative Studies in Society and History* 5 (3): 285–303.

Salmon, Felix. 2015. "Plutocrats Gone Wild." *New York Times*, May 17. https://www .nytimes.com/2015/05/17/t-magazine/plutocrats-gone-wild.html.

Sanders, Lise Shapiro. 2006. *Consuming Fantasies: Labor, Leisure, and the London*

Shopgirl, 1880–1920. Columbus: Ohio State University Press.

Sanders, Teela, and Kate Hardy. 2012. "Devalued, Deskilled and Diversified: Explain- ing the Proliferation of the Strip Industry in the UK." *British Journal of Sociology* 63 (3): 513–32.

Savage, Mike. 2015. "Introduction to Elites: From the 'Problematic of the Proletariat' to a Class Analysis of 'Wealth Elites.'" *Sociological Review* 63 (2): 223–39.

Scarano, Ross. 2012. "The Oral History of the Tunnel." *Complex, August* 21. https://www.complex.com/pop-culture/2012/08/the-oral-history-of-the-tunnel.

Schama, Simon. (1987) 1997. *The Embarrassment of Riches: An Interpretation of Dutch Culture in the Golden Age*. New York: Vintage.

Schimpfossl, Elisabeth. 2014. "Russia's Social Upper Class: From Ostentation to Culturedness." *British Journal of Sociology* 65 (1): 63–81.

Schulz, Jeremy. 2006. "Vehicle of the Self: The Social and Cultural Work of the H2 Hummer SUV." *Journal of Consumer Culture* 6 (1): 57–86.

Schwartz, Christine R. 2010. "Earnings Inequality and the Changing Association between Spouses' Earnings." American Journal of Sociology 115 (5): 1524–57.

Sengupta, Somini. 2012. "Preferred Style: Don't Flaunt It in Silicon Valley." *New York Times*, May 18.

Sewell, Jessica. 2010. W*omen and the Everyday City: Public Space in San Francisco*, 1890–1915. Minneapolis: University of Minnesota Press.

Sheller, Mimi, and John Urry. 2006. "The New Mobilities Paradigm." *Environment and Planning A: Economy and Space* 38 (2): 207–26.

Sherman, Rachel. 2007. *Class Acts: Service and Inequality in Luxury Hotels*. Berkeley: University of California Press.

———. 2017. *Uneasy Street: The Anxieties of Affluence. Princeton*, NJ: Princeton University Press.

Shilling, Chris. 2012. "The Body and Physical Capital." In *The Body and Social Theory*, 3rd ed., 135–60. London: SAGE.

Shrum, Wesley, and John Kilburn. 1996. "Ritual Disrobement at Mardi Gras: Ceremonial Exchange and Moral Order." *Social Forces* 75 (2): 423–58.

Silver, Daniel, and Terry Clark. 2016. Scenes-capes: *How Qualities of Place Shape Social Life*. Chicago: University of Chicago Press.

Siwolop, Sana. 2001. "A Warehouse Turns into Retail Space." *New York Times*, August 15. https://www.nytimes.com/2001/08/15/nyregion/commercial-real-estate-a-warehouse-turns-into-retail-space.html.

Skeggs, Beverley. 2004. "Context and Background: Pierre Bourdieu's Analysis of Class, Gender and Sexuality." In *Feminism after Bourdieu: International Perspectives*, edited by Lisa Adkins and Beverley Skeggs, 19–33. Oxford: Blackwell.

Sky, Jennifer. 2014. "Young Models Are Easy Pickings for the City's Club Promoters." *Observer*, September 22. https://observer.com/2014/09/young-models-are-easy-pickings-for-the-citys-club-promoters/.

Solomon-Godeau, Abigail. 1986. "The Legs of the Countess." *October* 39 (Winter): 65–108.

Sombart, Werner. (1913). 1967. *Luxury and Capitalism*. Translated by W. R. Dittmar. Ann

Arbor: University of Michigan Press.

Sontag, Susan. 1972. “The Double Standard of Aging.” Saturday Review, September 23.

Spradley, James P., and Brenda E. Mann. 1974. The Cocktail Waitress: Woman’s *Work in a Man’s World*. New York: Wiley.

Story, Louise. 2008. “On Wall Street, Bonuses, Not Profits, Were Real.” *New York Times*, December 17. https://www.nytimes.com/2008/12/18/business/18pay .html.

Strauss, Neil. 2005. *The Game: Penetrating the Secret Society of Pickup Artists*. Los Angeles: ReganBooks.

Stuyvesant, Stanley. 2009. “Group behind Bagatelle to Take Over the Merkato 55 Space.” *Guest of a Guest*, September 29. http://guestofaguest.com/new-york/restaurants/breaking-group-behind-bagatelle-to-take-over-the-merkato-55-space.

Suttles, Wayne. 1960. “Affinal Ties, Subsistence, and Prestige among the Coast Salish.” *American Anthropologist* 62 (2): 296–305.

Swader, Chris S., et al. 2013. “Love as a Fictitious Commodity: Gift-for-Sex Barters as Contractual Carriers of Intimacy.” *Sexuality and Culture* 17 (4): 598–616.

Tao Group. n.d. “About.” Accessed October 29, 2018. https://taogroup.com/about/.

Taddeo, Lisa. 2010. “Rachel Uchitel Is Not a Madam.” *New York Magazine*, April 2. http://nymag.com/news/features/65238/.

The Star. 2010. “Right Place, Right Time, Right People.” July 29. https://www.thestar.com.my/news/nation/2010/07/29/right-place-right-time-right-people/.

Thompson, Derek. 2018. “How Manhattan Became a Rich Ghost Town.” *CityLab*, October 15. https://www.citylab.com/life/2018/10/how-manhattan-became-rich-ghost-town/573025/.

Thornton, Sarah. 1995. *Club Cultures: Music, Media and Subcultural Capital*. London: Polity.

Tobias, Megan Neely. 2018. “Fit to Be King: How Patrimonialism on Wall Street Leads to Inequality.” *Socio-Economic Review* 16 (2): 365–85.

Tutenges, Sébastien. 2013. “The Road of Excess: Young Partyers Are Searching for Communion, Intensity, and Freedom.” *Harvard Divinity School Bulletin. Accessed October* 29, 2018. https://bulletin.hds.harvard.edu/book/export /html/264281.

Urken, Ross Kenneth. 2011. “The Origin of Bottle Service: The Scintillating Backstory to Club Flashiness.” *Guest of a Guest*, March 1, 2011. https://guestofaguest.com/new-york/nightlife/the-origin-of-bottle-service-the-scintillating-backstory-to-club-flashiness.

Urry, John. 2010. “Consuming the Planet to Excess.” *Theory, Culture & Society* 27(2–3): 191–212.

Vankin, Deborah, and Matt Donnelly. 2011. “Nightclubs Having a Whale of a Time.” Los Angeles Times, October 15. http://articles.latimes.com/2011/oct/15 /entertainment/la-et-bottle-service-20111015.

Veblen, Thorstein. 1899. *The Theory of the Leisure Class: An Economic Study of Institu-*

tions. New York: Macmillan.

Wacquant, Loïc J. D. 1995. "Pugs at Work: Bodily Capital and Bodily Labour among Professional Boxers." *Body & Society* 1 (1): 65–93.

———. 2004. "Following Pierre Bourdieu into the Field." Ethnography 5 (4): 387–414.

Wallace, Benjamin. 2013. "A Very Exclusive Brawl." *Vanity Fair*, April 2. https://www.vanityfair.com/style/scandal/2013/05/model-mogul-nightclub-brawl -double-seven.

Waller, Wallard. 1937. "The Rating and Dating Complex." *American Sociological Review* 2: 727–34.

Warhurst, Chris, and Dennis P. Nickson. 2001. "Looking Good and Sounding Right: Style Counselling and the Aesthetics of the New Economy." *Industrial Society* 33 (1): 51–64.

———. 2009. "'Who's Got the Look?' Emotional, Aesthetic and Sexualized Labour in Interactive Services." *Gender, Work and Organization* 16 (3): 385–404.

Warikoo, Natasha. 2011. *Balancing Acts: Youth Culture in the Global City*. Berkeley: University of California Press.

Watson, Allan. 2016. "'One Time I'ma Show You How to Get Rich!' Rap Music,

Wealth, and the Rise of the Hip-hop Mogul." In *Handbook on Wealth and the Super-Rich*, edited by Iain Hay and Jonathon V. Beaverstock, 178–98. Northampton, MA: Edward Elgar.

Weber, Max. (1922) 1978. Economy and Society: *An Outline of Interpretive Sociology*. Translated by Guenther Roth. Berkeley: University of California Press.

———. 1930. *The Protestant Ethic and the Spirit of Capitalism*. Translated by Talcott Parsons. New York: Charles Scribner's Sons.

Webster, Murray, Jr., and James E. Driskell Jr. 1983. "Beauty as Status." *American Journal of Sociology* 89 (1): 140–65.

Weinbaum, Alys Eve, Lynn M. Thomas, Priti Ramamurthy, Uta G. Poiger, Made- line Y. Dong, and Tani E. Barlow. 2008. "The Modern Girl as a Heuristic Device: Collaboration, Connective Comparison, Multidirectional Citation." In *The Mod- ern Girl around the World: Consumption, Modernity, and Globalization*, edited by Alys Eve Weinbaum, Lynn M. Thomas, Priti Ramamurthy, Uta G. Poiger, Madeline Y. Dong, and Tani E. Barlow. Durham, NC: Duke University Press.

Weitzer, Ronald. 2000. *Sex for Sale: Prostitution, Pornography, and the Sex Industry*. New York: Routledge.

Wherry, Frederick F. 2008. "The Social Characterizations of Price: The Fool, the Faithful, the Frivolous, and the Frugal." *Sociological Theory* 26 (4): 363–79. Willett, Megan. 2013. "The Days of VIP Bottle Service at New York City's Nightclubs Are So Over." *Business Insider*, March 8. https://www.businessinsider.com/bottle-service-is-over-at-nyc-clubs-2013-3.

Williams, Christine L. 1995. *Still a Man's World: Men Who Do Women's Work*. Berkeley: University of California Press.

Williams, Christine L., and Catherine Connell. 2010. "'Looking Good and Sound- ing Right': Aesthetic Labor and Social Inequality in the Retail Industry." *Work and Occupations* 37 (3): 349–77.

Wilson, Eli. 2016. "Matching Up: Producing Proximal Service in a Los Angeles Restaurant." *Research in the Sociology of Work* 29: 99–124.

Wingfield, Adia Harvey. 2009. "Racializing the Glass Escalator: Reconsidering Men's Experiences with Women's Work." *Gender & Society* 23 (1): 5–26.

Wolf, Eric R. 1999. *Envisioning Power: Ideologies of Dominance and Crisis*. Berkeley: University of California Press.

Wright, Tom, and Bradley Hope. 2018. *Billion Dollar Whale: The Man Who Fooled Wall Street, Hollywood, and the World*. New York: Hachette.

Yaffa, Joshua. 2009. "Barbarians at the Gate." *New York Times*, September 27. https://www.nytimes.com/2009/09/27/style/tmagazine/27moscoww.html.

Zampolli, Paolo. 2011. "Zampolli's World: Paolo Zampolli Celebrates His Birthday at Provocateur NYC." Haute Living, March 14. https://hauteliving.com/2011/03/zampollis-world-paolo-zampolli-celebrates-his-birthday-at-provocateur-nyc/139181/.

Zelizer, Viviana. 1994. *The Social Meaning of Money*. New York: Basic Books.

———. 2005. *The Purchase of Intimacy*. Princeton, NJ: Princeton University Press.

———. 2006. "Money, Power, and Sex." *Yale Journal of Law and Feminism* 18 (1): 303–15.

———. 2012. "How I Became a Relational Economic Sociologist and What Does That Mean?" *Politics & Society* 40 (2): 145–74.

Ziff, Sara. 2014. "Yes, You Should Feel Bad for Models: We're Being Told to Diet—Or Go Broke." *Guardian*, September 9. https://www.theguardian.com /commentisfree/2014/sep/09/models-diet-go-broke-modeling-industry.

Zorbaugh, Harvey. 1929. *The Gold Coast and the Slum: A Sociological Study of Chi cago's Near North Side*. Chicago: University of Chicago Press.